Urda Schleier

Sauerkraut im Wok

Für meine Familie, mit denen ich das Abenteuer
Shanghai erleben durfte

Zu diesem Buch:

Zunächst entstanden diese Zeilen nur als E-Mail für Freunde, um in Kontakt zu bleiben und zu erzählen, was wir hier als Familie so alles erleben.

Durch die positive Resonanz entstand dieses Buch daraus. Es ist aber nicht als Reiseführer oder gar als Ratgeber zu verstehen, sondern soll einen Einblick verschaffen, wie wir unseren Alltag erlebt haben.

Zu den Personen:

Markus, der Grund der Entsendung nach China, da dieser als Leiter für eine Forschungs- und Entwicklungsabteilung in einer Firma in Ninghai eingesetzt wurde.

Paula und Sophia, die Töchter der Familie, die ihre heimischen Schulen verlassen mussten und hier neu in einer deutschen Schule angefangen haben.

Urda, die Ehefrau von Markus, Mutter von Sophia und Paula, Studentin der Sozialen Arbeit und Praktikantin an der deutschen Schule.

Um Personen und Orte zu schützen, habe ich die Namen von Menschen und Umgebung geändert.

Shanghai, im Oktober 2021

© 2022 Urda Schleier

2. Auflage

Autor: Urda Schleier

Umschlaggestaltung, Illustration: Urda und Markus Schleier

Lektorat: Dieter Klein (1000 Dank!)

Verlag und Druck: tredition GmbH, Halenreie 40-44, 22359 Hamburg

ISBN Paperback: 978-3-347-38285-5

ISBN Hardcover: 978-3-347-38286-2

ISBN e-Book: 978-3-347-38287-9

Das Werk, einschließlich seiner Teile, ist urheberrechtlich geschützt. Jede Verwertung ist ohne Zustimmung des Verlages und des Autors unzulässig. Dies gilt insbesondere für die elektronische oder sonstige Vervielfältigung, Übersetzung, Verbreitung und öffentliche Zugänglichmachung.

Bibliografische Information der Deutschen Nationalbibliothek:

Die Deutsche Nationalbibliothek verzeichnet diese Publikation in der Deutschen Nationalbibliografie; detaillierte bibliografische Daten sind im Internet über http://dnb.d-nd.de abrufbar.

Hallo!

Die ersten Tage in Shanghai sind wie im Flug vergangen und ich möchte die Zeit nutzen, um die ersten Eindrücke zu sammeln. Die Zeitverschiebung macht uns natürlich ein wenig zu schaffen, aber immerhin habe ich diesmal nicht das Gefühl, dass der Boden unter den Füßen schwankt.

Wir wohnen noch im Hotel, aber morgen werden wir hoffentlich in unser Haus und dann auch endlich mit dem Einrichten anfangen können. Gestern waren wir bei Ikea und es kamen sofort heimelige Gefühle auf. Der einzige Unterschied zu unserem Ikea ist, dass einfach mehr Menschen gleichzeitig einkaufen. Wenn man z.B. auf einem Sofa Probesitzen möchte, geht das meist nicht, da dort schon drei Chinesen drauf sitzen. Auch die Betten sind hier deutlich kleiner. Und ein Standardmaß von 2x1,80 Meter ist nicht unbedingt das, was wir uns wünschen. Es wird wohl darauf hinauslaufen, dass wir uns zwei Betten kaufen werden und Jeder mit einer King-size-Decke schlafen wird.

Hier ist vieles anders. Toilettenbürsten in Hotelzimmern und öffentlichen Toiletten sucht man hier vergebens. Auch gibt es kein Toilettenpapier auf öffentlichen Toiletten. Frau geht mit Taschentüchern. Dafür haben wir aber Toilettenbürsten im Supermarkt gesehen. Ein weiteres Highlight im Supermarkt sind Frottierbezüge für Toilettensitze. Bei Bedarf nehme ich Bestellungen gerne entgegen...

Die chinesische Werbung zeigt meist europäische Menschen, mit runden Augen und gerne blonden Haaren. Das scheint ein Schönheitsideal zu sein. Somit fallen die Kinder hier besonders auf und gerade von Sophia sind die Menschen entzückt. Eine ältere Dame hat uns in der U-Bahn gezeigt, wie man bis Zehn zählt und war offenbar ganz fasziniert von Paulas Haaren. Gerade die Frauen sind hier sehr modebewusst und tragen viel Luis Vuitton Taschen und Chanel. So werde ich natürlich sehr kritisch betrachtet, da ich ja einen sehr eigenwilligen Stil habe. Auf den T-Shirts sind oft englische Wörter oder ganze Sätze zu finden. Chinesische Schriftzeichen auf Kleidung hingegen aber nie. Ich werde das dumme Gefühl aber nicht los, dass die Menschen nicht unbedingt wissen, was auf dem T-Shirt steht. Am ersten Tag stöckelte eine hübsche Asiatin mit ihren High Heels in die Lobby. Natürlich mit teurer Tasche und hübsch geschminkt. Und sie war sich ihrer Wirkung mit Sicherheit bewusst. Am besten gefiel mir die Aufschrift auf ihrem T-Shirt. Da stand schwarz auf weiß: „beste Matratze Deutschlands! 12 Jahre Garantie"...

Ich kann nicht beurteilen, ob es erstrebenswert ist, als beste Matratze Deutschlands herumzulaufen. Wir zumindest hatten unseren Spaß. Und wer weiß, was sich hinter den modernen Tätowierungen mit chinesischen Schriftzeichen in Deutschland verbirgt. Es gibt bestimmt auch Menschen, die mit einer chinesischen Speisekarte auf dem Rücken herumlaufen. Wer weiß...

Die englische Sprache ist hier wenig verbreitet. Angeblich hat Jeder unter 50 Jahren Englisch in der Schule gehabt, ist aber zu schüchtern es zu sprechen oder zu verstehen. Meiner Meinung nach werden chinesische Schüler mehr zur Disziplin beim Lernen angehalten. Selbst hinter den Kassenbereichen im Supermarkt stehen Schreibtische für die Kinder, damit sie lernen können, während die Eltern einkaufen gehen. Aber warum sprechen die Menschen nicht Englisch? Unsere Mutmaßung ist, dass die Ausbildungsstände hier sehr unterschiedlich sind und die Menschen vieles aus der Schulzeit wieder vergessen haben, da sie es vielleicht nicht oft brauchen hier am Stadtrand. Aber selbst im Hotel/Restaurant oder im Apple Shop war eine

Verständigung kaum möglich, was mich sehr gewundert hat.

Hier im Hotelkomplex ist alles sehr groß und mit blanken Fußböden. Es wirkt sehr unterkühlt und mächtig. Jeder versucht seine Arbeit perfekt zu machen. Es wird aber nicht kommuniziert. Das ist der Grund, warum vieles nicht funktioniert. Dazu aber später mehr. Es ist nicht einfach, die chinesische Denkweise zu verstehen...

Auch im botanischen Bereich gibt es Unterschiede. Wir haben Bäume gesehen mit einer Infusion. Das sah fast aus wie eine Blutkonserve, nur halt für Bäume. Sie war am Stamm befestigt und hatte eine Art Venentropf mit Nadel, die in der Rinde verschwand. Vitamine? Gegen Ungeziefer? Wir wissen es nicht...

Ich muss für heute zum Ende kommen. Ich hoffe, dass es Euch gut geht und Ihr die Ferien genießen könnt. Leider fehlt mir die Zeit, um Jedem persönlich zu schreiben. Aber zumindest einen kleinen Einblick wollte ich gerne geben, da ich noch keine Zeit für einen Blog habe...

Herzliche Grüße,
Urda

Hallo Zusammen!

Zwei weitere Wochen sind vergangen und wir wohnen jetzt in unserem neuen Zuhause im Compound, was ca. 500 Häuser umfasst. Hier wohnen Deutsche,

Österreicher, Franzosen und natürlich auch Chinesen. Das ganze Gebiet kann man nur mit einer Zulassung betreten oder befahren und es gibt einen Sicherheitsdienst. Wobei ich mich eigentlich auch sonst auf den Straßen sicher fühle. Vom Compound aus fahren verschiedene Schulbusse die jeweiligen Schulen an und es gibt auch einen Shuttlebus zur nächsten U-Bahn-Station, den man für zwei Yuan (25 Cent) nutzen kann. Es ist so ein großer Bulli, mit schwarzen Fenstern. Sieht ein bisschen wie Gefangenentransport aus. Weißes Auto mit schwarzen Fenstern wirkt ein wenig seltsam auf mich, aber Markus sagt, dass es mit der Verbindung wirklich gut funktioniert. Außerdem stehen hier ein Verwaltungsgebäude und das sogenannte Clubhaus. Dort findet man einen kleinen Supermarkt und einen verstaubten Fitnessbereich. Tatsächlich wird auch Ballettunterricht angeboten und Sophia kann diesen am Freitag mal ausprobieren. Viele haben mich nach den Kindern gefragt und auch zum Geburtstag gratuliert. Vielen Dank für die Glückwünsche. Paula und Sophia haben sich gut in der Schule eingewöhnt und auch schon erste Freundschaften geschlossen. Die sind hier schon richtig angekommen. Wir warten immer noch auf unsere Luftfracht und leben mit dem, was wir im Koffer hatten. Aber immerhin besser als Hotel. Im Hotel hat man doch auch wenig Privatsphäre. Irgendwie wollen die Chinesen immer auf einen aufpassen oder wollen ihren Job machen. Zwar gibt es im Hotel auch „Bitte nicht stören"-Schilder, die werden aber gekonnt ignoriert. Wer will schon mit Jet-lag schlafen?! Im Restaurant wird man auch beobachtet, ob man denn mit den Stäbchen zurechtkommt. Mittlerweile esse ich sogar Nudeln mit Stäbchen... reine Übungssache. Chinesen und Alkohol ist auch so ein Thema: Als ich mir in der Bar den zweiten Cocktail bestellt habe, wurde mir unaufgefordert ein Glas Wasser gebracht, mit der Bemerkung, dass ich ja großen

Durst haben müsse, da ich ja so viel Alkohol trinken würde. Ich habe mir ernsthaft überlegt, ob ich die Bedienung nicht mit „Mutti" ansprechen soll. Wobei ich erwähnen muss, dass meine Mutter mich nie in Punkto Alkohol ermahnt hat und das auch heute nicht machen würde.

Natürlich haben wir uns auch gefragt, was Chinesen als typisch Deutsch ansehen und haben ein deutsches Lokal besucht. „Himmelsbusch" Da laufen chinesische Bedienungen im Dirndl rum, was ohne Oberweite irgendwie komisch aussieht. Das Lokal ist bayrisch eingerichtet und eine Wand ziert eine gemalte alte Fabrik. Erinnert mich ein wenig an Arbeitslager. Aber arbeitende Deutsche gehört wohl irgendwie zusammen. Die Speisekarte war auch sehr vielseitig: natürlich Haxe und Würstchen mit Kraut standen ganz hoch im Kurs. Aber auch Fish & Chips, Spaghetti Carbonara und Paella konnte man bestellen. Ob jemand von denen jemals in Deutschland gewesen ist? Ich denke nicht. Als Markus sich einen Obstler bestellt hat, kam dieser auch. Auf Eis, ein halbes Wasserglas voll...

Hier ist überall Baustelle. Das Arbeitstempo der vielen Arbeiter ist beachtlich. In der Nacht wurde vor dem Hotel die Straße weggefräst, am nächsten Tag war sie schon asphaltiert. Bauabsperrung eher Fehlanzeige. Wenn sich ein armer Tropf mal in eine Baustelle verirrt und vielleicht drei Meter in die Tiefe stürzt?! Egal... Ein Menschen- oder Tierleben ist hier nicht viel wert. Einen Tag später haben Heerscharen von Gärtnern schon diverse Kübel mit Blumen bepflanzt. Es fahren Wagen mit Wasser herum, die die Kübel mit dem kostbaren Nass versorgen. Das Erscheinungsbild der Stadt ist den Shanghainesen extrem wichtig. Und auch der eigene Garten wird hier durch Gärtner täglich betreut. Sie kommen sehr früh am Morgen, befreien die Rasenflächen vom Laub mit einem Besen und gießen die

Blumen. Unser Garten wird auch von einem Gärtner betreut, was mir immer noch Probleme bereitet. Es ist ein komisches Gefühl, wenn ständig fremde Leute ohne Vorankündigung auf dem Grundstück sind. Neulich wurden neue Außenlampen installiert und das Gartenhaus gestrichen und mit einem neuen Dach versehen. Ich muss gestehen, dass ich ein wenig genervt bin, was bei Anderen auf Unverständnis trifft. Ich solle mich doch freuen, dass mein Vermieter sich so toll kümmert. Ja, ich freue mich ja auch, aber die haben in den letzten Jahren am Haus auch nichts gemacht und ich finde jeden Tag neue Mängel, die beseitigt werden müssen. Alles dauert hier ewig lange, was mich doch auch immer sehr an das Haus bindet. Und irgendwie bin ich auch lieber allein zu Hause....überall laufen Menschen, die mit Besen die Straße kehren. Dann kommt ein schickes, fettes Auto und fährt durch den Laubhaufen wieder durch, der mühevoll zusammengetragen wurde. Das ist für mich nur schwer zu ertragen, dieser Unterschied zwischen reich und arm. Wobei das arrogante Verhalten meist bei reichen Chinesen zu beobachten ist. Ich wollte im Garten ein Kräuterbeet anlegen und habe todesmutig den Gärtner nach Petersilie und Schnittlauch gefragt. (Foto gezeigt) Kannte er nicht und hat es für Salat gehalten. Na, ich werde es auch ohne aushalten. Rosmarin und Minze wächst hier reichlich und eigentlich wollte ich ja auch eher in die chinesische Küche einsteigen. Das klappt aber auch nicht immer. So erachte ich es als Schicksal, wenn ich im Supermarkt ein Glas Kapern finde und Zuhause dann im Wok Königsberger Klopse in Kapernsoße schwimmen. So ganz kann auch ich meine Wurzeln nicht leugnen. Aber ich habe auch schon mit persönlicher chinesischer Anleitung „Jautze" hergestellt. Das sind chinesische Teigtaschen, die mit Gemüse und oder Fleisch gefüllt werden. Meine sahen aus wie Ravioli- aber lecker. Auch beim Einkaufen ist man hier nie allein. Jede Abteilung wird von etlichen Verkäufern belagert, die aber nur für ihren Bereich zuständig sind. (Warum muss ich jetzt an Karstadt denken?) Auskünfte, wo ich andere Dinge finden kann - Fehlanzeige! Besonders spannend war die Waschmittelabteilung. Auf der Suche nach Colorwaschmittel haben dann fünf Verkäufer und ein Handy auf mich eingeredet und das angeblich beste Waschmittel wurde sogar in Richtung Himmel gehoben, weil es sooooo gut ist. In der Putzmittelabteilung habe ich dann alles von „Frosch" gekauft, da ich das von Zuhause kenne und für den Tag wirklich genug hatte. Nächstes Mal aber dann chinesische Produkte. Die Strafe folgte auf dem Fuße: meine chinesische Putzfrau wollte mir einreden, dass die WC Ente für das Waschbecken ist. Auch erntete ich Unverständnis, dass ich getrennte Lappen für Küche, Bad und WC besitze. Wir haben diese jetzt in Chinesisch!!! mit Edding beschriftet. Sieht ein bisschen wie die PQ-Formel aus. Aber ich komme vom Thema ab. Einkaufen! Nachdem ich Waschmittel und Putzmittel erledigt hatte, habe ich einen großen Bogen um Damenhygieneartikel gemacht. Wer weiß, was da noch käme. In der Unterwäsche-Abteilung habe ich für Paula Unterwäsche in XL gekauft. Ich selbst muss wohl dann in der Zeltabteilung einkaufen. BHs gibt es nur bis Größe C. Sieht aber trotzdem extrem klein aus. Vielleicht muss Frau dann drei Mal A kaufen... Willst Du ein „A" kaufen?... Natürlich haben wir Sesamstraße hier auch nicht.

Auf in die Lebensmittelabteilung: Hier werden viele interessante Obst und Gemüsesorten angeboten und mein Ziel ist es, alles auszuprobieren. Nebenan ist dann die Fischabteilung, die gleicht einer Zoohandlung. Große Karpfen werden hier lebendig in eine Tüte mit Wasser gesteckt und können in der heimischen Badewanne bis zum Verzehr weiter schwimmen... Krebse sind auch

Standard, aber auch dicke Kröten. Die sitzen im Eimer und schauen groß. Was um Himmels Willen macht man damit? Froschschenkel? Suppe? Vor allem, wie kauft man die ein? Kommen die in eine Plastiktüte und hopsen dann im Einkaufswagen? Oder werden die „vor Ort" erlegt? Kopf ab? Erhängt? Erschossen? Paula bekam als Vegetarierin eine Krise und ich scheuche sie in die nächste Abteilung, zu den losen Lebensmitteln... Kröten wollen wir nicht einkaufen. Aber auch die losen Lebensmittel haben ihre Tücken. Es riecht ein wenig wie bei „Fressnapf" und auch getrocknete Schweinegesichter gibt es zu kaufen. Jeder Hund hätte seine Freude daran...- aber lose Chilischoten, Sternanis usw. gibt es natürlich auch. Jeder kann die Sachen berühren und draufhusten... Ich bin eigentlich gegen viel Verpackungen. Aber in diesem Fall wähle ich abgepackte Gewürze. Hat immer noch Jemand Lust, uns zu besuchen?

Todesmutig verlasse ich den Supermarkt und gehe in die Apotheke. Unsere Hausapotheke ist noch in der Luftfracht... Hier gibt es nur freiverkäufliche Medikamente; wer etwas anderes sucht, muss ins Krankenhaus gehen, um dort unter ärztlicher Aufsicht seine Medikamente zu bekommen. Wir brauchen aber nur etwas gegen Mückenstiche. Mücken gibt es sogar im Herbst noch reichlich. Leider! Die sind klein, fies und viele! Uns fällt eine Packung mit einem Supermann auf. Wer traut sich, Medikamente einzunehmen, wo ein Supermann drauf ist? Was da wohl drin ist? Potenzmittel? Markus scannt den Schriftzug mit der App und der Apotheker rückt ihm auf die Pelle, damit er sich nicht so allein fühlt. Und was ist drin? Paracetamol... Wie langweilig! Aber vielleicht nur für Männer. Frauen ertragen Schmerzen auch so. Mein Bedarf an Einkaufserlebnis ist für heute gestillt, nachdem ich in der Joghurtabteilung nach dem Öffnen des Kühlschranks von einem Lautsprecher mit Verkaufsparolen angeschrien wurde. Wir verlassen den Supermarkt und werden fast von einem lautlosen Elektroroller umgefahren. Auf dem Roller ein Chinese, Kippe im Mund, das T-Shirt bis unter die Achseln hochgezogen, der Bauch ist frei. Hier eine gängige Methode. Ob ich das mal ausprobiere? Starren tun die Leute hier sowieso...

Markus erlebt in seiner Arbeitswelt natürlich auch interessante Dinge. Die muss er aber selbst darstellen. Es ist so verdächtig ruhig im Haus. Ich muss nun einmal schauen, was der Monteur treibt. Ich hoffe, dass es demnächst etwas ruhiger zugehen wird, da ich mich auf das Studium konzentrieren kann. Also, wenn die nächste Mail ein bisschen dauert, hat es geklappt. Natürlich möchte Niemand mit Mails zugeschüttet werden. Einige haben mir schon gesagt, dass sie unbedingt im Verteiler bleiben wollen. Ich werde also nur die anschreiben, die das gerne möchten. Da wäre ein Feedback gut. Andere möchten eine persönliche Mail, die natürlich etwas dauern wird. Also lasst es mich einfach wissen. Und: Wie ist es denn in Deutschland? Ich vermisse raschelndes Herbstlaub...

Herzliche Grüße aus Shanghai
Urda

Hallo Zusammen!

Der Wahnsinn geht also weiter und ist niedergeschrieben in der dritten Mail. Ich hatte ja schon angedeutet, dass ich mir ein wenig Zeit lassen werde, um mich meinem Studium widmen zu können. Das erste Skript habe ich so weit durchgearbeitet und alle online-Tests bestanden. Diese dienen aber nur dem Studenten, um zu sehen, ob er die Inhalte verstanden hat. Nun stehe ich vor meiner ersten Hausarbeit, die dann auch bewertet wird. Ich soll Strukturen und Zeitmanagementvorgaben in meinen Alltag einbauen. Eigentlich kann man alles strukturieren und in Kategorien einteilen. Von A (wichtig und dringend) bis D (unwichtig und nicht zeitkritisch) Ob die an der Fernuni einen Toilettengang wichtig finden? Na, ja: rein wissenschaftlich gesehen, kann ein Besuch des stillen Örtchens schnell von D zu A werden, wenn man Durchfall hat. Das ist dann sehr wichtig und überaus zeitkritisch. Oder nicht?

Einige würden mir jetzt vielleicht vorschlagen, mal in der Fachhochschule anzurufen und nachzufragen. Das letzte Telefonat mit dem Institut hat eine Stunde gedauert und mich 200 Euro gekostet. Nach Deutschland zu telefonieren ist sehr teuer, wie ich seit der ersten Telefonrechnung nun weiß. Also keiner braucht zu hoffen oder zu bangen, dass ich anrufe. Das wird nicht passieren. Fehler! Es handelte sich doch um eine Jahresgebühr... Puh, Glück gehabt.

Dabei wollte ich doch nur wissen, ob die schon mein Skript verschickt haben.... Lange Rede, kurzer Sinn: Das Skript war schon ewig unterwegs und konnte mir nicht zugestellt werden, da nicht die Schule, sondern die Druckerei einen Fehler in der Adresse gemacht hat. Es gab zwei Tracking Nummern auf der Mail, die die Uni (ich natürlich nicht) hatte und ich der freundlichen Mitarbeiterin entlocken musste. Am Ende hat sie mir einen Sceenshot geschickt. Ich bin frohen Mutes zu

„China Post" gefahren, um mein Skript in die Arme zu schließen. Aber kein Skript. Wo es ist? Keine Ahnung... Aber hier bekommen Sie die Telefonnummer von der Hotline. Viel Spaß! Nachdem ich bei der Hausverwaltung unseres Wohngebietes um Hilfe gebettelt habe, hat ein Mitarbeiter dort angerufen, um nachzufragen. Nach drei weiteren Telefonaten von Mitarbeiter Mike hatte ich nun die Adresse und musste auch nur noch eine Stunde Auto fahren, um in einer dreckigen Garage aus einem Berg aus Post mein Skript zu angeln... Ich habe mir Studieren leichter vorgestellt. Und ich meine nicht das Fachliche.

Ich finde ab heute „China Post" doof und will ein anderes Postunternehmen ausprobieren, was viel besser sein soll: UPS

Das Internet geht, ich habe eine Adresse gefunden und es sind auch nur 20 Minuten Fahrzeit. Ein Traum! Kaum ausgestiegen muss ich im Pförtnerhaus meinen Pass vorzeigen (habe nur einen Duldungszettel, Pass liegt beim Visa-Amt) und alle Daten von mir angeben. Hallo? Ich möchte ein Paket verschicken, kein Kind adoptieren... Ich werde abgeholt und in eine Halle geführt. Von welchem Unternehmen ich denn käme? „Na, ich bin Privat", antworte ich. „Dann sind sie hier verkehrt. Hier nur für Firmen. Hier bekommen Sie die richtige Adresse und meine Telefonnummer, falls sie dienstlich mal etwas verschicken wollen." Nachdem ich dann mit dem Pförtner alle Papiere wieder geklärt habe, fahre ich weitere 45 Minuten und werde vom Fahrer vor einem Hochhaus abgesetzt. Hier soll das sein? Mein Fahrer setzt mich mit den zwei Paketen ab und... fährt davon. Es gibt eine Informationstafel auf Englisch! Juhu! Aber UPS steht nicht drauf. Showroom gibt`s. Aha. Toilet. Die wird noch wichtig werden... Ich finde einen Postschalter im Erdgeschoss und freue mich. Das ist ja einfach! Aber nix: Hier „China Post" nix UPS. Die Damen zeigen mit dem Finger nach oben. Aber wo denn da? Dem

Himmel so nah? Noch kann ich lachen, das wird mir noch vergehen. Ich suche weiter und frage. Kein Englisch, keine Ahnung. Ein Opa hat Mitleid und fragt mich auf Englisch, wie er helfen kann. Ich klage ihm mein Leid und schleppe meine zwei Pakete weiter in den achten Stock. Dort kurve ich weitere 25 Minuten und kann nichts finden. Ich frage wieder und werde zu einem Büro geführt, das verschlossen ist. UPS ist schon seit Monaten nicht mehr hier, heißt es. Wo? Unbekannt... Ich renne mit meinen Paketen nach unten, alle Aufzüge sind voll und ich muss dringend auf Toilette. Ich rufe den Fahrer an, der verwundert die Pakete in den Kofferraum stellt. Ich habe die Nase voll von Paketen und lasse mich zum Supermarkt fahren. Auf halbem Weg schreibe ich dem Menschen von UPS eine Nachricht, dass die Adresse falsch ist ... und bekomme sofort die Antwort, dass die innerhalb des Hauses umgezogen sind. Ach, und übrigens, wenn sie Lebensmittel verschicken wollen, das geht bei UPS nicht. Ich denke an den selbstgebastelten Adventskalender und an den Tee und die Kekse. Und frage nach dem „Warum"? Zügig bekomme ich die Antwort: Die Bevölkerung Chinas ist groß und braucht seine Lebensmittel selber. Dahinter ein lachendes Gesicht. Ich überlege, ob mit dem Typen über Verhütungsmittel diskutieren möchte, lasse es aber, da es mit der Ein-Kind-Politik ein heikles Thema ist. Der Weg zum Supermarkt ist lang und ich brauche den Platz in dem viel zu kleinen Kofferraum für die Einkäufe. Die Pakete müssen weg! Trotz meiner Abneigung fahre ich mit Jimmy und den sehr gut verklebten Paketen zu „China Post". Dort bietet mir jemand einen Platz an und will wieder meinen Ausweis usw. sehen. Zum Glück muss ich weder meine Schuhgröße noch Gewicht angeben. Was denn in dem Paket ist, will der Beamte wissen. „Ja, Süßigkeiten, Tee Kekse und eine Kette", antworte ich. Der Mann holt ein Cuttermesser und trennt meine Pakete auf. Ich fange an zu schwitzen, als die Pakete des Adventskalenders zum Vorschein kommen. Zum Glück packt er diese nicht alle aus... Ich versuche gelangweilt zu gucken, was mir nicht gelingt. Der Typ starrt in meinen Ausschnitt, es reicht mir. Ich fixiere ihn mit meinen Augen und schaue ihm ins Gesicht, lange. Er kapiert immer noch nicht. Nun starre ich auf seine Hose. So langsam versteht er, wird verlegen und schaut nur noch auf die Tischplatte. Ich renne fast zum Auto und lasse mich nach Hause fahren... Zum Glück bin ich mit einem klugen Mann verheiratet und er fragt mich nicht, ob ich heute einen entspannten Tag in meinem Hausfrauen- und Studentendasein hatte.

Zum Glück ist Wochenende. Eine Bekannte ist zu einer Hochzeit eingeladen und hat uns ihre Tochter vorbeigebracht. Wir wollen in den Zoo, sind bepackt mit Proviant und freuen uns auf die Pandabären. Der Zoo ist groß und ist parkähnlich aufgebaut; ich bin gleich verliebt in den Zoo, er erinnert mich an die Eilenriede, da er weitläufig ist. Wir sind fasziniert von den vielen Tieren und Pflanzen. Wir beobachten riesige Wasserschildkröten, die in einem Aquarium an uns vorbei schweben. Obwohl es Wochenende ist, ist für chinesische Verhältnisse der Zoo nicht voll. Aber auch hier spüre ich die Blicke im Nacken, da wir auffallen. Wir sind ja sooo anders. Die Leute beobachten nicht die Tiere, sie beobachten uns. Wir werden angestarrt und sogar gefilmt. Vielleicht sollten wir um ein eigenes Gehege im Zoo bitten. Auf dem Schild würde stehen: Deutsche. Lebensraum: Europa. Nahrung: Würstchen, Haxe, Kraut und Bier. Die weiblichen Tiere Prosecco. Kinder: 1,4 Paarungszeit: Ganzjährig, wenn die Kinder endlich im Bett sind... Verhalten: Pünktlich und mürrisch. Na, ja. Wir sind schon aufgefallen. Allein mit drei Kindern und dann auch mit NUR Mädchen. Die Chinesen bevorzugen eher einen Stammhalter. Da wird in der Schwangerschaft schon geschaut und dann entschieden, ob das Kind nun ausgetragen wird oder nicht. Natürlich nicht offiziell ... Vielleicht denken die auch, dass unser Fernseher kaputt ist. Ist mir egal. Wir machen schließlich auch Witze über die Chinesen: Paula war auf Klassenfahrt „in den gelben Bergen". „Hinter den gelben Bergen, bei den gelben Zwergen...". Das hatte sich Markus dann mal ausgedacht. Ich trällerte gleich „Von den blauen Bergen kommen wir.... Unser Lehrer ist genauso blöd wie wir...." Und: Unsere Kinder kannten das Lied gar nicht. Bevor ich nun behaupte, das sei deutsches Kulturgut, verstumme ich lieber und fühle mich schrecklich alt. Die Strafe folgt auf dem Fuße: Da das Internetradio hier ständig zusammenbricht und ich Radiohören aufgegeben habe, beschäftigt sich mein Kopf an diesem Tag nur noch mit der Melodie:" Von den blauen Bergen kommen wir..." Aber Strafe muss sein.

Markus pendelt ja ständig zwischen Shanghai und Ninghai. So langsam hatte er das Hotelleben satt und hat eine Wohnung in Ninghai bezogen in einem Hochhaus. 26.Stock, Küche, Bad, Wohn- und Essbereich, Hauswirtschaftsraum, Kinderzimmer und Schlafzimmer. Im Fahrstuhl dudelt „Für Elise", aber nur die ersten paar Klänge, dann ist der Fahrstuhl am Ziel. Eine kleinere Wohnung zu bekommen, ist nicht möglich. Dies ist so der Standard für eine dreiköpfige Familie, die auch vorher in dieser möblierten Wohnung gewohnt und deutliche Spuren hinterlassen hat. Die Wände wurden mit einem Filzstift verschönert. Die Wohnung erinnert mich an die achtziger Jahre. Mahagoni ist hier sehr gefragt. Marmor-Fußboden und goldene Fugen. Ich ziehe meine Augenbrauen hoch und schaue meinen Mann fragend an. Dieser antwortet knapp, dass seine Mitarbeiterin die Wohnung organisiert hat und die anderen noch schlimmer waren. Nun gut. Mir muss es schließlich nicht gefallen und wir bleiben ja auch nur drei Nächte hier. In

Shanghai ist der chinesische Präsident zu Besuch auf einer Messe und es wurden sämtliche Straßen um das ganze Messegelände abgesperrt und unsere Schule geschlossen. Also warum nicht mal Urlaub machen in Ninghai? Aber zurück zur Wohnung: Markus hatte mir schon angedeutet, dass die Matratze sehr hart sein würde. Und er hat ein wenig untertrieben: Die Matratze war eine mit Stoff bespannte Spanplatte. Wer soll denn bitte so schlafen können? Ich vermisse mein heimisches Wasserbett und lasse mich auf das knallharte Bett fallen. Markus pumpt derweilen eine mitgebrachte Luftmatratze auf und mein Blick trifft auf die hässliche Schlafzimmerlampe: Die ist so hässlich, dass sie mir fast schon wieder gefällt. Ein Rechteck mit Kristall-blink-blink und geometrischem Muster. Der Designer wollte alt und neu mit Mathe kombinieren.... Da bekommt man Albträume. Ich mache das Licht an und die Lampe leuchtet das Schlafzimmer wenig schmeichelhaft grell aus. Ist das hier ein Operationssaal oder ein Schlafzimmer?! Ich versuche, das Licht zu dimmen, und betätige den zweiten Lichtschalter. Oh, Wunder! Das Licht verändert sich. Das Schlafzimmer ist ausgeleuchtet in einem satten Rot. Markus kommt mit der Luftmatratze ins Schlafzimmer und schaut mich irritiert an. Ich strahle ihn an und sage: „Schatz! Du denkst Dir immer so romantische Dinge aus!" Wir fangen schallend an zu lachen und die Kinder kommen ins Schlafzimmer. Sophia bearbeitet den Lichtschalter. Da muss es doch noch anderes Licht geben...Und tatsächlich: Das Licht verändert nun alle drei Sekunden seine Farbe! Leute, gute Nacht! Sophia ist begeistert und schreit: „Disco!" Paula verdreht die Augen und geht...

Am nächsten Tag schicken wir Markus zur Arbeit und verbringen den Tag in einer riesigen Einkaufsmall. Der Arme muss sich ein Taxi rufen und will es unbedingt ohne Hilfe schaffen. Er soll sich an den Straßenrand stellen und winken. Gesagt, getan: Markus winkt mutig. Und: Es hält sogar ein Taxi an. Nur leider sitzt hinten schon ein anderer Fahrgast drin. Wohin er denn wolle, wird er freundlich gefragt. Nach erfolgreicher Kommunikation stellt der Fahrer fest, dass das Ziel nicht auf seinem Weg liegt und fährt davon. Das Prozedere wiederholt sich noch einige Male, bis endlich ein freies Taxi Markus ins Büro fährt. Wie sich wohl die Fahrgäste gefühlt haben müssen, als der Fahrer einfach angehalten hat, obwohl sie doch im Taxi saßen?

Mein Mann verbringt seinen Arbeitstag mit vielen Telefonaten und Konferenzen. Ständig mit der Sorge, etwas falsch zu machen. Wie soll man „nein" sagen, ohne dass das Gegenüber sein Gesicht verliert? Es ist auch in der Geschäftswelt vieles anders. In der Produktion hängen Parolen: „Denke an Deine Pflicht". „Denke nur an Deine Verantwortung". Da der Betrieb modern und international sein möchte, nun auch auf Englisch. Ja, es denkt Jeder an seine Pflicht und nur an seine Verantwortung. Teamgeist gleich null. Das wird noch dauern. Weiterdenken ist auch ganz schwierig. Irgendwie finde ich „Die-Was-Passiert-Dann-Maschine" aus der Sesamstraße sollte Pflichtprogramm sein. Da könnten einige Leute noch viel von lernen. Kürzlich habe ich eine Dame kennengelernt, die vor Jahren in Shanghai Chinesisch studiert hat, hier ewig wohnt und somit voll im Bilde ist. Shanghai ist so schnell gewachsen, sagt sie. Es ist wie ein Rausch. Immer höher, schneller, weiter. Das macht fast süchtig. Für den Präsidenten wurden hier sogar binnen zwei Tagen Häuser abgerissen und ein Parkplatz erbaut. Die Leute wollen modern sein. Kleiden sich auch so und sind es aber nicht. Die alten Strukturen sind tief verwurzelt. Das wird noch Generationen dauern. So langsam fange ich an zu verstehen. Beim Geschäftsessen mit Chinesen wird auch gerülpst und geschmatzt. Wenn Europäer am Tisch sitzen, vor denen man Respekt hat, aber nicht. Neulich war der Chef vom Chef zu Besuch. Da dieser aber eine Frau ist, wurde wieder geschmatzt. Schaut her. Ich kann es mir erlauben, keinen Respekt zu zeigen.... Auch auf der Straße wird laut gespuckt, um Respekt oder Aufmerksamkeit zu erlangen. Seht mich an.... Es ist ekelhaft. Auch bei einer Werksführung gibt es Machtspiele. Wer macht Platz, wer geht zuerst durch die Tür? Vielleicht sollte ich Sandschäufelchen kaufen. Die können sie sich dann gegenseitig auf den Kopf hauen, die Ingenieure....

Auch die Erziehungsmaßnahmen sind hier ganz andere. Auf einem Gelände stand eine ältere Dame mit ihrem Enkel. Der kleine Junge sollte Pipi machen, wollte oder konnte aber nicht. Die Chinesin fackelte nicht lange und hat ihn mit der flachen Hand auf den nackten Hintern geschlagen. Ich erstarrte und bleibe stehen und sehe die Frau fassungslos an. Diese motzt nun lautstark und gestikuliert mir, dass der Kleine ja nicht machen wolle...Was hätte ich tun sollen? In einer anderen Kultur, ohne Sprachkenntnisse. Ich merke, wie sich mein Hals zusammenschnürt. Ich habe Tränen in den Augen. Ein paar Meter weiter sitzen Männer auf den Stühlen und spielen lautstark Skat. Ich renne zum nächsten Mülleimer und übergebe mich, da ich schlagende Eltern und Großeltern zum Kotzen finde...

So langsam merke ich, wie die vielen Eindrücke abfärben. Längst halte ich Niemandem mehr die Tür auf oder warte, bis ich dran bin. Das funktioniert hier einfach nicht. Der Schritt muss schnell und laut sein, wenn man es eilig hat, dann lassen die Leute mich allein durch meine Größe schon durch. Es gefällt mir nicht, aber nur so funktioniert es hier. Dafür sind hier andere Dinge entspannter. Im Supermarkt liegt der Fleischermeister mit dem Kopf auf dem Tresen und schläft. Und das während der Arbeitszeit. Wer kann sich das in Deutschland herausnehmen? Auch das Essen ist hier wahnsinnig wichtig. Punkt 12 wird hier die Arbeit hingelegt. In den Geschäften, Banken, überall. Die Menschen sitzen im Laden zwischen ihren Waren und essen warmes Essen... Um die Mittagszeit ein Taxi zu bekommen? Unmöglich! Es wird gegessen! Da kann man sich nur wünschen, nicht als Notfall auf dem OP-Tisch zu liegen. Sonst fummelt der Chirurg nebenher noch im Mittagessen herum.

Als Essenshighlight kann ich von Hotpot berichten. Das funktioniert so ähnlich wie Fondue: man kann Sprossen, Gemüse, Fisch, Schinken, gekochte Wachteleier usw. in Brühe werfen. Nach der Garzeit kann man dann mit Dips variieren und Salat dazu essen. Die Brühe gibt es in scharf, mild und Pilzaroma. Der große Topf kann auch dreigeteilt sein, damit man jede Brühe probieren kann. Das war toll, da jeder essen kann, was er mag und es keine Überraschungen gibt. Beim Essen in einem Restaurant haben wir durch Zufall einen Geburtstagsbrauch mitbekommen. Eine Sänfte wurde mit einem singenden (plärrenden) Teller zum Geburtstagskind getragen. Alles in rot gehalten, da rot ja Glück bringen soll. Dann wurde Happy Birthday gesungen, natürlich mit chinesischem Text. Essen gehen ist hier auf gar keinen Fall eine ruhige und besinnliche Angelegenheit. Hier herrscht eine Lautstärke wie auf dem Schützenfest. Wer es etwas beschaulicher mag, der isst in einem abgetrennten Raum, mit eigenem Kellner... Und alle natürlich schön in Einheitsuniform. Das ist hier auch sehr wichtig und sieht gut aus. Selbst das Wachpersonal vom Parkhaus hat eine Uniform an. Ich dachte, es wäre ein Polizist und wurde erst einmal ausgelacht. Ich kann die noch nicht auseinanderhalten. Neulich wollte ich zum Geldautomaten. Der wurde aber gerade aufgefüllt und wurde von uniformierten und schwerbewaffneten Männern beaufsichtigt. Ich wollte gleich wieder umdrehen, wurde aber extrem freundlich und auf Englisch hereingebeten. So kann man erst abgeschreckt und doch freudig überrascht werden. Die waren echt nett. Hier gibt es wirklich viele freundliche Menschen, die extrem hilfsbereit sind. Unsere Putzfee reißt sich immer ein Bein aus, um mich zu verstehen und alles gut zu erledigen. Sophias neuwertigen Sportschuhe waren zu klein. Schuhgröße 35. Nun trägt sie unsere Putzfee und freut sich sehr. Ihr Kommentar: „I like!"

Ich komme zum Ende der Mail und möchte mich noch für viele schöne Antwortmails bedanken. Teilweise habe ich persönlich zurückgeschrieben, andere Mails habe ich einfach nicht geschafft zu beantworten. Gefreut habe ich mich über alle. Es wurden Fotos geschickt und herzerwärmende Zeilen geschrieben, andere haben mir aus ihrem Alltag (Praxis oder Schule) erzählt, wo auch ich ein Teil von war und mich freue, daran teilhaben zu dürfen.

Bleibt gesund und munter! Eine schöne Adventszeit wünsche ich Euch! Ich habe mich gleich für die Betreuung des Glühweinstands in der deutschen Schule einschreiben lassen. Qualitätskontrolle ist ja so wichtig, sagt Chef Markus und der muss es ja wissen... Beste Grüße, Urda

Hallo zusammen!

Hoffentlich seid Ihr alle gut ins neue Jahr gekommen und seid nicht böse mit mir, dass ich mich erst jetzt bei Euch melde. Hier im Land des horizontalen Lächelns ist so allerhand los gewesen und irgendwie verging die Zeit wie im Flug. Erst einmal möchte ich mich bei denen bedanken, die mir fleißig Mails und Pakete geschickt haben. Es tut so gut, wenn Ihr mich an Eurem Leben teilhaben lasst und mir auch über Eure kleinen und leider manchmal auch größeren Sorgen berichtet. Ich werde versuchen, Eure vielen Fragen in dieser Mail zu beantworten. Die Vorweihnachtszeit haben wir hier gut verlebt. Im angrenzenden Supermarkt gab es sogar Schokoladenadventskalender und so konnte Markus seinen Kollegen auch ein Stück deutsche Kultur näherbringen. Die fanden den Gedanken niedlich, sich die Wartezeit auf den Weihnachtsmann mit Schokolade zu versüßen. Mancher hat aber nicht zugehört und den Inhalt des Kalenders fröhlich an die ganze Abteilung verteilt. Weihnachtsartikel gibt es hier also auch ein wenig zu kaufen und es gibt auf dem „Flower-markt" ganze Ausstellungen mit Adventsgestecken und Weihnachtsbäumen. Die Tannenbäume werden schon reichlich früh gefällt und dann natürlich OHNE Wurzeln in einen Topf mit Erde gesteckt. So sind sie dann pünktlich zu Weihnachten völlig vertrocknet und stehen ziemlich schief im Topf. (siehe bei Facebook. Dank VPN bin ich wieder dabei.) Zumindest gab es eine „direkt nach Haus" Lieferung. Das ist überhaupt hier der Trend. Der moderne Chinese bestellt einfach alles über das Internet und verfolgt dann über die App, wo sich der Fahrer mit dem Artikel befindet. Auch bezahlen tut hier kaum jemand mit Bargeld. Es läuft alles über WeChat. Das ist vergleichbar mit Whats-App, hat aber auch eine Bezahlfunktion. Nach dem Einkauf scannt man einen Code ein und schon ist die Bezahlung abgeschlossen. Ich finde es fast ein wenig unheimlich. Aber wir haben nun auch ein chinesisches Konto und wissen mittlerweile auch, wie man seinen Kontostand abfragen kann. Sollte man ja ab und zu mal machen, oder? Weihnachten an sich wird hier aber nicht weiter Beachtung geschenkt. Es ist ein Arbeitstag wie jeder andere auch. Aber die Kinder hatten drei Wochen schulfrei und auch Markus musste nicht zur Arbeit. Die meisten Deutschen sind Weihnachten nach Hause geflogen oder nach Australien, Thailand oder Japan. Wir hatten uns aber bewusst dafür entschieden, Weihnachten in Shanghai zu verbringen. Da die Kinder so lange Ferien hatten, sind wir wieder nach Ninghai gefahren, weil Markus noch arbeiten musste. Außerdem stand immer noch Markus` Einstandsessen mit den Kollegen aus, das er unbedingt mit uns zusammen zelebrieren wollte. Schon Tage vorher hatte er denen angedroht, dass es deutsches Essen geben würde! Also haben wir das Auto mit unserem halben Hausstand vollgepackt, um alles gemeinsam vorzubereiten. Es sollte Frikadellen, Würstchen und Kartoffelsalat geben. Aber auch Brezeln, Bahlsen Kekse, Stollen und ein Fass Bier hatten wir im Gepäck. Markus hatte sogar einen Kräuterschnaps auf Wodkabasis kreiert, den er anbieten wollte. Dazu hatten wir einen Raum in einem Hotel gemietet, wo uns Tische, Stühle, Geschirr und sogar Besteck zur Verfügung gestellt wurden. Da das Hotel nicht weit entfernt von Markus` Apartment lag, mussten wir das ganze Essen inklusive Getränke durch die Gegend schleppen. Im Supermarkt hatten wir sämtliche Kartoffeln aufgekauft, da es ja für über 20 Personen reichen sollte. Die Hotelangestellten fanden unser Vorhaben auch hochinteressant. Fünf Personen standen im Halbkreis, um zuzusehen, wie ich ein Gurkenglas öffne oder ob ich es denn nun schaffen würde. Letztendlich haben wir alles noch rechtzeitig fertigbekommen und fast alle Kollegen sind der Einladung gefolgt. Paula und Sophia fanden es sehr lustig, dass erwachsene Menschen nicht unbedingt mit Besteck essen können. Ich konnte Sophia nur schwer davon abhalten, Essenstipps abzugeben, wie etwa „MesseR rechts und GabeL links..." Da Chinesen höfliche

Menschen sind (und Markus von den Meisten der Chef ist), haben sie alles probiert. Da wurde erst einmal vorsichtig an einer Frikadelle gerochen und diskutiert, ob die nun besser mit Senf wird oder nicht. Um überhaupt etwas in den Mund zu bekommen, wurde der Teller mit dem Kartoffelsalat (es gab die nord- und süddeutsche Variante), direkt an das Gesicht geführt, um dann mit der Gabel den Salat in den Mund zu schieben. Mancher versuchte auch Kekse mit Messer und Gabel zu bezwingen. Die Kinder waren schwer beeindruckt. Aber so ein bisschen Strafe muss sein, da die Kollegen Markus auch mit in die heruntergekommensten Lokale schleppen und sich tierisch freuen, wenn er sich sein Hemd vollkleckert, da ihm etwas von den Stäbchen gefallen ist. Aber Frikadellen fanden sie richtig gut und auch der Stollen wurde restlos aufgegessen. Wir haben ihnen dann auch noch gezeigt, dass man Cola und Fanta mischen kann und dass das dann „Spezi" heißt. Also „Spezi" konnten sie dann gar nicht aussprechen. „Xie"???? „Zxie"??? Mineralwasser mit Kohlensäure finden sie auch komisch. Aber auch Markus' Fusel wurde probiert. Ich muss erwähnen, dass es in dem Hotel keine Schnapsgläser gibt. Also wurde der edle Tropfen in Wassergläser geschüttet. Das ging dann auch. Ich habe dann mal nachgefragt, ob Jemand „Lüttje Lagen" kennt. Kannte natürlich Keiner und ich musste versprechen, so ein Gläserset zu besorgen. (Für alle Nicht-Hannoveraner: Bei „Lüttje Lagen" handelt es sich um ein Trinkspiel. Man hat ein kleines Bierglas und ein Schnapsglas in einer Hand und muss versuchen, Bier und Schnaps gleichzeitig zu trinken, OHNE etwas zu verschütten) Kann sein, dass die Kollegen nun denken, dass wir jeden Abend so trinken, aber immerhin wurde ich zu der nächsten Betriebsfeier von Markus' Chef eingeladen, da würde es auch lustige Trinkspiele geben... Die Betriebsfeier ist nächsten Freitag und ich kann leider nicht dabei sein.

Habe aber von Bekannten gehört, dass je nach Hierarchie Chefs ihre Mitarbeiten zum Trinken animieren. Jetzt am Mittwoch soll Markus sein Kostüm anprobieren. Der freut sich. Wo er sich doch so gerne verkleidet... Fast tut er mir leid. Aber wie sagt Paulas Klassenlehrer immer: „Wir sind hier nicht bei Wünsch dir was, sondern bei So ist es!!!" Da es in China sehr unhöflich ist, alles aufzuessen (das Essen hat nicht gereicht), waren unsere Gäste sehr verhalten. Da ist uns zum Glück der Spruch von unserem Opa eingefallen: Denn wenn man nicht aufisst, scheint morgen nicht die Sonne! Als wir diesen Spruch zum Besten gaben, haben sich tatsächlich alle noch einmal ihren Teller gefüllt. Keine Ahnung, ob sie tatsächlich an solchen Unsinn nun glauben, aber Chinesen sind im Allgemeinen doch sehr folgsam und fragen selten nach dem Sinn. Nun hätte ich eigentlich noch Oma Elses Zitat „Eingeladen macht nicht dick" einwerfen können, hab mich aber noch beherrschen können.

Viele von Euch haben gefragt, ob die Kinder sich denn schon gut eingelebt haben. Nun, was soll ich sagen?! Paula muss in Latein zehn Lektionen nachlernen. Da gab es verständlicherweise schon bittere Tränen. Aber der Lehrer ist super! Er hat alle Vokabeln für Paula rausgeschrieben und sogar eine Nachhilfe organisiert. Die aktuellen Tests schreibt sie alle gut und in der letzten Klausur hat er ihr sogar die Vokabeln an den Rand geschrieben, die sie noch nicht wissen kann. Somit bekam sie sogar eine gute Note. Sophia empfindet die Schule eher als lästig. Aber immerhin sieht sie ihre Freunde und das Essen in der Mensa sei auch ganz passabel. Paula hat nun auch eine gute Freundin gefunden, die Chinesin ist. Das freut uns natürlich sehr, da dann Themen wie Heimweh nicht zum Hauptthema werden. Der Vater der neuen Freundin hat selbst in Heidelberg Germanistik studiert und möchte, dass seine

Tochter nun auch die Sprache lernt. Manling spricht perfekt Deutsch, kann dafür aber die chinesische Schrift nicht lesen. Natürlich ist das für die Eltern ein hoher Preis. Zwar gibt es in der Schule Chinesisch-Kurse, die Teilnahme ist aber freiwillig und das Niveau nicht unbedingt das, was sich Manlings Eltern vorstellen. Die haben wir auch schon kennenlernen dürfen und das sind ganz liebe Leute. Natürlich gibt es Unterschiede zwischen chinesischen und europäischen Familienansichten. Hier in China leben die Familien oft mit den Großeltern zusammen. Das hat den großen Vorteil, dass die Eltern dann Beide vollzeitberufstätig sein können. Die Erziehung von meist nur einem Kind liegt dann in der Hand der Großeltern. So läuft es über Generationen, dass immer die Großeltern erziehen. Manche Eltern arbeiten auch in der Stadt. Das Kind wächst dann bei Opa und Oma auf dem Land auf. Das ist auch der Grund, warum sich die meisten Familien einen Jungen wünschen. Der Junge bleibt bei den Eltern wohnen, die Mädchen verlassen das Haus, wenn sie heiraten, und leben dann in der Familie des Mannes. Die Großeltern haben das Sagen. Oft auch, was das Kind studieren soll und wo. Als Einzelkind unterliegt man einem unheimlichen Druck. Chinesische Schüler haben oft Unterricht bis 17 Uhr. Danach haben sie meist Nachhilfeunterricht bis teilweise 23 Uhr. Zeit zum Spielen oder gar für Freunde bleiben somit völlig auf der Strecke. Das ist auch der Grund, weswegen viele Chinesen ins Ausland wollen. Dort hätte das Kind dann auch eine Kindheit, die nicht nur aus Lernen besteht. Der Druck auf die Wunschuniversität ist selbstverständlich noch größer. Da werden monatelang Probeklausuren geschrieben und ganze Passagen auswendig gelernt, um sich auf den EINEN Test vorzubereiten. Wenn eine Frage falsch beantwortet wurde, ist es vorbei mit dem Traum von der gewünschten Universität. Da es so viele Schüler und Studenten gibt, können die Universitäten sich das durchaus aussuchen. Wenn überhaupt das Geld der Familie für solch eine Ausbildung ausreicht und der Druck nicht zu groß wird. Man sieht ungelogen keine spielenden Kinder auf den Straßen und ich habe mir sagen lassen, dass die Selbstmordrate bei chinesischen Schülern sehr hoch ist. Es ist erschreckend. Auch erschreckend der hohe Anteil an unverheirateten Männern. Da sich alle einen Sohn in der Ein-Kind-Politik gewünscht haben, wird das wirklich zum Problem. Markus` Kollege erzählte, dass er erst eine Wohnung und ein Auto kaufen musste, bevor er eine Frau bekam. Aber auch den neuen Schwiegereltern muss eine nicht unerhebliche Summe gezahlt werden, um die Erlaubnis für die Hochzeit zu bekommen. Einfach unfassbar. Dabei ist der Kollege von Markus sehr intelligent, nett und sieht auch gut aus. Markus' Chef selber hat übrigens zwei Kinder. Und das noch zu Zeiten, wo es die Ein-Kind-Politik noch gab. Es gibt aber einen Trick. Seine Frau brachte das zweite Kind in Hongkong zur Welt und schon muss man keine Strafe zahlen. Die Strafen sind nicht unerheblich. Sie liegen zwischen 600-35 000 Euro, je nach Region. Wer ein zweites Kind bekommt und die Strafe nicht zahlen kann, bekommt keine Papiere für das Kind. Das hat fatale Folgen: Kein Schulbesuch, keine Heirat, nicht einmal eine Fahrkarte kann man ohne Ausweis kaufen, wie wir schon feststellen mussten. Diese Kinder leben meist versteckt zuhause und werden „Schattenkinder" genannt. Daher pilgerten die Frauen, die konnten, nach Hongkong zur Entbindung. Allerdings hat das Ganze auch einen Nachteil: Die Hong-Kong-Kinder haben keinen chinesischen Pass. Also leben die Familien meist dicht im Grenzgebiet, da die Kids ja nicht in China zur Schule gehen können, ohne Papiere. Markus 'Chef hat eine andere Lösung: Sein zweites Kind geht auf eine internationale Privatschule. Ich fühl mich wie im Auslandsjournal. Und das, wo ich gerade ausgiebig studiere, was soziale Gerechtigkeit ist. Des Weiteren gab es wohl auf dem Land alle drei Monate eine Pflichtultraschalluntersuchung für alle Frauen im gebärfähigen Alter. Wer aber einen landwirtschaftlichen Betrieb hat, darf mehrere Kinder haben, bis ein Sohn geboren wird. Das habe ich aber aus dem Internet und es nicht selbst erlebt. So ist es aber mit der Diktatur. Seltsamerweise empfindet das kein Chinese als unfair oder nicht richtig. Alles ist geregelt und Jeder versucht seinen Pflichten nachzukommen. Nur nicht auffallen...

Was man von mir eher nicht behaupten kann. Kürzlich habe ich einen Chinesen verwechselt (die sehen für mich alle gleich aus...) und freundlich gegrüßt. Dieser blieb wie vom Blitz getroffen stehen und schaute mich mit offenem Mund an. Dann gestikulierte er mit seinen Armen, wie groß ich doch sei. Ja, ich bin ein Riese! Er sollte doch besser aufpassen, dass ich nicht auf ihn drauftrete mit meinen riesigen Füßen! So etwas kann schnell passieren! Mit den Füßen habe ich schon Waldbrände ausgetreten! Dass wir alle in unserer Familie groß sind, wird mir hier besonders bewusst. Selbst Sophia trägt Jeans aus der Damenabteilung. Meine eigenen Hosen habe ich kurzerhand heiliggesprochen. Die will unsere Ay-i (chinesisch: Tante) immer in den Trockner stecken. Sie hat mich ausgelacht... Heilige Hosen... Es gibt aber einen Ort, wo man sich Kleidung und Schuhe maßschneidern kann. Dort habe ich kürzlich meine ausgelatschten Lieblingsschuhe hingebracht mit der Bitte, diese doch nachzubauen. Wenn man davon absieht, dass für meine riesigen Füße mindestens drei Rinder sterben mussten, hat der Schuhmacher gute Arbeit geleistet. Kopieren können die Chinesen! Das steht außer Frage! Und mehr als ein paar Schuhe bei Zalando kosten meine neuen Treter auch nicht. Als ich meine Kinder befragte, wie ihnen denn meine neuen Schuhe gefallen würden, gab es betretenes Schweigen. Als Auswahl stellte ich dann „Oma" oder „Öko" zur Wahl. Es wurde dann Öko-Oma. Was soll's.

Chinesen sind unglaublich hilfsbereit. Neulich war ich unterwegs in einem anderen Wohngebiet. „Riverside". Also ein Wohngebiet am See. Ist ja schön! Wer kann denn bitte ahnen, dass der See und somit das Gebiet so groß ist wie in Hannover ein ganzer Stadtteil? Als ich dem Pförtner erklärte, wo ich hinwollte, hatte dieser Mitleid mit mir. Wir hatten norddeutsches Schietwetter mit Regen und viel Laub auf den Straßen. Da ich nun mal nicht aus Zucker bin und einen Schirm dabeihatte, machte ich mich frohen Mutes auf den Weg. Eine halbe Stunde später hielt neben mir ein junger Chinese auf einem Elektroroller und fragte mich, wo ich denn hinwolle. Ohne zu zögern, zeigte er freundlich auf seinen fahrbaren Untersatz. Da stand ich erst einmal da mit offenem Mund! „ICH SOLL AUF DAS KLEINE DING???" Ich muss dazusagen, dass das Motorrad ungefähr so groß wie ein Bobbycar war. Todesmutig bin ich aber aufgestiegen und hatte das Gefühl auf einem Rasenmäher zu sitzen. Es regnete immer noch und es lag Laub auf dem unebenen Pflaster. Der nette Junge fuhr ganz langsam und behutsam mich durch den Riverside, zur Belustigung einiger Gärtner, die das Laub zusammenfegten. Dass wir nicht zusammengebrochen sind, grenzt an ein Wunder. Ich sah mit meiner grünen Jacke und Leggins bestimmt wie Hulk auf dem Roller aus. Ich konnte mich gerade noch zusammenreißen, um nicht „born to be wild" herauszukreischen. Dabei klammerte ich mich fest an meinen kleinen Chinesen, um nicht herunterzufallen. Zwischendurch bekam ich Zweifel: So Körperkontakt ist ja doch ziemlich unsittlich aus chinesischer Sicht. Wenn ich mit meinem Mann Hand in Hand spazieren gehe, wird das fast schon so gewertet, als ob ich ihm in aller Öffentlichkeit die Kleider vom Leib reiße.... Also fühle ich mich jetzt ganz unsittlich, da ich den Rücken von einem fremden Mann im Arm hatte. Pfui, Urda! Aber auch die wildeste Fahrt hat auch mal ein Ende und ich kam dann doch noch sicher ans Ziel.

Von meinem Studium kann ich berichten, dass ich gut nachgearbeitet habe. Zwei Hausarbeiten habe ich geschrieben, wofür ich unbedingt Literatur brauchte. Also auf in die Schulbibliothek! Aber über wissenschaftliches Arbeiten konnten die mir so gar nichts anbieten. Dort gibt es: Reiseführer, Geschichts- und Biologiebücher, die deutschen Klassiker, ein bisschen Philosophie und Ratgeber, wie man sein Kind erzieht oder durchs Abitur kommt. Titel wie: „Abitur leicht gemacht", „Lernen wie im Schlaf" und „Jedes Kind kann schlafen lernen". So, so! Mir fällt noch „Wir Kinder vom Bahnhof Zoo" in die Hände und es überkommt mich, dieses Buch, was ich früher verschlungen habe, mitten in die Erziehungsratgeber zu stellen. Find ich irgendwie schlüssig. Wenn „das Kind" nun nicht schlafen lernt, kann es schnell zum Bahnhof Zoo kommen, nicht? Ich bin bitter enttäuscht von meiner Ausbeute, bekomme aber gute Tipps zur Online-Recherche. Ich wurde gefragt, ob ich weitere Erfahrungen im Postwesen gemacht habe. Nun, weitere Skripts für mein Studium sind unterwegs, daher kann ich noch nicht sagen, ob es diesmal klappen wird. Weitere Pakete und Briefe habe ich schon verschickt und bis auf wenige Ausnahmen ist alles angekommen. Die Post hat übrigens eine schöne Waage, wo sich regelmäßig Menschen draufstellen, um ihr Gewicht zu überprüfen und dann die Post wieder verlassen. Da unsere Personenwaage aber in Hannover steht, habe ich gefragt, ob ich da auch drauf darf. Ich durfte! Nur hat dieses unverschämte Gerät mir 10 Kilo mehr angezeigt! Mein lautes „Waaaas"?! haben auch sämtliche Personen in der Poststube verstanden und sich köstlich amüsiert. Obwohl ich der Waage nicht traue, bin ich wieder sehr motiviert, joggen zu gehen. Dies freut auch das Wachpersonal an der Schranke im Wohngebiet. Kürzlich wurde mir sogar per Gestik angedeutet, ich könne mich doch unter der Schranke per Limbo durchwuchten. Da habe ich dem Spaßvogel doch glatt den Vortritt gelassen! Das wollte er dann aber auch nicht. Spaßbremse! Jetzt kommentiert er nur noch auf Chinesisch, wenn er einen Jogger sieht: eins, zwei, eins, zwei... Dem scheint sehr langweilig zu sein.

Ich habe einen Geheimtipp bekommen, wo ich gut ausländische Produkte einkaufen kann. Es soll in der Nähe der deutschen Schule einen inoffiziellen Laden geben. Da war vorher eine Tierhandlung drin und der Laden sieht verschlossen aus. Wenn man aber die Klingel betätigt, würde einem schon jemand aufmachen und es würde immerhin gute Produkte geben. Trau ich mich das? Sicher doch! Todesmutig klingle ich und mit einem Ruck geht die morsche Tür einen Spalt auf. Ich werde beobachtet und dann am Ärmel in den dunklen Laden hineingezogen. Es riecht übrigens nach Tierhandlung. Katzenklo? Wenn ich hier nicht mehr rauskomme, findet mich keine Sau.... Keine Panik! Wie hätte ich denn sonst diese Mail schreiben können?! Eben! Die Verkäuferin spricht englisch. Do you want buy cheap? I cheap! Cheap shop! Das glaube ich ungesehen. Endlich macht sie das Licht an. Es gibt saure Gurken, Milch, Käse, Bier, Mineralwasser und Prosecco! Bingo! Ich erfahre, dass sie auch nach Hause liefert. Lose Dinge kann oder besser will ich hier nicht kaufen. Aber Mineralwasser, Milch, Bier und Prosecco gehen, da sie verpackt sind. Da stört auch der Katzengeruch nicht. Wobei an Katze sollten wir uns so langsam gewöhnen: China hat ein echtes Katzenproblem! Die Leute haben gerne Haustiere, wenn sie noch klein und niedlich sind. Wenn sie aber größer werden, werden diese armen Geschöpfe einfach vor die

Tür gesetzt. So traf ich einen kleinen Kater, der eines Tages bei uns vor der Tür stand und mauzte. Da habe ich den Fehler gemacht, ihm eine Scheibe Wurst zu geben, was er uns mit Vollstrullern der Haustür dankte. Ihr werdet nicht glauben, wer am nächsten Tag wieder vor der Tür stand. Ich habe natürlich versucht, herauszufinden, zu wem er wohl gehören könnte. Hier im Wohngebiet gibt es eine Dame, die sich um solche Fälle kümmert. Die kennt auch alle Tiere. Also hat sie ihn erst einmal begutachtet. Der Kater ist neu und unkastriert. Er soll zum Tierarzt für eine Wurmkur, Floh-Kur, Impfung und Kastration. Ich bin verdutzt. Wenn er nun doch Jemanden gehört, wäre es Sachbeschädigung, das Tier kastrieren zu lassen. Ich bin verunsichert, die Dame ist angefressen. Letztendlich übernehmen wir alle Kosten, aber nicht die Kastration. Das ist dann ihre Verantwortung. Am nächsten Tag zur Mittagszeit schickt sie mir ein Foto. Von dem Kater, auf dem Rücken liegend, neben ihm die abgeschnittenen Hoden. Und das zum Mittagessen. Ich überlege noch, ob ich das Foto an Markus weiterleite, lasse es aber, der kann kein Blut sehen. Abends kommt die Nachricht, dass der Kater wach ist und aus der Tierpraxis raus muss. Draußen ist es saukalt und ob er nicht bei uns schlafen kann. Er darf ins Gäste-WC und verkriecht sich gleich unter dem Schrank. Am nächsten Tag baue ich ihm eine Styroporbox, die ich mit weichen Handtüchern auskleide. Fressnapf und Wasser hat er sowieso schon. Nur einen Namen hat er nicht. Mein Mann ist immer so praktisch: „Das Vieh ist ein Kater?! Auf Englisch heißt Kater Tomcat... Oder hangover" Also dann eben Tom. Tom wohnt nun vor unserer Tür und wird täglich bespielt, gefüttert und gestreichelt. Aber er wird in China bleiben, auch wenn es schwerfällt. Denn eine so lange Flugstrecke in einer Box wäre nicht das Richtige für unseren Freigänger. Es ist übrigens bildschön...und frisst am liebsten Thunfisch.

Als ich neulich Putenreste für ihn hatte, hat er mich angeschaut, als ob ich ihn vergiften wollte...

Ansonsten herrscht hier, wie in jeder anderen Familie auch, der Alltagswahnsinn. Ich räume meiner Familie die Wäsche hinterher und ermahne die Kinder, sich die Zähne zu putzen, bekomme fast immer einen halben Herzinfarkt, wenn eine E-Mail von der Schule auftaucht, wo mir von Kopfläusen berichtet wird. Da hilft auch kein Spruch von Markus, ob die Läuse nun Schlitzaugen haben oder nicht... Ich will die Dinger nicht Zuhause haben, da es hier in China keine richtigen Medikamente dagegen gibt. Ich rege mich über unseren Fahrer auf, da er mit seinen 32 Jahren einen furchtbaren Musikgeschmack hat. Ich kann von Klassik bis Hardrock mit allem leben. Aber NICHT mit einem chinesisch singenden Heintje, der „MAMA!!!????!!!"plärrt. So schnell konnte Jimmy gar nicht schauen, wie blitzartig ich mit der Faust auf das Radio eindresche! Es hätte nicht viel gefehlt, da hätte ich ins Lenkrad gebissen. Er wechselt sofort den Sender! Jetzt hören wir Chris de Burgh, mit „Lady in red" Ich wünsche mir einen Hörsturz! Mann, Jimmy! Du bist 32 Jahre alt und nicht 82!!! Womöglich denkt er, dass dies mein Geschmack ist...Hilfe! Den zwölfjährigen Rotwein von Markus' Chef habe ich dank eines Zuckerhutes meiner Schwiegermutter zu Feuerzangenbowle verwurstet! Wenn den niemand seit zwölf Jahren trinken will, ich will ihn auch nicht. Ihr fragt mich, was ich am meisten vermisse?! Mein Wasserbett, mein Auto, mein Fahrrad, meine Lieblingszahnpasta und meinen Radiosender! Aber am meisten natürlich Euch!!!!! Ich könnte sicherlich noch weitere fünf Seiten schreiben. Aber wie mein Lehrer immer so schön sagte: „Frau Schleier, Sie müssen die Sache mal auf den Punkt bringen." Wie sehr ich doch meine Schule vermisse... Aber gut, mache ich. Viele Grüße, Punkt!

Ihr Lieben!
Es ist wieder einmal Zeit, für einen Bericht aus dem Reich der Mitte. Hier wird gerade das chinesische Neujahrsfest gefeiert und es ist von der Wertigkeit mit unserem Weihnachtsfest gleichzusetzen. Seit Tagen werden in den Supermärkten gerne importierte Lebensmittel eingekauft (Danish Butter Cookies) und Jeder fährt für die Feiertage nach Hause. Flug- oder Bahntickets sind restlos ausverkauft oder maßlos überteuert und auch Markus musste letzte Woche mit dem Auto nach Ninghai fahren, da er kein Ticket mehr bekommen hat. Unser neuer Fahrer, Mister Zhang, war nicht wirklich begeistert, die 300 Kilometer nach Ninghai und wieder zurückzufahren. Unser bisheriger Fahrer hatte gekündigt, da wir ihn nicht häufig genug beansprucht haben und er trotzdem Zwölf-Stunden-Tage abgerechnet hat. Daher sind wir über einen Wechsel nicht unglücklich, da Mister Zhang sogar ein paar Brocken Englisch spricht. Da er älter als wir ist, ist es in China üblich, dass die ältere Person gesiezt wird. Sein Alter ist schwer einzuschätzen, da er ein starker Raucher ist und dadurch älter wirken könnte. Seine Schläfen werden langsam grau. Eigentlich ein No-Go in China. Hier bemüht man sich, ewig jung auszusehen und färbt sich mehr oder weniger erfolgreich die Haare. Überhaupt sieht man recht wenig ältere Menschen, da diese meist Zuhause verweilen. Mister Zhang macht es mir nicht

einfach, da seine Zähne so extrem-verfärbt sind, dass ich auch am Zahnstatus kein Alter festmachen kann. Gedanklich habe ich ihm schon eine Corega-Tabs in den Mund geschmissen und einen Heil- und Kostenplan erstellt, da mich mein erster Beruf doch nicht loslassen will. Worauf Markus nur trocken meinte, dass Mister Zhang sich ja wirklich glücklich schätzen kann, dass ich vorher nicht beim Urologen gearbeitet habe...

Aber ich schweife vom Thema ab, denn hier ist der absolute Neujahrs-Hype. Die Farbe „Rot" spielt dabei eine extrem wichtige Rolle, da diese Glück verheißt. Das Jahr des Schweins ist nun angebrochen und überall sind Spruchbänder und Schweinedekorationen. Meines Wissens, gibt es zwölf Tierkreiszeichen und wer im Jahr des Schweines geboren wurde, sollte sich besser rote Unterwäsche, Socken usw. anziehen, damit ihm das Glück hold ist. Kinder oder andere Untergebene erhalten rote Briefumschläge mit Geldgeschenken. Wer es richtig traditionell mag, dankt seinen Eltern auf Knien für die eigene Existenz und muss einige Sprüche aufsagen, bevor ihm der rote Umschlag ausgehändigt wird. Dies kann man ganz altmodisch mit einem Papierumschlag und Bargeld tun oder auch über das Handy, indem man einen roten Umschlag mit dem Wunschbetrag verschickt. Es wird teilweise zu einem richtigen Spiel, wenn man in einem Gruppenchat ist. Eine Person stellt einen Umschlag mit einem geringen Betrag in den Chat und wer ihn als erstes annimmt, bekommt den größten Betrag auf sein virtuelles Portemonnaie gebucht und ist der Gewinner. Solche Spiele lieben die Chinesen sehr und zur Demonstration hat unser Freund Juan gleich einen Gruppenchat installiert. Die Freundschaft zu Juan und Mirabella ist uns so wertvoll, da sie uns immer ganz geduldig alle Sitten und Gebräuche erklären und sichtlich Spaß daran haben. Unsere liebe Lou bekam auch einen Umschlag mit einem Wochenlohn, da sie ein wahres

Goldstück ist. Sie bedankte sich überschwänglich mit den Worten, dass sie es liebt, mit mir zu arbeiten und glücklich sei. Ich bin sehr gerührt über so viel Herzenswärme. Allerdings bei Juan habe ich mich zu weit aus dem Fenster gelehnt, da er seine Studienzeit in Heidelberg verbracht hat und ich versprochen habe, dass er sich ein deutsches Essen von mir wünschen kann. Wer kann denn ahnen, dass er Sauerbraten und Serviettenknödel liebt?! Ich komme doch aus Norddeutschland und kenne mich damit so gar nicht aus. (Falls jemand ein gutes Rezept hat, immer her damit) Unser letztes Essen bestand dann aus Backofengemüse und Bratwurstschnecken und Kürbissuppe... War aber auch okay, hoffe ich.

Ob Mirabella nun wirklich Mirabella heißt, weiß ich nicht. Die Chinesen geben sich selbst gerne westliche Namen, damit wir „Langnasen" diese auch aussprechen können. Und da Mirabella häufig nach UK reist, ist ein Phantasiename also nicht ausgeschlossen. Selbst in Markus' Büro haben sich Mitarbeiter Markus zuliebe einen neuen Namen zugelegt. Das sorgt für Verwirrung, da die chinesischen Mitarbeiter jene neuen Namen teilweise noch nicht kennen. So gibt es Namen wie: „Great" oder „Wells". Die Frauen hingegen nennen sich „Cherry", „Candy" oder „Kelly". Hört sich für mich eher nach Süßwaren an. Wer gibt sich denn bitte freiwillig solch einen Namen?! Da sich unsere Vermieterin selbst „Cherry" nennt, habe ich einfach mal nachgefragt, wie so ein Name zustande kommt. Die Erklärung ist extrem simpel: Ihr Englischlehrer hat ihr den Namen verpasst. Also, wenn ich alle Namen tragen müsste, die ich in meiner ersten Schulzeit bekommen habe... dann gute Nacht, Marie! „Brillenschlange" war noch einer der charmanten Namen. Lustig ist auch, dass es teilweise auch Namen sind, die für Chinesen schwer auszusprechen sind. Es ist ja bekannt, dass Jene

Schwierigkeiten haben das „R" auszusprechen. Muss man sich dann „Nora" nennen?! Zum Glück können sie „Markus" sagen, wenn auch nicht „Schleier". Sie versuchen „S c h" zusammensetzen. Natürlich funktioniert das nicht. Ist aber auch gemein, wenn man nicht weiß, wie es geht. Natürlich ist es auch lustig, wenn Mitarbeiter in Hannover anrufen wollen. „ We have to discuss the problem with Loland! Maybe with Lolf, too!" Aber in Punkto Spaß kommen die Chinesen auch nicht zu kurz: Bei der Betriebsfeier sollte Markus kostümiert einen Satz auf Chinesisch sagen, das hat genau gar nicht hingehauen, obwohl sie es ihm 1000 Mal vorgebetet haben. So ein bisschen Schadenfreude ist hier durchaus verbreitet. Ein weiteres Beispiel: In den Wohnhäusern ist es durchaus üblich nicht zu heizen. Entweder, weil keine Heizung vorhanden ist, oder weil man sparen will. So auch im Büro: Heizung zwar vorhanden, aber klirrend kalt. Die Mitarbeiter sitzen in Mantel und Mütze vor ihrem Rechner, aber keiner beschwert sich, da es hier wirklich normal ist. Zuhause sitzt man schließlich auch mit Decken usw. Markus hatte sich schon eine dicke Erkältung eingefangen, was für allgemeine Erheiterung sorgte. Als er dann in der Mittagspause mit einer Kollegin in einem Geschäft einen Pullover kaufen wollte und dieser viel zu klein war, hat sie sich vor Freude kaum eingekriegt. Es sah aber wohl auch zu komisch aus. Wie ein Erwachsener in der Kinderabteilung. Schließlich hatte Markus' Chef doch ein Einsehen: Die Heizung läuft nun. Wobei man den finanziellen Aspekt nicht außer Acht lassen sollte. Unsere private Gasrechnung belief sich in den letzten zwei Monaten auf den gleichen Betrag, den wir in Hannover für ein ganzes Jahr bezahlen mussten. Da waren wir doch ziemlich verwundert. Die Chinesen sind Meister der Architektur! Kein Haus gleicht dem anderen. Es wird mit sehr viel Liebe zum Detail gearbeitet und anscheinend kann sich jeder Architekt hier richtig ausleben. Es gibt Hochhäuser, die aussehen wie Stiefel, Grashalme oder Flaschenöffner. Ich finde es faszinierend und richtig schön! Und nur beste Materialien werden verwendet: aber so gut wie keine Wärmedämmung. Das trübt meine Stimmung ein wenig. Manchmal ist es doch mehr Schein als Sein...

Markus arbeitet an zwei Tagen im Zentrum von Shanghai, in einem Büro Tower. Zwei riesige Türme mit schwarzem Marmor und allem Schnick- und Schnack. Selbst die Sanitäranlagen sind mit demselben Marmor ausgestattet. Und auf die Toilettenschüssel scheint ein heller Spot. Aber, nanu? Auf der Herrentoilette hat man vor lauter Luxus doch glatt eine Tür vor einer der Kabinen vergessen. Wie kann das denn bitte passieren?! Da ich mir bisher diverse Witze über Gründe, warum Frauen immer zur zweit auf die Toilette gehen, anhören musste, wage ich eine Mutmaßung:

Mann verzichtet gerne auf die Türe, um, gemütlich auf dem Thron sitzend, mit vorbeikommenden Kollegen Karten zu spielen oder ein Schwätzchen zu halten. Oder Mann möchte seinen Mitmenschen den riesigen Haufen präsentieren, der sich im Spotlicht darstellt... oder, oder, oder...

Ich werde von Euch oft gefragt, ob ich denn keine Angst habe, da China so ein hoch technikversiertes Land ist, dass nicht Jemand meine Mails mitlesen könne? Nun, natürlich ist es nicht ungefährlich, sich negativ zu äußern. Gerade politisch. Aber ich kann Euch nur versichern, dass ich mich in erster Linie für die Menschen an sich interessiere und die Kultur kennenlernen möchte. Die Chinesen sind ein sehr stolzes Volk und am liebsten sehen sie ihre Kinder als stolzen Soldaten oder Polizisten. Und die Chinesen sind sehr fleißig. Sie sind so viele und der wirtschaftliche Erfolg ist enorm und gibt ihnen auch das Recht, stolz zu sein. Ich bin gerne Gast in diesem Land und bin dankbar über die vielen positiven

Erfahrungen mit den Chinesen. Wenn man sich überlegt, wie viele Chinesen es gibt, ist es eigentlich verwunderlich, dass nicht Chinesisch die Weltsprache ist. Die Sprache ist schwer zu erlernen und ich mache viele Fehler mit der Aussprache. Aber ich werde es weiter versuchen, auch wenn dies fast unmöglich scheint. Paula hat sich eine App auf ihr Handy geladen und fängt an, mit Mister Zhang zu reden. Ich bin ein wenig neidisch. Neulich plauderte sie im Restaurant mit einigen Damen im perfekten Englisch. Daher glaube ich, dass es gerade für unsere Kinder hier eine riesige Chance ist, auch wenn sie dies gerade noch nicht erkennen.

Ich hangele mich durch mein Studium, was mir viel Spaß macht. Gerade heute habe ich meine erste Testonline-Klausur geschrieben. Dies dient als Technikcheck, um zu sehen, ob das Internet hält und der PC den Anforderungen genügt. Das Ganze ist wie eine Videokonferenz aufgebaut und ich werde von einem Mitarbeiter aus Indien überwacht, was die englische Verständigung eher schwierig macht. Ansonsten ist es ein sehr einsames Studium. Zwar gibt es Foren, wo ich dran teilnehmen könnte. Durch die Zeitverschiebung kann ich aber meist nur auf mein Skript zugreifen, wenn die Post mich findet... Die Post ist auch ein Thema für sich. Da Mister Zhang meine Postfiliale bisher noch nicht kannte, bin ich kürzlich zu einer anderen Postfiliale gefahren worden. Dort konnte leider Niemand Englisch mit mir sprechen und ich hatte keinen Wert für diverse Pakete angegeben, was zur Folge hat, dass alle Pakete demnächst wohl im deutschen Zoll landen werden. Das tut mir sehr leid. War leider mein Fehler. Die neue Poststelle bereitete mir neue Schwierigkeiten, da diese extrem besucht war und sich hinter mir eine große Menschenschlange gebildet hatte, was mir Unbehagen bereitete. (Ich sollte sämtliche Pakete öffnen.) Die Mitwartenden stellten sich dann am zweiten Schalter an, was einige Probleme mit sich brachte: Alle sollten hinter einer gelben Linie warten, was aber von einigen Mitbürgern missachtet wurde. Was zur Folge hatte, dass eine Dame im gesetzteren Alter in Rage geriet. Ich war sowieso schon ziemlich angespannt und hatte nun noch die keifende Frau neben mir, die auf ihrer Privatsphäre bestand. Erst hatte ich gar nichts verstanden, warum sie so in Rage war. Hatte ihr Jemand an die Brust gefasst? Ist das Porto erhöht worden? Fast hätte ich gesagt: „Nun mal Ruhe im Kindergarten! Mutti muss einen Zettel auf Englisch ausfüllen und braucht Konzentration!" Aber nachdem sie mehrmals auf die gelbe Linie gezeigt hatte, habe auch ich das Problem begriffen. Privatsphäre gibt es hier wenig. Selbst wenn man am Geldautomaten seinen Pin eingeben will, wird man beobachtet. Dafür gibt es sogar extra abschließbare Türen, die dies verhindern sollen. Sonst steht der Nachbar direkt hinter einem und erklärt seine Neugier etwa damit, dass es doch gut sei, dass auch er nun den Pin kenne, falls der Akteur sie vergessen würde... irgendwie ist man hier nie allein. Fluch und auch Segen. Wo ich gerne zum nächsten Phänomen kommen möchte: Der Straßenverkehr! Mancher wundert sich bestimmt immer noch, warum wir hier nicht selbst Auto fahren. In der Innenstadt sind die Verkehrsschilder sogar in Englisch beschriftet... Aber so sehr ich mich auch bemühe, ich verstehe auch nach vier Monaten die Verkehrsregeln nicht. An einer roten Ampel kann man zu jeder Zeit nach rechts abbiegen, kein Problem. Warum aber auch nach links? Rechts vor links: gibt es nicht; Reißverschlussverfahren: kennt hier Niemand! Es ist wirklich zum Verzweifeln. Alle fahren los und es wird um jeden Zentimeter gekämpft. Es erstaunt mich immer wieder, dass es so wenige Unfälle gibt. Natürlich werden besonders verkehrsintensive Bereiche von Polizisten betreut, dort läuft auch alles gut. Aber es gab schon so häufig Situationen, wo ich dachte, wie kommen wir aus diesem Chaos wieder heraus? Es regt sich aber Niemand auf und es wird auch nicht gehupt. Jeder wartet geduldig, bis er fahren kann. In China ist ein Auto ein Prestigeobjekt. Jeder möchte gerne ein Auto fahren. Die Straßen sind voll mit Maybach und Maserati. Vielleicht eine Verkaufsaktion: Nimm drei und zahl zwei??? Und da es so viele Menschen gibt, müssen die Chinesen teilweise jahrelang auf eine Zulassung warten. Das Auto an sich ist nicht das Problem. Durch den wirtschaftlichen Wohlstand haben die Menschen die Möglichkeit, sich ein Auto leisten zu können. Aber die Zulassung birgt viele Hürden. Es funktioniert ein bisschen wie Ebay: wer am meisten bietet, bekommt die Zulassung. Gerade in großen Städten wie Shanghai ist es ein Problem wegen der Luftverschmutzung und des Platzes an sich, Autos zuzulassen. Aber die Leute haben auch dazu eine Idee: Die Meisten kommen nicht aus Shanghai, sind nur wegen der Arbeit in der Stadt. In den Provinzen wohnen aber noch die Eltern. Also werden die Fahrzeuge über die Eltern in der Provinz zugelassen und müssen nur einmal pro Jahr bei der jeweiligen Behörde vorstellig werden. Das Ergebnis: Die Stadt ist voll mit älteren Fahranfängern, die natürlich auch Fehler machen. Zu viel für mein Nervenkostüm. Natürlich vermisse ich es sehr, selbst Auto zu fahren, da ich jeden Weg genau planen muss und auch nicht jeden Tag das Auto haben kann. (Markus muss ins Büro fahren, Kunden besuchen usw.) Aber auch mein Fahrrad vermisse ich sehr. Selbst dies scheint mir hier nicht umsetzbar, zu wuselig ist der Verkehr. Zwar gibt es hier extra Wege für Roller und Fahrräder, aber was tun, wenn selbst Zweiräder auf der falschen Seite fahren?!

Also habe ich mich auch schon im Taxifahren probiert, was erstaunlich gut ging. Mancher Fahrer spricht sogar Englisch, wobei deren Betonung für uns auch gewöhnungsbedürftig ist. Ich verstand immer:

„Take a seat" und fragte mich, wo ich mich hinsetzen sollte. Dabei hieß es doch: „Take a Taxi"... darauf muss frau erst einmal kommen. So hat Jeder seine Probleme!

Ich erwische mich dabei, dass ich beim Einkaufen doch eher zu europäischen Produkten greife. In Deutschland waren es eher „No-name-Produkte", hier lasse ich mich zu Barilla verleiten und murmel dabei „Isch bin dir Farfalle...", freue mich über die kürzlich eingetroffene Elmex-Zahncreme von meiner Mutter und wundere mich, dass es kein einheimisches Duschgel gibt. „Ein Chinese wäscht sich mit einem Stück Seife," werde ich aufgeklärt. Paula ist der viele Verpackungsmüll ein Dorn im Auge und ist glücklich mit ihrer Seife, da diese nur in Papier eingeschlagen ist. Ich hingegen kaufe teures deutsches Duschgel und beobachte die Verkäuferin in der Fleischtheke, die mit einer Pinzette die Borsten aus einer Schweinehaut zupft. Erinnert mich an Augenbrauenzupfen. Haare ist das Stichwort: Markus war beim Frisör! Ohne Sprachkenntnisse ist das sehr mutig, auch wenn der Besuch beim Barbier hier wirklich nur ein paar Cent kostet, Kopfmassage inklusive. Zum Glück kann man bei Markus nicht so viel falsch machen, dachte ich... Na, ja! Haare wachsen wieder! Nun sieht er aus, als ob er zur Bundeswehr muss. Dienstleistungen sind im Allgemeinen nicht sehr teuer. Markus' Chef hat zur Massage eingeladen. Da lag dann die halbe Abteilung in Altherrenschlafanzügen jeweils auf einer Liege und wurde jeweils von einer Dame der Rücken mit den Händen massiert. Markus war die große Ausnahme, wobei man das diesmal sehr wörtlich nehmen kann. Zwar lag er auch auf dem Bauch und sein Rücken wurde massiert, allerdings bediente sich die Dame einer besonderen Technik: Sie zog sich die Schuhe aus und lief zur allgemeinen Erheiterung barfuß auf Markus` Rücken herum. Vielleicht war ihr schlicht und ergreifend seine Rückenfläche einfach zu groß. An diesem Abend hatte mein Mann dann wirklich Rückenschmerzen. Aber nicht, dass sich der Chef nicht um seine Mitarbeiter kümmern würde: nur kurze Zeit später wurde Markus zu einem Bier in den nächsten Pub eingeladen. Hier gab es das nächste Highlight: Man darf Essen und Getränke sogar mitbringen und bestellt sich nur die passenden Gläser mit Eiswürfeln dazu. Der Chef hatte eine Flasche Raki mitgebracht, die er als Souvenir aus der Türkei mitgebracht bekommen hatte, aber nicht wusste, wie er das Getränk trinken soll. Markus konnte Abhilfe schaffen und bekam die Erkenntnis, dass die meisten Chinesen keinen Anis mögen.

Mittlerweile hat auch der letzte Freund mitbekommen, dass wir uns im Land des Lächelns befinden, und es kommen auch keine Sprüche mehr, wie „Hab schon gehört, dass Du jetzt beim Chinesen arbeitest..."

Es gibt aber immer noch viele Phänomene, die uns fremd vorkommen. Chinesen telefonieren oft sehr laut. Da frage ich mich, wozu sie überhaupt ein Telefon haben, wo doch eh die ganze Stadt mithören muss. Vielleicht auch Imponiergehabe, wie das Rotzen und Spucken auf die Straße. Obwohl alles hochtechnisch ausgestattet ist, fühle ich mich manchmal wie im Mittelalter. Aber ich muss es akzeptieren. Es gibt auch andere Bereiche, die sehr sensibel sind. Unsere Lou hat ein Buch über Chinesen und Japaner bei mir gesehen und mich gefragt, was ich lese. Dass ich mich für Japan interessiere, war ihr so gar nicht recht. Worauf ich erwiderte, dass ich persönlich keine Japaner kenne und mich doch nur für die chinesische Geschichte interessieren würde und dass die Japaner ja auch in der Vergangenheit für China eine Rolle gespielt haben, was die Beziehungen heute bestimmt schwierig machen. Da war sie dann doch beruhigt und ich verwundert, wie gut sie sich auskennt. Das hatte ich nicht erwartet, von einer Landchinesin. Sie ist überhaupt ein sehr aufmerksamer und feinfühliger Mensch, was sie hinter ihrer lauten Fassade versteckt. Sie ermutigt mich ständig Chinesisch zu lernen, denn China hat doch Zukunft. Damit könnte sie Recht behalten und ich schulde es dem Respekt dem Land gegenüber. Neulich hat sie mein Fachlexikon für Soziale Arbeit entdeckt, sie möchte alles ganz genau wissen. Und nein, ich habe das Lexikon nicht komplett gelesen. So werde ich nicht nur von Lou, sondern neuerdings auch von Kater Tom genaustens beobachtet. Er liegt auf der Fußmatte der Terrasse und lässt sich die Sonne auf sein seidiges Fell scheinen. Wenn ich im Wohnzimmer bin, sitzt er vor der Terrassentür und miaut. Ich kann ihn nur schwer davon überzeugen, dass er eine „Outdoorkatze" ist. Er schaut mich an und dann demonstrativ zur Türklinke!

Ich muss so langsam zum Ende kommen, aber nicht ohne eine letzte Frage zu beantworten: Ich wurde gefragt, wer sich denn jetzt um unser Haus in Hannover kümmert. Darauf antworte ich sehr gerne, dass wir großartige Nachbarn haben, die täglich unseren Briefkasten leeren und schauen, dass alles in Ordnung ist, im und um das Haus ein Auge haben. Dafür sind wir sehr dankbar...

In diesem Sinne: Viele liebe Grüße aus Shanghai!
Urda

Ich tue ja alles, um nicht für mein Studium zu lernen und schreibe deshalb lieber Emails. Aber immerhin: die täglichen Ereignisse müssen ja schließlich wieder raus aus meinen Gedanken und wie könnte dies besser funktionieren?! Meine ersten Hausarbeiten habe ich geschrieben und erfolgreich hochgeladen. Dies ist nicht selbstverständlich, da ich vorher mit Computern nicht viel am Hut hatte. Die letzte Hausarbeit inklusive Power-point und es macht mir sogar Spaß. Zwischendurch hatte ich leichte Schnappatmung, da ich Wikipedia zitiert habe und man dies nicht machen darf, da es zu „unwissenschaftlich" ist…. Das konnte ich nicht wissen, da ich nie an Tutorien teilnehmen kann, wegen der Zeitverschiebung. Wer will schon deswegen nachts um drei aufstehen, deswegen? Eben! So hatte ich dies dem Prüfungsausschuss erklärt, aber die hatten wenig Nachsicht: Unwissenheit entschuldigt eben doch nicht alles. So wurden meine Nerven auf eine harte Geduldsprobe gestellt: Bestanden oder nicht?! Nach endlosen sechs Wochen dann das Ergebnis: Modul „Zeitmanagement und wissenschaftliches Arbeiten" mit 2,0 bestanden. Na, bitte.

Nun folgen die ersten Onlineklausuren und ich bange, ob das Internet hält oder nicht. Wenn nicht, dann hätte das fatale Folgen für mich. Dann muss ich zu jeder Klausur im „deutschen Goetheinstitut" antanzen, um dort meine Klausuren schreiben und jedes Mal 120 Euro dafür zu berappen. Man hat der Gerechtigkeit wegen für „Alle" eine Probeklausur eingerichtet. Dies kann man sich als Technikcheck vorstellen. Eine Art Videokonferenz, wo man unter Videobeobachtung Fragen beantworten muss und penibel darauf geachtet wird, dass man nicht schummelt oder ähnliches. Sogar den Raum musste ich zeigen! Vielleicht eine „Tine Wittler" inkognito? Mein „Aufpasser" sitzt in Indien und spricht auch so… Nachdem ich mehrfach gebeten habe, seine Anweisungen doch bitte noch einmal zu wiederholen, fragt dieser mich doch tatsächlich, ob ich denn Englisch spreche?! Das tue ich! Aber in welcher Sprache spricht er? Der soll das Handtuch aus dem Mund nehmen, dann verstehe sogar ich etwas. Die eigens angeschaffte Webcam funktioniert nicht und ich soll eine App auf meinem Handy hochladen. Zwischendurch hängt sich das Internet auf. Ich wähle mich wieder ein und durch Markus` Hilfe bin ich wieder online und beantworte Fragen zum Allgemeinwissen und Formel Eins. Obwohl der Test nicht zählt, bin ich hinterher fix und fertig. Das hatte ich mir leichter vorgestellt. Eigentlich ist das nächste Modul recht gut zu lernen und ich sollte keine Angst davor haben. Andere Module erscheinen mir schwieriger: „BWL und Rechtskunde". Gefolgt von „Computertraining". Was man nicht alles als Sozialarbeiter wissen muss…Aber ich habe eher Respekt vor den technischen Hürden. Andererseits hat mich das Abendgymnasium gut vorbereitet: Da gab es einen Taschenrechner, wo ich erst einmal verzweifelt den „on" und „off" Button gesucht habe. Vermutlich kann man sich mit dem besagten Gerät bestimmt auch die Beine rasieren oder Kaffee kochen, nur habe ich diese Abgründe nicht erkunden können. Aber ich möchte nicht jammern (oder doch?). Habe ich meine letzte Klausur in Mathematik mit 14 Punkten bestreiten können und habe nun ein schönes Thema, mit dem ich meinen Mann ärgern kann. Bevor nun alle die Augen verdrehen: Ja, Abitur war früher viel schwerer und man hat auch ganz andere Dinge berechnen müssen, nicht so ein Integral-Pippi-Kram oder Auf- und Ableitungen, wie heute…Ist ja lächerlich!!! Aber weiter zum Thema China:

Wir haben uns recht gut eingelebt und machen häufig Ausflüge, mal mit mir, mal ohne mich, je nachdem, ob ich mir Freizeit zugestehen will. Unsere neuste Entdeckung: Paulaner! Da sitzen wir nun in Shanghai, bei Bier und

Brezeln bzw. Latte Macchiato und Apfelkuchen mitten in Downtown und hören „Rio Reiser= König von Deutschland" und beobachten Chinesen, die Bier trinken und dazu Popcorn knabbern. Ein Hoch auf die deutsche Kultur. Aber ich muss gestehen, dass so ein bisschen Heimatgefühle auch in mir aufsteigen. Als wir fertig sind, verlassen wir die Gaststube und Paula sagt „Auf Wiedersehen" zum Kellner, was ihn sehr irritiert. Wir sind noch nicht hungrig genug, um gleich weiter ins „Vapiano" zu ziehen, und es treibt uns in eine Einkaufspassage. In China haben die Geschäfte sogar am Sonntag geöffnet und so kommt Jeder in den Genuss, sich dem Konsumrausch hinzugeben. Wir „Mädels" wollen in „H&M", mein Mann hat „Hooters" entdeckt und ändert spontan seine Pläne. Ein Männertraum in Orange, mit Fernsehern, die Fußball übertragen, Kickertischen, Bier und knapp bekleideten Bedienungen.... So der Plan. Wir gehen zu H&M, da ich mir einbilde, mit den Hühnern von Hooters locker mithalten zu können, und laufe zielstrebig in die Unterwäscheabteilung. Ein Heer aus Schlüppies und BH's... Und alles in XS oder S. Hm. Ich suche weiter und finde tatsächlich etwas in meiner Größe; todesmutig hechte ich in die Umkleidekabine und probiere einen Traum in rosa an. Was soll ich sagen? „Arsch frisst Hose"? Ungünstiges Licht? Ich hänge die Dessous wieder weg und suche weiter... Und hey: Ich werde fündig: Ein BH mit Körbchengröße C! Der hat sich wohl verlaufen! Hocherfreut gehe ich mit meiner Beute in die Umkleide und welch Wunder: Er passt und wir beide zusammen sehen recht passabel aus! Da fällt mein Blick auf das Etikett: „MAMA"...Ich fange schallend an zu lachen; habe ich mir doch einen Still-BH ausgesucht! Aber wer weiß?! Vielleicht bekomme ich ja spontan Milcheinschuss und Jemand muss gestillt werden. Weiß man`s?! Mein Handy rappelt, Markus langweilt sich bei „Hooters".

Kinder in kurzen Röcken; Zuviel für meinen gestressten Gatten. Ich hole ihn zusammen mit unseren Kindern ab und wir gehen „Pizza essen" im Vapiano. Apropos: Milch! Im Supermarkt haben wir Säuglingsnahrung fest verschlossen hinter Glas gesehen. 45 Euro muss man hier für deutsche Säuglingsmilch bezahlen!!!! Ich sollte darüber nachdenken, ob ich nicht einen Internethandel betreiben könnte. Wein und Säuglingsmilch oder gerade die Kombination scheint mir recht rentabel. Aber auch Kuhmilch aus Deutschland ist hier „schweineteuer". Selbst ich zahle in dem komischen „Tierhandlungsladen" 17 Rmb. Dies entspricht etwa 2,5 Euro für einen Liter H-Milch aus Oldenburg. Da scheint es mehr Kühe als Menschen zu geben. Mittlerweile besitze ich auch eine Joghurtmaschine, da ich dem gesüßten Naturjoghurt aus dem Supermarkt nichts abgewinnen kann. Den Laktobazillus dafür gibt es auch im Supermarkt oder Internet und ich bin überrascht, wie einfach die Zubereitung doch funktioniert.

Als weiteres Highlight kann ich berichten, dass unsere Lou uns zum Neujahrsfest eine Tüte mit ca. 50 Eiern geschenkt hatte, die sie eigens mit ihrem Roller von der Verwandtschaft vom Land geholt hat. Schon mutig, 50 rohe Eier in einer Plastiktüte zu transportieren. Aber das Phänomen kannte ich schon aus Rumänien, da wurden Eier auch in Tüten verkauft. Aber was tun mit 50 Eiern??? Mein Bedarf an Pfannenkuchen und Senfeiern ist vorerst einmal gedeckt. Anscheinend sind Eier in der chinesischen Küche extremst wichtig. Als ich dieses Phänomen einem deutschen Kollegen von Markus erzählt habe, meinte dieser nur, dass dies bei ihm auch so angefangen habe, als er noch in China lebte. Später habe seine Ay-i wohl auch lebendige Hühner als Geschenk mitgebracht. Warten wir mal ab…Vor kurzem sind wir von Markus' Kollegen „Ben" zum Abendessen in ein kantonesisches Restaurant eingeladen worden. Er selbst hatte seine Frau und seinen zweijährigen Sohn dabei. Da seine Frau leider kein Englisch spricht, war der Abend für sie mit Sicherheit ziemlich langweilig. Wir hingegen fanden es spannend, was Ben zu berichten hatte. Er selbst ist 36 Jahre alt und berichtete uns, dass er wirklich ein „alter" Vater sei. Seine Freunde hätten alle schon Kinder, die um einiges älter seien. Das hätte ihn doch ziemlich unter Druck gesetzt. Aber ich kann seine Beweggründe gut verstehen. Ich selbst hatte vor meinem 30. Lebensjahr nicht im Geringsten das Bedürfnis nach eigenen Kindern. Und welches Alter nun das beste zur Familiengründung ist, ist wirklich reine Geschmackssache. Das Essen im Restaurant war ziemlich gewöhnungsbedürftig. Aber Ben meinte, dass dies das Lieblingsrestaurant seiner Frau ist und das Gute an Markus sei es doch, dass er alles essen würde. Das wäre eher die Ausnahme für einen Deutschen. Ich würde es eigentlich sofort unterschreiben, dass unsere Kinder in Punkto Essen auch nicht schwierig sind, aber an dem Abend haben sie sich nur auf vertraute Frühlingsrollen und Walnüsse in Sesamsoße gestürzt. Den Rest der „Leckereien" haben sie uns überlassen. Ich habe zum ersten Mal in meinem Leben gebratene Taube gegessen. Die Präsentation des Tieres war außergewöhnlich: Zwar war der Piepmatz liebevoll in diverse Einzelteile zerlegt, aber es lagen sogar noch der Hals mit dem abgetrennten Kopf auf dem Teller. Na, dann guten Appetit. Das Ganze dekoriert mit Petersilie, die Sophia gleich gierig in sich hineinschlang. Mit Stäbchen zu essen, bereitet uns nur noch wenig Probleme, wobei wir natürlich immer noch nicht perfekt sind. Taube schmeckt übrigens so ähnlich wie Gans. (Ich persönlich esse also Beides nur aus Höflichkeit und nicht, weil ich es mag). Auf einem anderen Teller lagen die Beine von Hühnern aufgebahrt in einer blutroten Soße. Da ich doch ein wenig schockiert bin, gebe ich vor, dass ich nicht weiß, wie man das Gericht essen soll und nehme Abstand davon. Markus, der beim Beladen auf seinen Teller nicht aufgepasst hat, muss es nun leider essen und schlägt sich tapfer. Nach diesem fettigen Essen haben wir wirklich Magenprobleme. Der Vorteil einer solchen Zusammenkunft ist, dass das unterschiedliche Essen immer auf dem Tisch steht und Jeder alles probieren kann. Sophia, die dem Essen nicht wirklich viel abgewinnen kann, widmet sich der Gesellschaft des Zwei-jährigen mit der Bemerkung: „Kinder sind anstrengend und riechen komisch..." Nachdem der Kleine auf der Toilette wieder „aufgefrischt" worden ist, kippt die Bedienung Paula ein Mineralwasser auf die Hose. Somit ist dann auch Paula im Bad verschwunden. Übrigens: Die handelsüblichen Pampers gibt es noch nicht lange in China. In der Vergangenheit waren oft Kleinkinder zu beobachten, die scheinbar ganz normale Latzhosen trugen. Am Hinterteil der Hose war aber ein Spalt, damit man im Bedarfsfall schnell sein Kind entleeren konnte. Ich konnte dies zunächst nicht glauben, bis ich es selbst gesehen habe. Weiter habe ich von einer Bekannten erfahren, als deren Kinder noch im Wickelalter waren, ihr die Wegwerfwindeln sogar aus der Mülltonne gestohlen worden sind. Die Beweggründe sind nicht ganz eindeutig. Unsereins war immer froh, die „Stinkbomben" los zu sein. Aber wir gehen davon aus, dass es pure Neugier an der Erfindung Windel war. Als meine Bekannte mit dem Kinderwagen durch die Straßen fuhr, hatte sie diesen vorher auf Deutsch, Englisch und Chinesisch beschriftet: „Bitte fassen sie NICHT das Baby an!" Gebracht hat das nicht wirklich viel. In China soll es Glück bringen, wenn man ein blondes Kind berührt. Bisher wollte unsere Kinder noch Niemand anfassen, ich lasse sie aber auch nicht aus den Augen.

Ihr habt mich nach dem Neujahrsfeuerwerk in China gefragt. Nun, hier in Shanghai ist es offiziell sogar verboten worden, Feuerwerk zu betreiben. Zu groß ist die Gefahr, dass wertvolle traditionelle Häuser in Brand geraten, und zudem trägt das Feuerwerk zur Luftverschmutzung bei. Die Smogwerte sind so oder so immer ein großes Thema. Zwar hat die Regierung Fabriken, die die Luft belasten, aus der Stadt „evakuiert" (ob das freiwillig war, bezweifele ich sehr), und seitdem sind die Luftwerte deutlich besser geworden. Zurück zum Feuerwerk: Durch das Verbot sind alle Straßen und Wege sauber geblieben und vor allem die Tiere hatten eine stressfreie Nacht. In anderen Gebieten Chinas hingegen wurde ausgiebig Feuerwerk betrieben. Wer nun aber glaubt, dass es hier nie Feuerwerk gibt, der irrt sich. Es gibt sogar täglich Feuerwerk: Immer dann, wenn jemand heiratet oder gestorben ist. Wobei böse Zungen behaupten, dass man Hochzeit und Tod wohl nicht klar voneinander trennen kann.

In den Neujahrstagen war Shanghai ziemlich leer. Alle sind nach Hause zu ihren Familien gefahren. Und auch Kollege Ben erzählte, dass er seine Familie besucht habe. Aber auch hierfür gibt es klare Regeln, wenn die jeweiligen Familien von den Eheleuten zu weit voneinander entfernt wohnen. Dann wird in dem einen Jahr die Familie des Mannes besucht und dann im nächsten Jahr die Familie der Frau. Unsere Lou hatte sich auch zwei Wochen Urlaub erbeten, die ich ihr gerne gegeben habe. Als Dank hat sie mir ein Video von dem reich gedeckten Tisch geschickt und mir Glückwünsche geschickt. Wirklich sehr süß. Umso ärgerlicher ist es, dass sie sich direkt nach den Feiertagen krankgemeldet hat und ich hier noch die Bügelwäsche von drei Wochen herumliegen hatte. Ich muss gestehen: Ich hasse bügeln! Deswegen musste die letzten Jahre Markus sämtliche Wäsche bügeln und nicht ich. Diese Tatsache kam meiner Schwiegermutter sehr befremdlich vor: „Jetzt muss der arme Junge nach seiner Arbeit auch noch das Plätteisen schwingen! Wo er doch schon den ganzen Tag gearbeitet hat!" Worauf ich freundlich, aber bestimmt geantwortet habe, dass ich derzeit auch Vollzeit gearbeitet habe. Aber meine Schwiegermutter ist ein einsichtiger Mensch und hat sich am Ende fast ein wenig geärgert, dass sie selbst nicht auf diese Idee gekommen ist.... Ich komme schon wieder vom Thema ab. Lou krank, Bügelwäsche von drei Wochen da, Haus nicht sauber.... Ich habe mich ein wenig geziert mit dem Bügeln, da die Bügelbretter hier ein wenig anders aussehen. Vielleicht hatte früher Jemand von Euch ein Spielzeugbügelbrett im eigenen Kinderzimmer stehen??? (frühe Rollenverteilung und so). Genauso sehen Bügelbretter hier in China aus. Sie sind klein und extrem niedrig. Selbst Lou, die die Größe von Sophia (8 Jahre) misst, findet das Bügelbrett zu niedrig. Da ich aber den Berg nun weghaben wollte, habe ich mich ans Werk gemacht. Stehend. Geht nicht. Sitzend! Wohin mit den Beinen? Kniend!!! Mir taten dieselben weh...Also doch im Stand und nach endlosen sieben Stunden war mein Werk dann auch vollbracht. Komisches Bügelbrett!

Solange ich meinen Mann kenne, hat dieser eigentlich nie schlecht über seine Vorgesetzen, Kollegen oder Mitarbeiter gesprochen. Bis zu dem Tag, wo er nach Hause kam und seine Tasche in die Ecke geschmissen hat, mit den Worten: „Also, Mandy ist ja echt eine Ziege!!!" Was war passiert? Seit kurzem haben Markus, Paula und ich unser Joggingprogramm wieder aufgenommen. Nun liebäugeln wir damit, im November beim Shanghai-Marathon mitzulaufen. Ob nun den Halbmarathon oder doch nur die 10 Kilometer wird sich noch zeigen. Je nachdem, wie es sich im Sommer bei über 40 Grad trainieren lässt... So lang, so gut. Auf die höfliche Nachfrage bei Mandy, ob es denn ein Joggingteam bei Continental gäbe und ob man sich nicht zusammen anmelden könne, ist diese wohl in schallendes Gelächter ausgebrochen und zeigte sogar mit dem Finger auf Markus. „You want to go jogging???" Da war mein Mann doch ein wenig angefressen und trainiert nun noch mehr. Seine Gesundheit freut's, mich nicht.... Ich mag sonntags lieber ausschlafen!

Ich muss noch einen Nachtrag leisten zu der Verkehrssituation in Shanghai! Es gibt viele Dinge, die hier deutlich besser laufen als bei uns in Deutschland. Zum Beispiel das Ampelsystem: An jeder Ampel hängt eine Zeitanzeige, die die Sekunden herunterzählt, bis sich die Ampelphase wieder ändert. Auch die Fahrscheinautomaten sind hier besser verständlich als in Hannover. Wer soll denn begreifen, was es für einen Unterschied macht, ob man sich nun eine „Card" oder ein „Ticket" kauft. Hier gibt man einfach den Zielort ein und los geht es. Keine Fragen, ob der Automat nun keine 20 Euroscheine mehr fressen will oder nicht. Züge fahren immer pünktlich und häufig. Nicht wie bei uns in Deutschland, am Sonntag nur stündlich. Da kann sich die DB und GVH mal eine Scheibe von abschneiden. Taschen werden von allen Passagieren durchleuchtet, der Sicherheit wegen, und Polizei ist auch immer präsent. Allerdings habe ich auf der Straße bisher noch keine weiblichen Beamte gesehen. Zwar frage ich immer, wenn ich Jemanden Uniformierten sehe: „Police"? Aber meist ist es doch nur Wachpersonal. „Nein, nur ein Parkplatzwächter! Nein, nur ein Wachposten, der die Schranke auf und zu macht und salutieren muss..." Selbst an der deutsch-französischen Schule stehen Schülerlotsen, die mit einer Trillerpfeife den Zebrastreifen sichern. Selbst für mich. Ich freue mich, denn sonst hält kein Auto am Zebrastreifen an. Ich habe in der Schule angefragt, ob es generell möglich ist, dort ein Praktikum zu absolvieren. In meinem Studienführer ist dies allerdings erst am Ende angedacht. Vor zwei Tagen bekomme ich eine Mail von der Sozialarbeiterin in der Grundschule, ob ich nicht ein Langzeitpraktikum bestreiten möchte. Ich könne dann an der Präventionsarbeit im Sek I Bereich sowie in der Grundschule im Integrationsbereich mitarbeiten. Des weiteren wären da auch noch AG`s, die ich alleine betreuen könnte. Ich freue mich erst einmal über das Angebot und werde es erst einmal mit meinem Studycoach abstimmen.

Markus muss wieder zum Frisör. Um nicht wieder einen „Bundeswehrhaarschnitt" zu bekommen, hat er diesmal ein Foto mitgenommen, was leider auch nicht zum gewünschten Erfolg führte. Nun friert er am Kopf, aber immerhin haben sie ihm seinen Bart gelassen. Ich habe dem Salon einen Namen verpasst: „Better before". Kulinarisch hatten wir dieses Wochenende keine Lust auf Experimente. Es gab daher grüne Bohnen, die allerdings über einen Meter lang waren. Keine Ahnung, was die hier für Dünger verwenden. Ich habe beschlossen, demnächst im Garten Radieschen anzupflanzen, wenn ich Samen dafür auf dem Flower markt finden werde. Letztes Wochenende waren wir bei unseren Nachbarn zum Abendessen eingeladen. Die kommen aus Indien und sind supernett. So lerne ich nun auch englisch mit dem indischen Akzent zu verstehen, was meinen Onlineklausuren zugutekommen wird. Es wurde dort eine kleine Party mit vielen Leuten, unter anderem auch aus Spanien, die ich aber gut verstehen konnte. Das indische Essen war super-lecker, wenn wir es aber leider auch nicht besonders gut vertragen haben. Also folgen wir nun dem Credo: Eine Magenverstimmung pro Woche ist ausreichend. Und sich einmal pro Tag idiotisch zu fühlen, ist auch ausreichend bei den vielen Missverständnissen, die es hier jeden Tag zu bewältigen gibt. Aber es wird besser: Unsere Rechnungen kann ich mittlerweile ohne Hilfe überweisen. Es ist lästig, monatlich Rechnungen über Strom, Wasser, Gas und Telefon zu bekommen.

Teilweise gibt es sogar Bestätigungsschreiben: „Sie haben 30 RMB überwiesen, vielen Dank". Ich fühl mich wie ein Analphabet. Wie furchtbar muss es für einen Menschen sein, wenn dies der Dauerzustand ist?!

Aber so schnell bringt mich nichts mehr aus der Fassung. So langsam werde ich ruhiger und schaue mir die Gegebenheiten einfach an. Da stört es mich auch nicht mehr, dass mancher seine Kinder mit einer Hundeleine spazieren führt. Dies soll eine Sicherheitsmaßnahme sein, damit das Kind nicht wegläuft in der Menge oder es jemand einfach mitnimmt.

Gegenüber von unserem Haus wird gerade ein Haus saniert und ist daher komplett mit einem blauen Wellblechzaun verdeckt. Die Arbeiter arbeiten jeden Tag, auch am Sonntag. Da die Baustelle seit unserem ersten Besuch schon besteht, frage ich mich so langsam, was die denn da so lange machen?! Jeden Tag Lärm von Presslufthammer und Flex. Irgendwann müssen die doch einmal mit dem Aufbau anfangen und es sollte leiser werden. Bin gespannt, wie meine Klausur ablaufen soll, bei dem Lärm.... Die Bauarbeiter wohnen direkt auf der Baustelle in einem Zelt im Haus. So hat Jeder wenigstens ein wenig Privatsphäre. Trotzdem ein ungewohnter Anblick. Chinesen sind deutlich geduldiger als ich es bin. Ein weiteres Beispiel: Markus war in Ninghai im Supermarkt. Dort muss selbstverständlich auch der Boden gereinigt werden, mit einem automatischen Putzwagen mit Gummilippe. Dieser stellte sich ganz geduldig in die Warteschlange der Kasse an. Schließlich muss der Kassenbereich auch gereinigt werden, oder nicht?! Leider hatte der arme Mensch, der die Putzmaschine fuhr, nicht bedacht, dass diese für den schmalen Kassenbereich viel zu breit ist. Das Ende des Liedes ist, dass er sich festgefahren hat und die Gummilippe abmontiert werden musste. Aber kein

Problem! Dann warten eben alle noch einige Minuten mit ihrem Einkauf. Hat es Jemand eilig?

Da ich aber noch eine Verabredung habe, bin ich diesmal in Eile und muss zum Ende kommen.

Verregnete Grüße aus Shanghai sendet Euch
Urda

Weitere ereignisreiche Wochen liegen wieder hinter uns und eigentlich dachte ich dass mich nun bald wirklich nichts schocken kann! Weit gefehlt! Das Verhältnis von Chinesen und ihren Tieren schockt mich immer noch. Kürzlich waren wir einkaufen in einer Mall mit Lebensmittelbereich, der sich zwischen den eleganten Geschäften wie eine kleine Oase darbot. Ich wollte im Grunde eigentlich nur ein wenig Gemüse für unser Abendessen einkaufen, bis mir im Eingangsbereich ein Automat auffiel. Es handelte sich bei diesem Exemplar von Automaten um jene Sorte, die man oft auf Jahrmärkten sieht. Man steckt eine oder mehrere Münzen in ebendiesen und kann dann mit Hilfe eines Joysticks einen Greifarm bedienen, um dann meist nach einem Plüschtier zu schnappen. Wobei Quetschen wohl das deutlich treffendere Wort wäre. Dieser Feinkostautomat war aber nicht bestückt mit Kuscheltieren, sondern mit lebendigen Hummern, die traurig im flachen Wasser ihr Dasein fristeten. Jetzt frage ich mich, wie so eine Greifzange so ein bedauernswertes Geschöpf unverletzt aus dem Gefängnis greifen sollte, ohne es zu zerdrücken oder zu verletzen? Wer mit so einem Gerät schon einmal nach einem Plüschtier geangelt hat, der weiß, dass dies mitunter ein sehr schwieriges Unterfangen und meist eh nicht zu bewerkstelligen ist... Wir hatten wirklich Mitleid mit den armen Tieren. Ein weiterer Aspekt kommt noch hinzu: Selbst, wenn man nun zu den Glücklichen gehören sollte, die so einen Hummer aus dem Gerät herausgeangelt haben, wie bekommt man denn nun bitte das Viech nach Hause? In der Handtasche? Als ich dieses Erlebnis einer Bekannten erzählt habe, meinte diese, dass das ja noch gar nichts dagegen sei, was sie selbst vor einigen Jahren erlebt hatte: Sie war nämlich eingeladen worden zu einem Geschäftsessen zum Japaner. Und gerade der Fisch sollte bekanntermaßen ja wirklich frisch sein. Ich persönlich bevorzuge eher sogenannte „Maki-Rollen". Mit einer Algenhülle, gefüllt mit Reis, Gurke oder Rettich. In diesem Fall wurde aber auf Reis etc. gänzlich verzichtet. Stattdessen gab es einen kompletten Fisch, der in Mundgerechte Stückchen geschnitten war, damit man einzelne Häppchen mit seinen Stäbchen aus dem Tier stochern kann. Der Clou war, dass der Fisch trotz der vielen Einschnitte in seinen Körper noch zu leben schien, denn sein Maul ging noch auf und zu. Ich sage nur: „Guten Appetit"!

Paula hat eine neue AG gewählt, „Schülerzeitung", und genießt es, Berichte zu schreiben. Ihr neustes Projekt: Eine Woche vegan zu leben und dies an sich auszuprobieren. Wir sollen möglichst alle gleich mitmachen...Also gibt es nun Sojamilch und Tofu und wir sind alle froh, als das Experiment endlich wieder zu Ende ist.

Gemüse ist hier immer sehr frisch und günstig. Trotzdem habe ich auf dem „Flower-markt" ein paar Setzlinge für Tomaten, Gurken und Auberginen gekauft, was unsere Lou sehr wundert. „Gemüseanbau sei etwas für arme Leute!", argumentiert sie. Ich erkläre ihr, dass ich einfach mal etwas „alleine" schaffen will, wenn ich weder Auto-, noch Fahrrad fahren darf und mir auch sonst alles ziemlich chinesisch vorkommt. Aber sie hat recht: viele Menschen bauen ihr eigenes Gemüse selbst an und das an den unmöglichsten Orten! Selbst auf dem Werksgelände in Ninghai wird fleißig angebaut. (Chinesen arbeiten meist 6 Tage in der Woche, verbinden aber Arbeitszeit mit vielen privaten Dingen!) Vor unserem Wohngebiet gibt es eine Müllkippe. Und siehe da: Zwischen Bauschutt und Plastikmüll gedeiht der Salat am allerbesten. Ständig wird gegossen und gezupft oder auch nur dem Gemüse beim Wachsen zugesehen. An einem Tag wurde der Salat durch den Besitzer selbst „bedüngt". So langsam wird mir doch so einiges klar, warum Chinesen selbst ihren Salat dünsten, selbst, wenn er so ein gutes „Aroma" hat. In der Spülmittelabteilung habe ich sogar ein Spülmittel für Obst und Gemüse gefunden, was ich bis heute ziemlich belächelt habe...

Ich gehe frohen Mutes zu unserem nächsten Supermarkt, um hoffentlich normales Gemüse zu kaufen, als ich feststellen muss, dass gleich drei Treppenstufen in dem Treppenhaus zum besagten Supermarkt fehlen. Was tun? Fliegen? Springen? Sich runterbeamen? Ich schaue auf meine Füße und stelle fest, dass ich Schuhe mit einem Absatz anhabe.... Also fällt Springen aus! Der Bauarbeiter zeigt freundlich auf das selbstgebastelte Baustellenschild. Auch kann ich mir nicht vorstellen, dass das Treppengeländer mich aushalten wird, wenn ich mich an demselbigen entlang hangle.... Der Bauarbeiter schaut weiter interessiert, wie ich mich entscheiden werde. Da fällt mir doch noch siedend heiß ein, dass meine Beine ja fast einen Meter messen! Ich mache einen großen Schritt über die Baustelle, den Arbeiter, der seinen Mund nicht mehr zubekommt, und gelange sicher und glücklich ins Untergeschoss.

Zum Glück ist auf dem Rückweg der Bauarbeiter verschwunden, so dass ich unbemerkt die Baustelle passieren konnte, als es im Erdgeschoss neben mir „Ping" macht und der Aufzug sich öffnet. Ich sollte meine Brille wirklich überprüfen lassen! (Dies habe ich auf dem Brillenmarkt gemacht, das ist aber ein anderes Kapitel!) Aufzug übersehen! Sehr peinlich!

Schwer beladen laufe ich nach Hause! Vor unserem Wohngebiet, an der Schranke, lungern Tagelöhner, die rauchend im Halbkreis lautstark diskutieren. Als sie mich sehen, verstummen sie. Kaum bin ich knapp an ihnen vorbeigestolpert, fängt der Erste an, rotzend auf den Boden zu spucken. Die Anderen wollen sich keine Blöße geben und tuen es ihm gleich. Ich merke, wie Wärme in mir aufsteigt und ich wütend werde. Ich drehe mich so schnell um, wie meine Absätze und die schweren Taschen mich lassen und spucke lautstark vor deren Füßen. Schweigen und Fassungslosigkeit auf der Chinesenseite. Das Wachpersonal kriegt sich gar nicht mehr ein vor Freude und ich gehe erhobenen Hauptes durch die Schranke.

Laut Internet mögen Chinesen Europäer. In den angesagtesten Clubs werden sogar jene Studenten angeworben dort gratis zu feiern und sich ein Taschengeld zu verdienen, um zu zeigen, dass der Club gerade angesagt ist. Eine Tätigkeit, die ich mir durchaus vorstellen könnte... Warum muss ich gerade an Tara und Vera denken?! Wir würden da ganz schön aufmischen. (Ihr schuldet mir Jeder noch mindestens eine Flasche Sekt...)

Aber ich bin ein artiger, fleißiger Student und friste mein Dasein am heimischen Schreibtisch. Die Probeklausur habe ja ich trotz technischer Probleme irgendwie hinbekommen und habe nun vor drei Wochen eine reale Onlineklausur bestritten. Es hat über eine Stunde gedauert, bis der indische Coach mich endlich in seinem Programm erfasst hatte, da das Internet ständig zusammenbrach und ich aufgrund jener Probleme die Klausur eigentlich gar nicht schreiben sollte. In der Klausur selbst ist dann nur die Kamera eingefroren und ich hatte eine Zwangspause. Also noch einmal der Zimmercheck, ob nicht doch irgendwelche Lösungen an den Wänden geschrieben waren. Aber okay, die Dame tut ja auch nur ihren Job. Mittags nach der Klausur war ich im wahrsten Wortsinn „fertig" und habe ernsthaft über Gin Tonic nachgedacht. In der Nacht vor der Prüfung habe ich nicht wirklich viel geschlafen, da ich lange gelernt habe und dann über WeChat die Nachricht erhalten habe, dass Paula`s Meerschweinchen „Stupsi" aus Altersgründen verstorben ist. Wie soll man einem zwölfjährigen Mädchen schonend beibringen, dass das geliebte Haustier nicht mehr ist? Morgens sehe ich aus wie Derrick, da ich auf dem Sofa geschlafen habe. (Markus war erkältet...) Und Paula schaut mich fragend an. Ich schiebe das Sofa als Notlüge vor, denn es ist Fasching in der Schule, die Kinder haben sich als Einhörner verkleidet und ich will ihnen nicht den Tag verderben. Später sage ich natürlich die Wahrheit und es tröstet Paula sehr, dass ihr Schweinchen bis zum Ende bei Sandra in Braunschweig ein gutes Leben hatte. Das nächste Problem taucht auf: Paula möchte, dass Stupsi im heimischen Garten beerdigt wird. Aber wen kann ich damit beauftragen? Zwei meiner Nachbarfamilien stecken mitten im Abitur stress, die dritte Familie hat kleine Kinder/Job usw. Meine Mutter hat operierte Hände und kann kein Loch im Garten graben. Mein Schwiegervater ist über 80 Jahre und hat Rücken... Mir fällt das benachbarte Gartenbauunternehmen ein und zum Glück habe ich eine Telefonnummer, die ich aufgeregt anrufe. Ich bekomme sofort eine Zusage und später ein Foto vom Grab, was liebevoll mit einer Primel und einem Stein dekoriert wurde. Ich bin sprachlos über so viel Hilfsbereitschaft. Leider bleibt es nicht bei einem Todesfall. Mein Schweinchen „Hermine" hat ein Augenproblem und muss dringend operiert werden. Da wir doch sehr an unseren Fellknäueln hängen, stimmen wir einer OP zu, die sie zuerst gut zu verkraften scheint. Zwei Tage später ist auch das zweite Auge betroffen und der Allgemeinzustand von Hermine verschlechtert sich rapide. Die Tierärztin erlöst sie. Nun haben wir nur noch ein Meerschweinchen und hoffentlich bleibt alles gut.

So hat Jeder leider seine größeren und kleineren Probleme. Markus hat zu hohen Blutdruck und besucht zur Medikamentenvergabe regelmäßig seine Hausärztin im Krankenhaus. (Arztpraxen gibt es hier nicht. Es gibt nur Gesundheitszentren, die sich immer in Kliniken befinden, dafür aber immer geöffnet haben.) Die Hausärztin ist so gar nicht glücklich mit ihm. „Treiben Sie Sport?" fragt sie scheinheilig. „Da müssen aber 20 Kilo runter!" so ihre Diagnose. Nun soll er sich trotz der schlechten Luftwerte ein Fahrrad kaufen oder joggen gehen. Es ist mir möglich, im Internet eine Personenwaage zu kaufen, die uns tatsächlich auch per Eilzustellung findet. Ich bin begeistert, packe das Ding aus und stelle mich drauf! Ich bekomme fast einen Herzinfarkt, als das Ergebnis dreistellig ausfällt und maule meinem Mann die Ohren voll. Der erklärt mir, dass die Waage Pfund anzeigt. Die Waage und ich werden keine Freunde.... Wenn die Luftwerte nicht kritisch sind, geht Markus nun fleißig joggen und ich komm mit. Manchmal bin ich sehr froh über den Smog, denn dann fällt das Training aus... Es gibt aber auch „gute" Tage. Letztendlich joggt er fünf Mal pro Woche und ich soll möglichst mitmachen. Aber es tut mir gut und ich genieße es fast, früh am Morgen am Wasser entlangzulaufen und den Männern mit ihren Angeln zuzusehen. So hat Jeder morgens seinen Moment. Aber ich wollte ja über „Probleme" schreiben. Markus ist ja nun bekanntlich unter der Woche in seiner Bude in Ninghai. Dort muss selbstverständlich auch gejoggt werden und er hat seine ganzen Sachen dafür eingepackt. Eines Morgens erreicht mich eine WeChat-Nachricht. Er war joggen und nun eiern seine Joggingsachen, Socken und U-Hose in der Waschmaschine. Was will er? „Super, Schatz! Du warst joggen und kannst eine Waschmaschine bedienen!" (Als Maschinenbauingenieur nicht so ungewöhnlich, wie ich finde). Es kommt die nächste Nachricht: Leider hat er vergessen, sich für die ganze Woche U-hosen einzupacken. Und die Einzige, die er hat, ist nun in der besagten Maschine... Nun denn: Geht er halt „Freestyle", so ohne kneifendes Beinkleid ist doch eine Präsentation vor den Mitarbeitern ein Kinderspiel. In seiner Mittagspause kauft mein Männe dann viel zu kleine Unterwäsche... Wie gesagt, so hat Jeder seine Probleme. Ich ärger mich in der Zwischenzeit mit dem Geschirrspüler herum. Der sagt nämlich keinen Piep mehr. Ein Techniker kommt, sieht sich das Desaster an und geht wieder. Später erklärt mir meine Vermieterin, dass wir ein Ersatzteil brauchen. Eine gefühlte Ewigkeit später baut er es fluchend ein. Man muss kein Chinesisch können, um zu erraten, wie leid er sich tut. So ein Sch...job! Nun liegt er hier auf dem Boden und muss für andere Leute einen Geschirrspüler reparieren! Ist ja wohl eine Zumutung! Ich schaue mir das Spektakel an und übe im Nachbarzimmer dank der Übersetzer-APP meine Antwort ein. Als er endlich mit dem Übeltäter fertig ist, bedanke ich mich in perfektem Chinesisch für seine Arbeit und lasse ihn in dem Glauben, dass ich jedes Wort von ihm verstanden habe. Denn morgens hat Jeder seinen Moment.

Markus auch! Am nächsten Morgen! Er konnte irgendwie auf seiner komischen Luftmatratzen-Bett-Konstruktion nicht schlafen und geht nach seiner Joggingrunde schon um sechs Uhr morgens ins Werk.

Um diese unchristliche Uhrzeit arbeitet dort noch keine Socke... Die werten Ingenieure kommen gegen 10 Uhr und gehen um 11.30 wieder in die Mittagspause. Die Tür ist verschlossen. Eintritt nur nach Gesichtskontrolle per Scanner und Zahlencode. Markus hat zwar ein Gesicht, aber keinen Code. Na, dann eben um die Halle herum und zum Notausgang! Da kommt Jeder rein! Er läuft durch die Küche, wo ein Küchenmitarbeiter in Gummistiefeln durch Salat und Gemüse trampelt. Na, was in dem Mutterboden war, muss doch wenigstens auf den Boden. Heimatgefühl und so. Mein Göttergatte beschließt, die Kantine dann doch zu meiden. Und es ist gut, dass man nicht weiß, was in Restaurants sonst noch so gemacht wird. In der Nähe von unserem Wohngebiet habe ich schon beobachtet, dass ein Mitarbeiter das Gemüse draußen auf dem blanken Fußboden geschnitten hat. Das muss ich mir merken! Immerhin macht man kein Brettchen schmutzig...

Von unserer Baustelle gegenüber kann ich berichten, dass das Haus schon ziemlich fertig aussieht. Unsere Freude wird aber sehr getrübt, als unsere Nachbarn weggezogen sind und nun die nächste Baustelle sich auftut. Das ganze Haus wird mit einem Presslufthammer entkernt, Fenster zerschlagen und die Dachpfannen segeln in den Garten. (Der arme Mensch, der den Garten später wieder gestalten muss, tut mir leid... Ein Glasfeld. Sophia darf ihren Roller nicht aus dem Schuppen holen, wegen der fliegenden Dachpfannen. Als das Grobe erledigt ist, wird das komplette Grundstück wieder mit blauem Wellblech eingezäunt. Aber warum erst jetzt? Der Lärm ist unerträglich und mir kommt zu Ohren, dass unsere anderen Nachbarn auch in drei Monaten ihr Haus verlassen werden. Die nächste Baustelle? Die Vermieterin weiß von nichts oder sagt mir nichts... Immerhin haben pünktlich um 12 Uhr die Bauarbeiter Mittagspause und auch wir haben Erholung für die

Ohren. Von der Baustelle kommen nur noch leichte Schnarchgeräusche. Aber egal! Soll doch Jeder in seiner Mittagspause machen, wozu er Lust hat. Markus hat die letzte Woche auch Zuhause verbracht, da die Etage seines Büros saniert wird. Zwar gibt es ein „Ersatzbüro" einige Blocks weiter, aber dies ist nur ausreichend für 30 Personen, benötigt werden aber 100 Plätze. Es ist ungewohnt für mich, dass Markus zuhause ist und viel telefoniert, zwischendurch flucht, da das Telefonnetz zusammenbricht. Zwar ist das mobile Netz hier gut ausgebaut, aber zu Stoßzeiten reicht es immer noch nicht aus, da Jeder hier mobil telefoniert. In unserer Küche steht ein 20 Jahre altes Telefon, bei dem die Tasten klemmen. Genervt packt Markus das Telefon ein und fährt die nächsten Läden ab, um ein neues Telefon zu kaufen. Ohne Erfolg! Wir werden kritisch beäugt, weil wir so etwas Altmodisches kaufen wollen. Wir hätten auch nach einer Brieftaube fragen können...

Aber seit Montag ist Markus wieder in Ninghai, inklusive Fahrrad, das er sich todesmutig gekauft hat. Jetzt trägt er sogar einen Helm und ich hoffe sehr, dass er keinen Unfall haben wird. Die Verkehrsregeln sind für uns immer noch nicht zu verstehen, aber es funktioniert. Es ist vergleichbar mit einem Ameisenhaufen. Dort streiten sich die Tiere ja auch nicht, wer zuerst wo langgehen darf. Jeder schaut, was der Andere tut und nimmt Rücksicht. Kein Geschimpfe oder Hupen. Diese Geduld würde ich mir auch sehr in Deutschland wünschen, das würde manche Nerven schonen. Aber zum Glück fährt uns Mister Zhang und ich muss mir keine Sorgen machen. So langsam taut Mister Zhang ein wenig auf und erzählt, dass sein „Old Boss" Amerikaner war und er für ihn neun Jahre gearbeitet hat. Er fährt ohne Navigationsgerät und kennt Shanghai wirklich gut. Es muss wirklich schwer sein für ihn, Englisch zu reden. So wie für uns die chinesische Sprache. Wenn etwas falsch betont wird, gibt es gleich einen völlig anderen Sinn. Bisher sind wir noch nicht wirklich weit gekommen mit dem Sprachkurs, da unsere Lehrer in UK und Amerika leben und es mit der Zeitverschiebung schwierig ist. Ein lokaler Lehrer wäre bestimmt besser. Auch noch ein Punkt auf meiner Liste, was ich erledigen möchte. Aber die liebenswerten Fehler in der Aussprache und Grammatik trüben unsere Sympathie für Mister Zhang kein Stück, ganz im Gegenteil. Wenn er mit etwas einverstanden ist, sagt er: „Me okay!" und wir übernehmen dies auch schon Zuhause, weil wir es so niedlich finden. Markus nennt er im Übrigen „Boss" (Bekommen wir auch nicht raus aus ihm. „Not Boss! M-A-R-K-U-S!" „ Ma...hä? Boss!" Auch gut. Paula und Sophia nennt er beim Vornamen, mich nennt er „Family". Na, schön. Er ist immer sehr besorgt um mich, wenn ich igendwohin möchte, was er nicht gut findet. „Here no god! No god place for a Lady!" Am liebsten soll ich meinen Tag im Supermarkt verbringen. Das ist sicher. Aber auch vor Supermärkten, wird man von Bettlern angesprochen und das sogar auf Englisch. Ein Nachbar erzählte mir , dass die teilweise sogar WeChat haben und man ihnen quasi Geld überweisen kann. Wer weiß, vielleicht nehmen die auch Kreditkarten...

Vor ein paar Tagen war ich in der deutschen Botschaft, um ein polizeiliches Führungszeugnis zu beantragen, für mein Praktikum in der deutschen Schule. Ich muss gestehen, dass ich ein wenig enttäuscht war. Die Botschaft befand sich in einer ganz normalen Büroetage in einem Hochhaus. Der Besuch der chinesischen Botschaft in Hamburg war dagegen mondäner. Die befand sich in einer hübschen Villa. Na, ja! Wir durften zum Fingerprint auch nur in das Gartenhäuschen...

Letztes Wochenende waren wir zum Frühlingsfest bei unseren indischen Nachbarn eingeladen. Alle stellen sich in den Garten und bewerfen sich mit buntem

Kreidestaub. Ein Riesenspaß und eine richtige Schweinerei. Zudem flogen auch noch Wasserbomben und wir waren alle dreckig und besonders die Kinder glücklich. Beim Abschlussfoto mit den letzten Staubwolken wurden wir über den Gartenzaun von einem Chinesen beobachtet. Was der wohl von uns gedacht hat? Alle nass, farbverschmiert und mit Alkohol in der Hand. Der Garten und das Haus sehen dementsprechend aus. Aber es war eine nette Runde: Inder, Spanier, Amerikaner, Deutsche und Chinesen. So geht Völkerverständigung...

In diesem Sinne: Viele Grüße aus Shanghai, Urda

Es ist schon wieder Wochenende und die Zeit vergeht im Flug. Mir persönlich geht das gerade viel zu schnell! In vier Wochen haben die Kinder Sommerferien und bis dahin muss die nächste Klausur geschrieben sein. Die letzte Klausur „Sozialgeschichte, Philosophie und Ethik" liegt mir noch schwer im Magen. Nicht, dass ich das Thema nicht mag. Der Tutor in den Lernvideos gibt sich Mühe, spricht aber so einen starken spanischen Akzent, dass ich nur „Bahnhof" verstehe. Irgendwie schaffe ich es dann doch, das Skript zu begreifen und Lernvideos anzuschauen, wobei das Internet alle fünf Minuten die Grätsche macht... Ich melde mich zur Klausur an und bin frohen Mutes. Aber weit gefehlt: Bei den Sicherheitsfragen gibt es Probleme mit dem Passwort und ich komme nicht mal zur Klausur. In zwei Tagen wollen wir nach Tokio fliegen und ich habe in den letzten zwei Wochen Tag und Nacht gelernt, damit ich die Klausur ablegen kann. Meine indische Prüfungsbetreuerin tröstet mich, denn ich bin sichtlich enttäuscht. Ich beantrage ein neues Passwort und wir vereinbaren einen neuen Klausurtermin am nächsten Tag aus. Bis dahin vertreibe ich mir neben Kofferpacken die Zeit mit weiteren Lerneinheiten zum Thema. Am nächsten Morgen starte ich motiviert, trotz des üblichen Baulärms, in den Prüfungsprozess mit einem neuen Passwort. Mein heutiger indischer Prüfungsbetreuer checkt meine Internettauglichkeit, sagt nur: „Not fast enough" und meldet mich kurzerhand von der Klausur wieder ab. Fassungslos starre ich den Bildschirm an. Markus hat die letzte Woche vor der Klausur die Zeit mit den Kindern in Ninghai verbracht, damit ich lernen konnte. Da hilft auch kein Groll, wir fliegen ohne Klausur und auch ohne Studienunterlagen nach Tokio in der Hoffnung, dass wir ein wenig Erholung haben werden. Eigentlich hatte ich den nächsten Kulturschock erwartet. Aber wir fühlen uns sofort heimisch. Es gilt „Linksverkehr" auf den Straßen und trotz der engen Bebauung ist alles sehr geordnet und extrem sauber. Es ist ein bisschen wie in Deutschland, nur ein wenig extremer. Es gibt genaue Regeln, die Jeder zu kennen scheint, nur wir eben nicht. Wenn ich aus der Gewohnheit heraus auf der falschen Seite des Fußweges laufe, werde ich nicht beschimpft, sondern andere Menschen entschuldigen sich für meinen Fehler, bis ich ihn endlich bemerke. Auf Rolltreppen bleibt man links stehen und läuft bei Bedarf auf der rechten Seite. Sehr gewöhnungsbedürftig, aber machbar. Mittlerweile können wir Japaner von Chinesen gut unterscheiden: Japaner haben eine europäische Nasenform, legen extrem viel Wert auf ihr Äußeres und tragen ihre Louis Vuitton Einkaufstaschen wie wir Deutschen unsere Aldi tüten herum. (Aldi kommt demnächst nach Shanghai...) Chinesen haben eine flachere Nase und laufen eher salopp im Stadtbild herum. Aber sie benehmen sich in Japan anders als in China: Kein Geräusper und Gespucke! Ich bin glücklich, obwohl ich mich „underdressed" fühle. In Japan sind die Menschen extrem höflich und hilfsbereit. Kaum steht man ein wenig fragend in der Gegend herum, wird einem sofort Hilfe angeboten und das in einem gut verständlichen Englisch. Es ist mir fast ein wenig unangenehm. Nachts träume ich von „Tugendethik von Aristoteles" und „Pflichtethik nach Kant"... Schweißgebadet wache ich auf und meine erste Frage des Tages war, ob nun Chinesen oder Japaner glücklicher sind. (Tugendethik setzt eine gute Erziehung und Charakterstärken voraus; Pflichtethik spekuliert an das Pflichtgefühl, etwas Gutes zu tun, ohne zu bedenken, ob das das Gegenüber es überhaupt möchte...) Kant hätte bestimmt Freude an den Japanern, wir sind über deren Pflichtbewusstsein und Selbstdisziplin etwas irritiert. Lange Rede, kurzer Sinn: Wieder Zuhause schreibe ich meine nächste Klausur (fast) ohne technische Probleme über Ethik, Philosophie und Sozialgeschichte.

Ein weiteres Detail, was uns in Japan auffällt: Hier gibt es mehr ältere Menschen und auch Personen mit Handicap sind auf der Straße anzutreffen. Was in Europa und auch in Japan völlig normal ist, gibt es in China nicht. Bisher haben wir noch keinen Rollstuhlfahrer gesehen. Wo sind die nur alle?

Die Esskultur in Japan ist auch sehr ausgeprägt und trotz der vielen schlanken Menschen auf der Straße essen Japaner gerne sehr fettig und fleischlastig. Für eine Woche ist das mal in Ordnung. Für frisches Obst zahlt man ein Vermögen, da kann ein Apfel mal eben zehn Euro kosten. Insgesamt sind wir über die Kosten ziemlich geschockt. Trotzdem finden wir ein Lieblingsrestaurant, was sich in einem Keller befindet. Vor der Eingangstür muss sich jeder Gast erst einmal seine Schuhe ausziehen und wird von der auch sockentragenden Bedienung zum Platz geführt. Wir saßen am Tresen, der die Küche und Bar umschloss und so konnten wir die ganze Zeit den Köchen bei der Arbeit zuschauen. Die Stimmung war einzigartig. Immer wenn ein neuer Gast die Wirtsstube betrat, wurde dieser im Chor vom Personal begrüßt, ebenso wenn die Getränke serviert wurden: dann folgte ein japanischer Trinkspruch. Toiletten sind in Japan auch immer etwas Besonderes: Da alle Gäste und Personal nun einmal auf Socken unterwegs waren, muss man beim Toilettenbesuch in Klötzchen schuhe umsteigen. Die Japaner sind sehr reinlich und würden nie das Bad mit Straßenschuhen oder ihr Haus mit den Toilettenschuhen betreten. Auf der Toilette dann alles, was das Herz begehrt: Handcreme, Deo, Zahnstocher, Tampons und Haarspray. Die Toilette an sich auch ein technisches Wunder! Wer mag, kann sich auf Knopfdruck nach dem Toilettengang von der Toilette den Hintern duschen lassen. Ein weiterer Knopf spielt Musik, um peinliche Geräusche zu überdecken. Dass der Toilettensitz beheizt ist, ist natürlich Standard. Na, ja. Bisher kamen wir auch mit normalen und auch chinesischen Toiletten ganz gut zurecht. Und so hübsche Toilettensitzbezüge wie in China gibt es in Japan auch nicht!

Es ist längst Frühling in China und ich habe im Herbst das herabfallende Herbstlaub sehr vermisst. Hier fällt es erst im Frühjahr von den Bäumen und wird sofort durch nachwachsendes Grün ersetzt. Sehr praktisch! Weniger schön ist es, dass nun überall Pestizide in die Hecken gesprüht werden, um die erste Generation von Moskitos abzutöten. Die Temperaturen steigen schon über dreißig Grad und die hohe Luftfeuchtigkeit macht uns ein wenig zu schaffen. Die meisten Räume sind aber mit Klimaanlagen ausgestattet, was mir meine erste

Erkältung einbringt. Solche Temperaturwechsel sind einfach nichts für mich!

Die Schule läuft zur Höchstform auf: Sophia's Klasse spielt das Stück: „Des Kaisers neue Kleider", und zwar auf ENGLISCH, und Paula's Jahrgang bietet einen Balladenabend mit Hausmusik an. Nun lausche ich an verschiedenen Abenden, was es denn mit den neuen Kleidern auf sich hat, und erfreue mich an „Die Brücke am Tay" (Paula spielt mit) sowie an „Herr von Ribbeck" und „Der Erlkönig". Dabei stelle ich fest, dass ich diese ganzen Klassiker vom Balladenabend auch in meiner ersten Schulzeit durchgenommen habe und sogar teilweise mal auswendig konnte. (Bis vor kurzem war ich noch der Meinung, früher so gar nichts gelernt zu haben! Alles, wie vieles, erfolgreich verdrängt!)

Der chinesische Alltag gestaltet sich genau wie in Deutschland auch, mit Zahnarztterminen für die Kinder. Paula hat einen Milchzahn, der nicht herausfallen will, und so sind wir beim französischen Zahnarzt, der fehlende Fissurenversiegelungen auch gleich wieder auffüllt und ich in der Zwischenzeit über Kieferorthopädie mit der chinesischen Zahnärztin fachsimpeln kann. Das Ergebnis ist, dass ich ein Jobangebot bekomme, was ich aber dankend ablehne. In der Woche alleinerziehend, Studium und seit kurzem Praktikantin in der Schule reichen mir völlig aus. Nach dem Zahnarztbesuch gehe ich todesmutig zum Frisör! Die Haare müssen bei der Wärme unbedingt gekürzt werden und ich besuche mit Paula einen Kellerladen, der so winzig ist, dass es kaum zu glauben ist, was da alles reinpasst. Ich muss nicht erwähnen, dass die Hygienebedingungen hier ganz andere als in Deutschland sind. Ich stehe in einem Meer von schwarzen Haaren und schaue mir die Flecken in Sitzhöhe an der Wand an, die (hoffentlich) von einwirkender Haarfarbe stammen. Es ist kurz vor 18 Uhr und vor dem Salon brutzelt auf dem Wok schon das Abendessen. Die Mitarbeiterin ist sicherlich hungrig, es wird immer pünktlich um 18 Uhr gegessen, sonst werden Chinesen schnell unruhig. Ich bin dran und mit einer Schere schneidet die Hairstylistin kurzerhand 30 Zentimeter meiner Mähne ab. Paula schaut interessiert zu und die Frisörin versucht mit ihr ins Gespräch zu kommen: Ob ich ihre Schwester sei... Chinesen können unser Alter genau so wenig einschätzen wie wir ihres. Oder ist sie einfach nur höflich? Kürzlich dachte jemand auch, dass Paula Markus' Frau und Sophia das gemeinsame Kind sei. So schnell kommt man mit 13 Jahren zu einem Kind. Ich bezahle im Laden 2,40 Euro für den Haarschnitt und gehe meines Weges...

Essen ist in China ein wichtiger Bestandteil. Kürzlich habe ich mich mit einer Bekannten auf der Straße ein wenig unterhalten und sie hat mir ihr Bedauern ausgedrückt, dass wir jetzt in der direkten Nachbarschaft nun die zweite Baustelle haben und mit dem Baulärm leben müssen. (Presslufthammer scheint das Lieblingsgerät zu sein, neben der Kreissäge! Vielleicht schneidet der Gärtner aber auch nur das Gras, wer weiß?) Auf die Frage hin, ob die Bauarbeiter denn auch auf der Baustelle wohnen, habe ich doch ein wenig sprachlos dreingeschaut. Wie kann man denn in einem Rohbau ohne sanitäre Einrichtungen leben und schlafen?! Das ginge ganz einfach, wurde ich belehrt! Duschen wird ja bekanntlich überbewertet und für alles „Andere" ginge man einfach in den Garten! Ich konnte es ja kaum glauben! Am Abend stehe ich am blauen Wellblechzaun, der das ganze Grundstück einsäumt, und lausche... Und tatsächlich: Es ist spät am Abend und ich höre leise Stimmen. Es ist krass! Ich rege mich über die ewig riechenden Abflüsse und weitere Kleinigkeiten in unserem Haus auf und nebenan schlafen die Menschen im Dreck. Diese Tatsache beschäftigt mich tagelang und wird auch nicht besser durch Weitererzählen. Allgemeines Schulterzucken und ich hingegen beschäftige mich notgedrungen mit Fragen der Ethik und Moral. Verkehrte Welt. Ein Plan muss her! Mein Göttergatte, der zu müde für meine Entschlossenheit ist, gähnt: „Solange DIE nicht bei uns duschen oder schlafen...mach doch!" Ich wittere meine Chance, als Markus mit den Kindern in Ninghai ist und ich alleine kochen und essen muss. Habe ich es doch völlig verlernt, nur für eine Person kochen zu müssen. Es gibt Wok mit allem Schnick und Schnack! Selbst Lotus und Wasserkastanien sind dabei und ich dünste das Gemüse nur an, so wie Chinesen das auch machen. Herzklopfend stehe ich inklusive Wok vor dem Bauzaun und rufe leise: „Ni hao!" Keine Antwort! Ich klopfe. Nichts! Mit der Motivation, das Essen nicht die nächsten Tage noch essen zu wollen, passiere ich den Bauzaun und laufe die zerstörte Treppe nach oben. In zwei Zimmern sitzen ca. zehn Bauarbeiter mit ihren Frauen und essen bei Kerzenschein und beachten mich so überhaupt gar nicht. Ich versuche mich auf der Treppe mit dem Wok auszubalancieren und gleichzeitig meine Sprach-App zu bedienen. Plötzlich steht ein Mann auf und schaut in den Wok. Seine Miene hellt sich auf und er sagt etwas zu den Anderen; für mich natürlich nicht zu verstehen. Alle Blicke sind auf mich gerichtet. Schweigen. Ich halte den Wok entgegen und der freundliche Herr nimmt ihn mir ab. Ein schüchternes „xiexie" kommt aus seinem Mund und er verteilt das Essen an die Leute. Ich ernte ein zahnloses Lächeln von dem nächsten Arbeiter, der sich als Bestätigung seinen nicht vorhandenen Bauch reibt. Ich gehe wieder zurück nach Hause und fühle mich kein Stück besser... Spontan greife ich nach den restlichen Bierflaschen im Kühlschrank und bringe sie herüber. Große Augen über mein erneutes Auftauchen. Schallendes Gelächter über das Bier! Die Freude ist groß und am nächsten Morgen schlafen die Bauarbeiter eine Stunde länger. So hatten wir alle etwas davon.

Ich kann es nicht bestätigen, schlechte Erfahrungen mit Chinesen gemacht zu haben. Ganz im Gegenteil: Es stört mich extrem, dass ich nicht mit ihnen kommunizieren kann. Der Gärtner erzählt mir mit Händen und Füßen, dass das Wetter endlich besser ist, die Wachposten an der Schranke versuchen Späßchen zu machen, wenn ich vorbei jogge. Seitdem ich denen vom Einkauf „Snickers" mitgebracht habe, sind sie sogar noch freundlicher und erzählen ihren Kollegen, dass ich „Qiaokeli" verschenkt habe.

Ausnahmen bestätigen selbstverständlich die Regel: Ich stehe in der Kassenschlange bei Decathlon und hinter mir ist eine Dame mit einem Kleinkind auf dem Arm. Kinder tragen hier gewöhnlich selten Windeln, woran ich mich gleich erinnern sollte. Ich träume so vor mich hin, als ich es plötzlich auf dem Boden plätschern höre. Hat doch das besagte Kind soeben seine Blase entleert und strahlt mich an. Die Mutter tut so, als ob nichts wäre, macht einen Schritt über die gelbe Pfütze und fängt an, in ihrer Nase für Ordnung zu sorgen. Auf dem Parkdeck warte ich auf unseren Fahrer, als plötzlich eine Person aus dem parkenden Fahrzeug seine Red Bull-Dosen mir direkt vor die Füße wirft. Ich mag es irgendwie im Internet einzukaufen!

Das nächste Highlight erwartet mich, als ich mit den Kindern nach dem Balladenabend nach Hause komme und unsere Duschkabine in Scherben auf dem Boden liegt. Ohne Grund ist diese einfach geplatzt und ich gehe seitdem irgendwie nicht mehr gerne duschen. „Das kommt hier häufiger vor!" werde ich aufgeklärt. Na, dann...

Ich versuche vor dem Baulärm ein wenig zu fliehen und gehe in ein klassisches Teehaus im Stil der 30er Jahre. So macht mir das Studium Spaß! Vor mir eine

Tasse Jasmintee, als Blüte verpackt, die sich im Wasser langsam öffnet. Draußen der Lärm von den Händlern, die ihre Waren anpreisen und ich mittendrin mit meinen Büchern. Heute habe ich nicht viel über „Soziale Arbeit" gelernt, aber viel über diese schöne Stadt.

Wieder zuhause freue ich mich auf meine Ay-i, die schon längst zu einer Freundin geworden ist. Sie empfängt mich lächelnd und hält mir einen Jutesack mit chinesischen Süßigkeiten entgegen, den sie bei uns im Vorratsraum gefunden hat. Sie ist ganz aufgeregt, denn es handelt sich um Süßigkeiten aus ihrer Kindheit. Ich habe bereits jene Spezialität nach Deutschland geschickt, ohne Hintergrundwissen. Sie will wissen, wo ich das gekauft habe und natürlich schenke ich ihr den Sack. Sie klärt mich darüber auf, was es denn damit auf sich hat. „Kuhscheiße" heißen diese Bonbons und ich erzähle ihr, dass ich genau diese Bonbons an meine Lehrer am Abendgymnasium verschickt habe. Wir haben sehr gelacht darüber und Lou gesteht mir, wie glücklich sie ist, bei uns zu arbeiten. Natürlich gibt es auch Differenzen zwischen uns. Ich erwische sie öfter damit, dass sie immer noch mit dem gleichen Lappen erst die Toilette putzt und dann unseren Esstisch. Es behagt mir so gar nicht, Darmbakterien auf unserem Esstisch zu haben. Nachdem ich ihr erklärt habe, dass „kleine Tiere" auf dem Putzlappen leben, findet sie mich völlig durchgeknallt. Bakterien?! Was soll das denn sein? „Ist doch sauber, nicht?!" Ich erwähne nicht meinen Bioleistungskurs und das Mikroskopieren.

Markus radelt mit seinem Fahrrad fröhlich durch Ninghai. Ich bin genervt und vermisse mein Fahrrad und unser Auto. Wegen jeder Kleinigkeit muss ich Mister Z anrufen, damit er mich fährt. Gut, das ist sein Job, aber ich fühle mich so unflexibel! Ein Drahtesel muss her. Wir fahren zu Decathlon und kaufen das größte Fahrrad, was es gibt, und es ist trotzdem zu klein. Es ist ein zartbitterbraunes „Altdamenfahrrad" und ich finde, dass wir gut zusammenpassen. Da das neu erworbene Rad nicht in das Auto passt, fahre ich gleich damit nach Hause und bin zwar fix und fertig, aber auch stolz. An einer Kreuzung treffe ich Mister Zhang, der schon wieder auf dem Nachhauseweg ist und fröhlich winkt und hupt. (Was eigentlich verboten ist in Shanghai und er sehr korrekt ist). Und immer, wenn ich ihm sage, dass er einen freien Tag hat, schaut er ganz traurig und sagt:" You bike?" Aber es steht ihm nun einmal ein freier Tag zu und den soll er auch haben. Sieben-Tage-Wochen sind nicht ungewöhnlich, was ich ziemlich krass finde. (Wobei ich wieder erwähnen muss, dass Chinesen in ihrer Arbeitszeit viel Privates erledigen. Auch der Weg zur Arbeit ist noch Arbeitszeit. Da könnte man einigen Arbeitgebern noch so manche Stunde in Rechnung stellen...)

Aber Praxis gehört wohl nun zu meiner Vergangenheit. Ich habe vor kurzem meine Praktikumsstelle in der deutschen Schule angetreten und bin jedes Mal gespannt, was mich dort erwartet. Am ersten Tag helfe ich mit in einer „Kreativ-AG", mit der Aussicht, dass ich diese ab nächster Woche alleine führen soll (15 Erstklässler). Fühlt sich an wie Kindergeburtstag und ich mache gleich den Fehler, dass ich unser „Projekt" von A-Z erkläre und nicht bedenke, dass drei Schritte für so kleine Kinder viel zu viel sind. Natürlich werden wir in der Unterrichtszeit fast nicht fertig, aber Profi „Emma" rettet die Situation und alles wird doch noch gut. Alle Mitarbeiter freuen sich über mich und sind sehr offen für alle Fragen, die ich so habe. Mein Studentenleben ist so rein online doch sehr einsam. Natürlich gibt es diverse Gruppen bei Facebook, aber der Ton in der Anonymität ist mir persönlich viel zu rau und nicht alle Sozialarbeiter sind wirklich sozial, wie ich leider feststellen muss. Und Zitronenfalter falten keine Zitronen. Aber schwarze

Schafe gibt es wohl in jeder Berufsgruppe, was ich auch in anderen Bereichen schmerzlich erfahren habe.

Also friste ich meine Tage mit Pausenaufsichten etc. und auch Sophia muss sich meinen Anweisungen fügen, was ihr nicht leichtfällt und ich dann ausdiskutieren muss. Des Weiteren darf ich einen Jungen im Unterricht unterstützen, der zwar sehr pfiffig ist, sich aber schlecht konzentrieren kann. Mit meiner Hilfe kommt er gut klar und kassiert für diese Stunde sogar ein Sternchen, was ihn und mich irrsinnig freut. Die Klassenlehrerin ist richtig toll und wird von einem Erzieher unterstützt. Es ist eine wahre Freude, den Beiden zuzusehen. Wir haben Mathe, die Kinder lernen spielerisch und haben keine Angst vor falschen Antworten. So lerne ich gleich mit, was „verliebte Zahlen" sind und kann mich gerade noch beherrschen zu fragen, was die Zahlen denn so machen, wenn das Matheheft geschlossen wird. Nach der Matheeinheit geht es für mich weiter zu einer „Aktiv-AG". In der Sporthalle treffe ich auf den Sportlehrer „Jo" und sechs bewegungswillige Kinder. Ich werde sofort ausgefragt, was ich denn hier wolle. Ein Mädchen streicht mir über meinen Bauch und sagt: „Ganz schön dick!" Innerlich denke ich „kleine Bratze!" Bin aber lieb zu ihr und antworte: „Deswegen bin ich ja hier! Der Bauch soll kleiner werden!" Sie umarmt mich und sagt: „Das schaffen wir schon!" Ich habe keine Zeit, meine Rührung in Worte zu fassen, denn wir wollen Hockey spielen. Ich muss, glaube ich, nicht erwähnen, dass ich seit dreißig Jahren kein Hockey mehr gespielt habe! Es macht mir aber wirklich Spaß und meine Mannschaft gewinnt sogar, da die Kleinen noch so gar keine Strategie haben. An dem Abend gehe ich früh zu Bett. Ich bin müde, aber sehr zufrieden. Die Arbeit macht Spaß und ich stelle fest, dass es gut funktioniert, wenn ich klare Anweisungen an die Kinder gebe. Das hilft auch privat ungemein. Wieder zuhause beobachte ich Kater „Tom", der in der Sonne döst. Er streckt seine Pfoten und schreckt plötzlich auf, als er feststellt, dass seine Füße voller Kreidestaub sind. Die Kinder haben die Gehwegplatten mit Kreide bemalt und Tom ist da durchmarschiert... Katzen können also auch verdutzt gucken, wieder etwas gelernt. Am Abend schaue ich „Fack ju göte", damit ich weiß, wie Schule so funktioniert.

Am nächsten Tag fahre ich mit meinem neuen Drahtesel samt Helm zu „Lidoway". Das ist ein Hotelkomplex mit Einkaufspassage. Ich möchte für Sophia einen Kunstkurs buchen und in einer Bibliothek ein wenig arbeiten. Der Baulärm zerrt an meinen Nerven. Ich schließe mein Fahrrad im Schatten eines Baumes an und betrete das Gebäude. Wegen der Sprachprobleme komme ich erst 30 Minuten später nach draußen, um weiter zum Bücherladen zu fahren. Aber wo ist mein Fahrzeug? Wo ich mein Rad angeschlossen habe, ist nur noch der Schatten des Baumes! Ich bin fassungslos! Nach dem Schrecken sehe ich mein Fahrrad auf der anderen Straßenseite zwischen den Motorrollern stehen. Ah, da steht auch ein Schild. Anscheinend ist hier der Parkplatz für Zweiräder und ein Kontrollmensch hat das Fahrrad einfach herübergetragen. Mir läuft der Schweiß und ich fahre weiter zur Bibliothek. Vor der Tür darf ich mein Bike auch nicht abstellen. Dorthin, zum Autoparkplatz soll ich fahren. Aber gut, ich bin ja lernfähig. In der Bibliothek ist es angenehm kühl. Es ist Mittagszeit und brüllend heiß. Es gibt eine Cafeteria, aber ich setze mich zwischen Bücherregale an der Fensterfront. Das Geschäft ist brandneu, sehr klar strukturiert und gefällt mir sofort. Im Eingangsbereich kann man Blumen kaufen oder andere Kleinigkeiten. Es spielt leise klassische Klaviermusik und ich komme langsam zur Ruhe. Am Nachbartisch stehen eine Tasche und ein Laptop. Vom Besitzer keine Spur. Aber so ist das in China. Es wird nichts gestohlen. Selbst unsere Pakete von Familie und

Freunden liegen einfach vor der Tür. Im Urlaub hat unsere Ay-i ein Fenster geöffnet gelassen. Hier kein Problem. Ich genieße die Ruhe, die von den Büchern ausgeht und höre leise Schnarchgeräusche. Ich vergaß: Es ist Mittagszeit und Chinesen können überall schlafen, auch in Buchhandlungen. So komme ich an diesem Tag gut vorwärts mit dem Skript und bin auch mit meinen bisherigen Noten sehr zufrieden. Das wird sich noch ändern, wenn ich das Modul „Computertraining" bearbeite. Dann darf ich endlich die Notwendigkeit von SAP und JAVA begreifen.

Natürlich werde ich auch oft gefragt, was mein Mann Markus so macht. Nun er pendelt noch immer zwischen Ninghai und Shanghai und hat viele Termine. Kürzlich war er mit einem Kollegen aus Deutschland in Suzhou. Markus, um einen Zulieferanten zu gewinnen, der Kollege zu einem Audit. Das läuft hier in China selbstverständlich anders als in Deutschland. Da wird es erwartet, dass zusammen Tee getrunken oder sogar der Abend miteinander verbracht wird. Was Markus ziemlich gewundert hat, dass es hier Gastgeschenke gibt. In Deutschland undenkbar, das gilt als Bestechungsversuch und kann im schlimmsten Fall zur Kündigung führen. Aber was tun, wenn man einen Seidenschal und ein kitschiges Panda-Bild von einem künftigen Geschäftspartner fast aufgedrängt bekommt?! Schließlich soll der Geschäftspartner nicht beleidigt werden und man möchte eigentlich keine Geschenke aus den beschriebenen Gründen. Markus und der Kollege nehmen die Geschenke an in dem Wissen, den Chef darüber zu informieren, um zu fragen, was zu tun ist. Der chinesische Chef gibt sich entspannt. Mein Gatte soll sein Büro damit verschönern, was er dann auch tut. Der Name „Markus" ist zu schwer für die neuen Geschäftspartner. Was ist das denn für ein komischer Name? Von Schleier reden wir erst gar nicht. Warum heißt er denn nicht

„Peter" (heißt er ja auch) oder Hans, wie die Anderen? Aber Markus zeigt sich geschickt, indem er den Chinesen eine Eselsbrücke baut: M-A-R-K-U--S, wie „Ma Kiss" das ist doch ganz einfach. Finden die Chinesen jetzt auch.

Gestern war ich wieder bei „China-Post" und habe ein Paket für meine Schwägerin und eine Freundin auf den Weg gebracht. Ich bin ein wenig aus der Übung und habe ganz vergessen, dass man ja nur mit Bargeld bezahlen kann. Der Postbeamte hat mir dann aber erklärt, dass ich ihm das Portogeld auf sein privates Handy schicken soll und er würde es dann in bar einzahlen. Ich hingegen möchte eigentlich lieber zur Bank gehen und Geld holen. Eine Mitarbeiterin mit Englischkenntnissen mischt sich ein. Ich könnte ihm vertrauen. Ja, ist klar! Wir kennen uns ja auch schon fünf Minuten. Ich habe aber keine Wahl und hoffe, dass sämtliche Briefe und Pakete trotzdem ankommen werden. Als ich China Post gerade verlassen will, stürzt sämtliches Schalterpersonal zu der besagten Mitarbeiterin, um zu fragen, was denn nun mein Problem gewesen sei. Sie erzählt es laut und ich werde ausgelacht, was hier aber auch normal ist, habe ich mir erklären lassen. Zwei Pakete sind bisher verschollen geblieben oder ich habe zumindest nichts mehr davon gehört.

Des Weiteren werde ich oft gefragt, wie wir denn so ohne deutsche Produkte zurechtkommen. Das geht erstaunlich gut. Ich habe seit Oktober kein deutsches Fernsehen mehr geschaut und vermisse es auch nicht. Natürlich gäbe es auch Möglichkeiten dieses hier zu bekommen, aber wir kommen wirklich ohne TV klar. In der Schulbibliothek können DVD`s ausgeliehen werden und irgendwie habe ich auch keine Zeit für die Glotze. Mit deutschen Lebensmitteln sieht es da schon anders aus. Aber auch das ist eine Sache der Gewohnheit. Es gibt hier einen Metzger, der sich „Erwin" nennt, Chinese ist, aber sich durch diverse Fortbildungen auf deutsche

Wurstwaren spezialisiert hat. Es gibt eine WECHAT Gruppe, wo man wöchentlich bestellen kann: „I would like to order one Leberwurst!" Meiner Englischlehrerin würden bestimmt die ersten grauen Haare wachsen, wenn sie das lesen könnte und sie würde es „Denglisch" nennen. Aber wir sind froh, dass es Erwin gibt, denn auf unserem Herd schmort leckeres Paprikagulasch und ich muss langsam zum Ende kommen.

Ende Juli kommen wir alle nach Hannover, um unseren Jahresurlaub in unserem Zuhause zu verbringen. Wir freuen uns schon sehr auf Familie, Freunde und Nachbarn. Die Kommunikation von China aus ist sehr schwierig. Oft kommen WECHAT Nachrichten oder Mails nicht an und ich weiß auch nicht, ob mein Whats App Konto nicht aus alles Nähten platzt, wenn wir wieder in Deutschland sind. Es ist also bestimmt keine böse Absicht, wenn eine Nachricht von uns nicht beantwortet wird. Ich versuche seit längerem, meine Schwägerin und meine direkte Nachbarin zu erreichen. Bisher hat es wohl nicht geklappt. Schicksal, Zensur, Netz überlastet, ich weiß es nicht. Vermutlich werden wir es auch nicht schaffen, alle uns lieben Menschen im Sommer besuchen zu können. Es ist unser Jahresurlaub und in den ersten Tagen werden wir zunächst viel schlafen, um die Zeitverschiebung zu verkraften. Überdies müssen wir uns auch um Formalitäten und unsere Post kümmern. Das Haus ist seit Oktober nicht mehr bewohnt und ich weiß nicht, was uns erwarten wird. (Fenster putzen, Garten...) Also bitte nicht böse sein, falls wir uns nicht sehen können. Natürlich hoffe ich, dass diese Mail viele von Euch erreichen wird. Wir wünschen Euch ein schönes Wochenende und freuen uns natürlich auch immer über Nachrichten, Fotos und Post von Euch! Liebe Grüße, Eure vier Chinesen!

Regen, immer nur Regen.... Das seit Wochen. Mit Sicherheit bestes Wetter, um sich auf eine Klausur vorzubereiten. Ich mag das Geräusch, wenn der Regen auf unsere Bananenstauden prasselt, und werde fast müde davon. Mister Zhan macht sich Sorgen um mich, wenn es regnet, und will mich von der Schule abholen. Vermutlich bin ich der einzige Praktikant, der einen Chauffeur hat. Verrückte Welt hier.

In der Schule habe ich mich gut eingelebt, sowie schon nette Kontakte geknüpft. Habe aber schon feststellen müssen, dass Grundschule nicht mein Arbeitsfeld werden wird. Es ist mir einfach zu laut. Mit Sicherheit ist eine deutsche Privatschule, im Gegensatz zu anderen Brennpunktschulen, wie Urlaub, das steht außer Frage. Als Pausenaufsicht beschäftige ich mich mit Problemen: „Der hat mir den Fußball weggenommen..." Worauf ich antworte: „Dann sag doch, dass er dir den Ball wieder zurückgeben soll!" Problem gelöst. Was mir gut gefällt ist, dass es in der Schule auch viele chinesische Mitarbeiter gibt, die perfekt deutsch sprechen. (Vielleicht sogar besser als ich). Mit denen kann man dann über die Unterschiede zwischen den Kulturen diskutieren, da sie ja beide Seiten kennen. Neulich habe ich mein Unverständnis darüber geäußert, dass die Chinesen uns immer ständig anstarren. Da hat die eine chinesische Betreuerin gelacht und mir erzählt, dass sie mit einem Österreicher verheiratet ist und der auch seine Erfahrungen damit gemacht habe. Dieser hätte nämlich in einem Fitness-Studio trainiert und sei natürlich nach dem Sport mit den anderen Besuchern des Studios duschen gegangen. Völlig ahnungslos. Als er dann selbstverständlich nackt unter der Dusche stand, habe der Rest der Duschfraktion um seine Dusche erst einmal einen Halbkreis gebildet, um zu schauen...

Andere Bereiche neben der Schule bereiten mir da schon eher Schwierigkeiten. Ständig bekomme ich Rechnungen über Telefon, Gas, Wasser oder Strom und manchmal lassen sie sich einfach nicht bezahlen. Dann schicke ich sie per Foto zu meiner Vermieterin, die mich dann aufklärt, dass es sich um eine Empfangsbestätigung für die letzte Zahlung handelt. Es macht mich einfach nervös! Zu groß ist die Sorge, dass uns Wasser oder Strom abgestellt wird, weil ich zu langsam bin. In Rumänien wurde oft das Telefon abgestellt und erst dann die Rechnung geschickt. Auch eine gute Methode, um schnell an sein Geld zu kommen.

Einkaufen ist immer noch aufregend. Bei Carrefour in der Fischabteilung habe ich mit meinem Einkaufswagen fast einen Plastikbehälter gerammt, wo drei Wasserschlangen mich böse angeschaut haben. Die drei von der Tankstelle?! Der Verkäufer war sichtlich amüsiert und ich frage ihn wild gestikulierend, ob die Schlangen denn beißen würden, was er mit wildem Kopfnicken bestätigt. Ob ich die Schlangen denn kaufen möchte; was ich mit heftigstem Kopfschütteln verneine. Mittlerweile stehe ich vier Verkäufern gegenüber, die mich überzeugen wollen, dass Schlange eine wirkliche Spezialität ist. Alle reiben sich den Bauch. Aber ich bin einfach nicht zu überzeugen. Kröten gibt es heute nicht. Dafür hüpft eine Kröte quer durch unseren Garten und ich frage mich, wo sie denn herkommen mag. Natürlich gibt es hier viele Gewässer, aber vielleicht ist sie auch einfach aus einer Küche ihrem Schicksal entflohen. Ich bin erschrocken und fasziniert gleichzeitig und warte auf

Kater „Tom", um meiner Sensationslust zu frönen. Der tut mir den Gefallen aber leider nicht und so hüpft das Essen davon.

Frohen Mutes bestelle ich mir Hortensien im Internet, da das Foto wirklich vielversprechend aussieht und der Preis unschlagbar günstig ist. Zwei Tage später liegt ein unscheinbares Paket vor der Tür: Es sind tatsächlich Hortensien darin, aber winzige Setzlinge und von einer Blütenpracht, wie auf dem Foto, keine Spur. Es ist schon schlecht, wenn man das Kleingedruckte nicht lesen kann. Mein Fehler! Nach den Ferien gibt es endlich den Sprachkurs, auch wenn ich große Zweifel habe, ob ich jemals Chinesisch lernen werde. Aber man kann ja nicht vor seinen eigenen Problemen davonlaufen! Außerdem bin ich viel zu unsportlich dafür.

Die Kinder haben Ferien und sind bei Markus in Ninghai, damit ich mich auf die nächste Klausur vorbereiten kann. Meine gute Seele Julia lädt mich zum Abendessen ein, damit ich das Haus überhaupt mal verlasse, und Mister Z. versteht nicht, warum ich nicht zum Supermarkt fahre.... Ich bin ein wenig gestresst, da die Vorbereitungszeit für dieses Doppelmodul wirklich knapp wird und ich berechtigte Sorgen habe, ob das Internet diesmal gnädig ist oder nicht. Vorsorglich mache ich vor der Klausur noch einen Technikcheck. Es scheint alles gut zu sein. Kamera, Mikrofon und Internet funktionieren ohne zu murren. Freundin Ronja möchte ganz genau wissen, wann ich mit der Prüfung fertig bin, und ich soll unbedingt anrufen. Gut, werde ich tun. Süß, wie alle mitfiebern. In der Nacht habe ich gar nicht schlafen können und ich ärger mich, dass die Prüfung erst um neun Uhr stattfinden soll. Endlich ist es aber soweit und ich melde mich zum Online-Test an. Der Lautsprecher knackt, mehr aber nicht. Keine Videoübertragung. Ein weiteres Fenster öffnet sich auf dem Bildschirm und es erscheint eine Chatfunktion.

Freundlich werde ich auf Englisch informiert, dass der Coach mich weder sehen noch hören könne! Und ich solle doch bitte den PC herunterfahren und neu starten. Mir läuft der Angstschweiß! Wurde ich doch beim letzten Mal informiert, dass so eine Option nicht in Frage kommt und als Fehlversuch gewertet wird. Ebenso, falls ich den Raum verlassen würde. Weitere fünf Minuten schreibt der Unbekannte freundlich auf mich ein. Ich solle mir keine Sorgen machen. Nee, ist klar! Ich mach mir doch nie Sorgen hier! Aber so kommen wir nicht weiter und ich fahre den PC wieder herunter und versuche einen Neustart. War irgendwie klar, dass ich nicht mehr in das Programm reinkomme. Nachdenklich glotze ich den Bildschirm an, als unten in der Küche das Telefon klingelt. Und es hört nicht auf. Was tun? Warten, ob sich das Bild aufbaut oder nach unten laufen und den Raum verlassen, was man ja auf keinen Fall tun sollte? Nach einer gefühlten Ewigkeit eile ich dann doch nach unten. Es ist der Coach aus Indien. Wo ich denn bleiben würde. Und was auf dem Bildschirm zu sehen ist. Scherzkeks! Ich erkläre ihm, dass mein Telefon ein Unikat aus den 1970 er Jahren ist und ich damit genau nicht durch das Haus laufen kann. Gelächter an der anderen Seite. Ich mache wohl Witze. Klar, kurz vor der Prüfung bin ich die Frohnatur in Person. Nach ewigem Hin- und Hergerenne plus vielen Technikversuchen höre und sehe ich endlich meinen Coach und ich kann endlich meinen Studentenpass, Reisepass und den spickerfreien Raum zeigen. Selbst die Schreibtischunterlage muss ich hochheben, um die Unterseite zu präsentieren. Ich frage mich ernsthaft, wie sollte ich Informationen auf der Rückseite derselbigen Unterlage während der Klausur lesen können, wenn doch meine Tastatur darauf steht und ich die ganze Zeit über mit Adlersaugen beobachtet werde. Auch der Fußboden wird inspiziert. Mittlerweile sind meine Augen viel zu schlecht, dass ich auf die Idee kommen würde, mir Hilfen auf den Fußboden zu schreiben. Wie groß soll ich denn bitte schreiben?! Auf einem Blatt der Größe Din A2? Es ist fast Mittag, als der Coach feierlich verkündet, dass ich nun 90 Minuten für die Klausur Zeit hätte. Müde mache ich ihn darauf aufmerksam, dass es sich doch um ein Doppelmodul handelt und ich 180 Minuten Zeit für die 40 Fragen hätte. Große Ratlosigkeit. Ob ich die Klausur verschieben wolle? NEIN!!!!!

Gerade ist mir alles egal! „Ich schreib auch in der halben Zeit", antworte ich. Schweigen. „Weinst Du?" fragt mein Coach besorgt. Als ich auch das verneine und darauf hinweise, dass in den Raum mittlerweile 40 Grad aufweist und ich wie ein Schwein schwitze, ist er beruhigt und ich kann endlich anfangen. Drei Stunden später schreibe ich meiner Freundin Ronja, dass ich endlich im wahrsten Sinne „durch bin" , worauf sie hoch erfreut antwortet, dass ich doch bitte zu ihr kommen möge, sie habe als Belohnung für die Strapazen uns Jemanden zur Maniküre und Pediküre bestellt. Meine letzte professionelle Pediküre hatte ich in meiner letzten Schwangerschaft, als ich vor lauter Bauch meine Füße nicht mehr sehen konnte.... Und ich habe wirklich große Füße! Nun ja. Ich möchte Ronja natürlich nicht enttäuschen und finde ihre Idee wirklich lieb. Kurzerhand schleppe ich mich unter die Dusche und verbringe den Rest des Tages bei Kaffee, Sekt und Nagelpflege. Mein inneres „ICH" beschließt, dass wir jetzt Semesterferien haben. Selten waren wir uns so einig. Die Dame, die die Maniküre durchführt ist nett, bemängelt aber meine kurzen Fingernägel! Nur Arbeiter und Bauern tragen ihre Nägel so kurz. Wieder etwas gelernt. Ich stehe aber zu meinen kurzen Nägeln und fand die langen Nägel selbst bei den chinesischen Männern eher befremdlich. Nun kenne ich endlich den Grund: Wer gebildet ist und einen Bürojob hat, besitzt weiße Haut und lange Nägel. Bauern und Arbeiter sind immer braun durch die Sonne und haben kurze Nägel, da Landwirtschaft wirklich noch mit den Händen betrieben wird.

Markus und die Kinder kommen aus Ninghai zurück und nicht nur meine innere Sonne geht auf, sondern das Wetter wird auch besser. Sonnenschein satt! Julia bestellt mir auf Wunsch einen chinesischen Strohhut, den ich gleich ausführe, als wir in den „Paulaner Biergarten" gehen. Ein skurriles Bild. Die chinesischen Bedienungen laufen im Dirndl und ich mit einem chinesischen Sonnenhut herum. Was auffällig ist, dass die Bedienung sich die Augen mit Klebestreifen versucht hat, mehr europäisch zu gestalten. Hat aber nicht geklappt...

In unserem Compound bietet sich mir täglich das gleiche Bild: Es ist Sommer und trotzdem ist der Minisupermarkt mit Weihnachtskugeln dekoriert. Im angestaubten Clubhaus hängt ein riesiger Kronleuchter in der Eingangshalle direkt über dem blanken Marmorfußboden, der Ornamente in der Mitte aufweist; genau dort, wo der Kronleuchter aufschlagen würde, wenn er herunterkrachen würde. Keiner von uns läuft über die Mitte des Bodens, denn sicher ist sicher. Am Rand der Halle ist ein Brunnen, wo im trüben Wasser Goldfische ihr Dasein fristen. Ein Schild warnt mich auf Chinesisch und Englisch: „Don't play water". Wenn ich das Schild noch während der nächsten Jahre sehen muss, werde ich irgendwann schon von der grammatikalischen Richtigkeit des Satzes überzeugt sein.

Kater Tom besucht uns mehrmals täglich und fordert mauzend sein Futter ein. Ich versorge ihn regelmäßig mit Flohkuren und desinfiziere Wunden von seinen nächtlichen Streifzügen. Tom zeigt sich dankbar, indem er um meine Beine schleicht und Nähe sucht. Neuerdings macht er auch „Geschenke" und schmeißt mir einen toten

Vogel auf die Fußmatte. Er ist stolz wie Bolle und möchte natürlich gelobt werden.

Es wird immer wärmer und die Kinder freuen sich, dass endlich der Pool seine Pforten öffnet. Den ganzen Tag überwachen Bademeister den Badebetrieb und fischen mit Keschern Blätter und Insekten aus dem Wasser, damit alles sauber ist. Manchmal riecht es nach Chlor und manchmal nicht. In der WeChat Expat Gruppe wird über die Sauberkeit täglich diskutiert, denn neuerdings wird wohl auf Chlor verzichtet, da die Keime mit dem Kescher gefangen werden. Ich frage mich wirklich, ob die Bademeister das glauben oder ob sie sich einen Scherz erlauben. Aber ein sehr energischer Nachbar klärt dies gerade mit dem Management. Eine weitere Debatte ist gerade die neu eingeführte Mülltrennung, was für 100 neue Nachrichten auf meinem Handy führt und ich es stumm schalte. Wer falsch sortiert, muss mit drastischen Geldstrafen rechnen. Letztendlich ist es aber gut, dass China langsam anfängt umweltbewusster zu denken. In Ninghai gibt es sogar einen Automaten, wo man seinen Müll entsorgen kann. Sieht ein wenig aus wie eine Postbox für Pakete. Mit Scanner und allem Schnick und Schnack. Vermutlich muss man sogar seine Personalausweisnummer angeben oder zumindest seine Telefonnummer. Das sind aber alles Vermutungen, da das Gerät nur auf Chinesisch beschriftet ist. Chinesen lieben Technik! Im Supermarkt fährt ein Roboter herum, der mit den neusten Sonderangeboten bestückt ist und die Kunden mit seiner schrillen Stimme vollquatscht und sogar verfolgt.

Da die Kinder acht Wochen Sommerferien haben, kommt so langsam Langeweile auf. Paula heult, weil sie kein Fahrrad bekommt. Sie möchte mit dem Fahrrad zur Schule fahren, stürzte aber schon mehrfach mit ihrem Roller, so dass ich dachte, ich müsste die Wunden im Krankenhaus versorgen lassen. Es wird aber leider kein

Fahrrad geben. Sie findet das sehr ungerecht und auch die Tatsache, dass ihre eine Freundin nun den dritten Straßenhund zu Hause aufnehmen durfte und sie nicht einmal EINEN Hund hat. Neulich war die besagte Hundefamilie über das Wochenende verreist und Paula hat sich zum Hundesitten einspannen lassen. Alle drei Stunden müssen die Hunde raus. Tagsüber waren die Biester brav und haben Paula freundlich begrüßt, am Abend hingegen hat der eine Hund zähnefletschend sein Haus verteidigt und Paula traute sich nicht mehr hinein. Markus und ich haben Paula begleitet, wollten aber auch nicht unbedingt gebissen werden. Also kurzerhand den Vater angerufen und mitgeteilt, dass er doch bitte eine andere Lösung finden soll. Nun musste die Ay-i leider am Wochenende arbeiten ...

In Shanghai ist alles möglich! Also habe ich mich auch wenig gewundert, dass von unseren chinesischen Freunden eine Einladung zum Schlittschuhlaufen im Hochsommer kam. In einem riesigen Einkaufszentrum war die Eisfläche zwischen Restaurants und Läden wie ganz selbstverständlich angelegt. Ich selbst habe nie Schlittschuhe besessen, aber die Kinder waren über diese Abwechslung hocherfreut. Dummerweise habe ich ausgeplaudert, dass ich als Kind Rollschuhe hatte. Also musste auch ich aufs Eis. Chinesen sind auch in ihren Freizeitbeschäftigungen sehr ehrgeizig und viele Kinder auf dem Eis hatten ihren eigenen Coach dabei. Das war auch für mich interessant. Ich konnte mir so einiges abschauen und habe den Nachmittag unbeschadet und mit viel Spaß überstanden.

Weniger lustig war die kürzliche Wartung unserer Klimaanlagen. Zwei chinesische Handwerker sollen sämtliche Geräte reinigen und die Flüssigkeit austauschen, denn die Klimaanlagen riechen irgendwie nach muffiger Sportumkleide und meine Nase ist leider sehr sensibel. Das erste Gerät befindet sich direkt über unserem Fernseher im Wohnzimmer. Zwar haben die beiden Hansel eine Leiter dabei, stellen sich aber Beide auf die marode Fernseheranrichte. Ich schwitze Blut und Wasser, da uns das Schränkchen nicht gehört und unsere Ay-i Lou schimpft wie ein Rohrspatz, was aber auch nichts hilft. Im Schlafzimmer lassen sie die Flüssigkeit aus der Klimaanlage in einen Eimer laufen. Das Wasser ist kohlrabenschwarz, was der eine Handwerker mit seiner Handykamera dokumentiert. Was die Zwei aber nicht beachten ist, dass die schwarze Brühe über die beigefarbene Schlafzimmerwand läuft und hässliche Spuren hinterlässt. Es ist mir zu ruhig im Haus und ich verlasse den Schreibtisch, um zu sehen, was los ist. Mein Gefühl trügt mich nicht. Die Wand ist völlig versaut! Vor lauter Schreck spreche ich jetzt auf Deutsch mit den Unglücksraben. „Und wer macht die Sauerei nun wieder weg?" pampe ich sie an. Die zwei Nasen geben sich gelassen und einer putzt mit einem Taschentuch an der Wand herum und der andere erklärt mir, dass nun Mittagszeit ist und er nach Hause müsse. Schließlich wartet seine Frau mit dem Essen. So schnell kann ich gar nicht reagieren, wie er das Haus verlässt. Mir bleibt der Mund offenstehen und ich schicke meiner Vermieterin ein Foto von der Wand. Die reagiert gelassen und meint, sie könne mir morgen einen Maler vorbei schicken, was ich aber dankend ablehne. Danach ist bestimmt der Fußboden ruiniert und mein Bedarf an Handwerkern ist erst einmal gedeckt. Wütend putze ich die Wand wieder sauber und bin sogar einigermaßen zufrieden mit dem Ergebnis.

Nebenbei klöne ich mit Lou über Kindererziehung und stelle fest, dass es keine großen Unterschiede gibt. Immer wenn Lou ihrem Sohn etwas sagt, wie: „Bitte fahr vorsichtig!" Verdreht er die Augen und sagt: „Weiß ich doch!" Er wird demnächst in einer anderen Stadt studieren und Lou wird ihren Sohn begleiten, was hier in

China durchaus üblich ist. Böse Zungen sagen natürlich, dass eine Ay-i solche Gründe immer gerne vorschiebt, wenn sie einen besseren Job gefunden hat. Aber ich glaube meiner Lou, da sie verspricht, mir eine neue Ay-i zu suchen. In der nächsten Woche kündigt sie die neue Ay-i an, denn die Zeit drängt, und sie möchte sie noch einarbeiten.

Unsere neue Ay-i heißt Hanling und ist die Nichte von Lou. Sie ist eine kleine und schüchterne Person und traut sich kaum, mir in die Augen zu schauen. Sie hat sich extra hübsch angezogen und Lou drillt sie im Militärton, wie man Hemden bügelt. Sie tut mir leid und ich übersetze ihr dank meiner Sprach-App, dass sie keine Angst zu haben braucht und wir uns bestimmt gut verstehen werden.

Die Kinder brauchen Aufmerksamkeit und ich fahre mit ihnen und drei weiteren Kindern in ein Achterbahnland. Der Freizeitpark steht einem deutschen Park in nichts nach. Vielleicht nimmt man es mit den Sicherheitsvorkehrungen nicht so genau. Es gibt eine Achterbahn, die senkrecht nach unten geht, da hat sich schon einmal ein Bügel geöffnet und wir sind uns alle einig, dass wir diese Achterbahn nicht nutzen wollen. Es gibt aber auch genug andere Fahrgeschäfte und mutig steige ich auch in die meisten ein. Paulas Freundin Manling (die chinesisch spricht), ist auch dabei und wundert sich sehr, dass wir uns mit Sonnencreme einreiben. (Und trotzdem einen Sonnenbrand bekommen) Das kennt sie nicht. Auch kennt sie es auch nur von Erzählungen, wie Chinesen auf blonde Menschen reagieren. Nun erlebt sie es selbst, wie die Leute starren und mit dem Finger auf uns zeigen und reden. Ich frage sie, was die Menschen in der Warteschlange über uns sagen, aber Manling hüllt sich in Schweigen. Sie ist ein sehr, sehr höflicher Mensch. Einige junge Männer versuchen, mit Paula ins Gespräch zu kommen, und beraten sich, wie man dies auf Englisch formulieren kann. „Where do you come from?" „Nice to meet you!" Ich grinse vor mich hin. Als das Gespräch aber in Richtung: "You are soooo beautiful" geht, stelle ich mich dazwischen. Mum is watching you. Spaßbremse! Später bespreche ich mit Paula die Auswahl ihrer Kleidung. Hotpans finden wir beide dann doch etwas zu knapp und Paula bekommt leichte Sommerhosen und einen knielangen Rock. Ich will noch keinen pickeligen Schwiegersohn haben!

Markus schlägt sich derweilen mit anderen Problemen herum. Sein Kardiologe möchte ihn ins CT stecken, um zu sehen, ob alle Arterien richtig arbeiten. Vier Ärzte und drei Schwestern tüddeln an ihm gleichzeitig herum. Trotzdem platzt wohl ein Gefäß in seinem Arm bei der Kontrastmittelgabe und sein Arm ist hinterher ziemlich dick. Eine halbe Stunde soll er noch zur Beobachtung bleiben, dann darf er wieder nach Hause. Ein paar Tage später ruft ein Arzt an: Es gäbe wohl eine Auffälligkeit mit einem Herzgefäß... aber das würde Markus dann von dem zuständigen Kardiologen erklärt bekommen. Good bye und aufgelegt. Markus schaut verdutzt sein Telefon an. Na, ja! Wenn es schlimm wäre, hätte der Arzt nicht so salopp seine Kurzdiagnose gestellt, beruhigt er mich.

In diesem Sinne, muss ich auch schon wieder zum Ende kommen. Bleibt alle gesund und munter.

Beste Grüße, Eure vier Shanghainesen

„Wie ist es eigentlich, wenn man nach zehn Monaten Shanghai wieder nach Deutschland kommt?" Nun, mein erster Weg führte mit dem Fahrrad zu Rossmann und Penny und ich kam mir sehr allein vor! Die Straßen waren wie ausgestorben. „Wo sind die alle? Ist hier in der Nähe eine Bombenräumung, von der ich nichts gehört habe?" Nein, es sind noch Ferien in Niedersachsen, Glück gehabt.

Die Befürchtung, dass mir unser Haus nun viel zu klein vorkommt, bewahrheitet sich nicht und auch keine Staubmassen sind in unserem Eigenheim vorzufinden. Die Therme springt sofort wieder an und auf dem Esstisch stapeln sich Berge von Post, die wir zu bearbeiten haben. Unsere Nachbarn haben fleißig den Briefkasten geleert und sich auch sonst sehr gut gekümmert. In der Weihnachtszeit zierte sogar eine Lichterkette unser Fenster, wie ich freudestrahlend informiert werde. Was will ich mehr?!

Nach der Durchsicht der Post stelle ich fest, dass uns eine Rechnung „durchgerutscht" ist. Zunächst bekommen wir eine freundliche Erinnerung, aber von Monat zu Monat werden die Mahnungen immer aggressiver, bis man uns rechtliche Schritte androht. Wer weiß, hätten wir noch länger gewartet, hätte wohl ein glatzköpfiger Mister Propper-Verschnitt uns wohl noch Prügel angedroht. Nach einem kurzen Telefonat werden wir aber aufgeklärt, dass die Rechtsabteilung wegen 28 Euro nicht gegen uns ermitteln wird. Eine fette Mahngebühr ist fällig, die wir zähneknirschend am selben Tag noch begleichen.

Es ist schön, wieder zuhause zu sein. Meine Schwiegereltern haben sogar nach vorheriger Ankündigung Unkraut gezupft und den Rest erledigt ein Gartenbauunternehmen, was wir verpflichtet haben, ab und zu den Rasen zu mähen und was sonst noch nötig ist.

Die drei Urlaubswochen in der alten Heimat vergehen wie im Flug. Täglich haben wir Termine, wie Arztbesuche, und natürlich treffen wir auch Familie, Freunde und Arbeitskollegen. Es ist so, als ob wir nie weg gewesen wären. Nach kürzester Zeit sind wir auf dem neusten Stand, denn auch unser Umfeld hat viel erlebt: Beziehungen gingen in die Brüche, neue wurden geschlossen; Diagnosen wurden gestellt und blöde Krankheiten weiter bekämpft; Jobs wurden verloren und neue Zukunftspläne geschmiedet. Es ist schön, (fast) alle wieder einmal getroffen zu haben! Die Nachbarschaft organisiert sogar eine Grillparty und kommt deswegen sogar eher aus dem Urlaub zurück. Fünfzehn Kilo Mitbringsel aus China haben wir mitgebracht, aber noch mehr Güter werden sich auf den Rückweg nach Shanghai machen: Meine Skripte (Die Fernuni hatte doch ein Einsehen, mir die Skripte auch nach Hannover zu schicken), ein neuer PC und Unmengen an Büchern und Lakritze.

Auf den letzten Metern unseres Urlaubes, auf dem Weg zu unserem Mietauto knicke ich um und merke sofort, dass mein Fuß mir das sichtlich übelnimmt. Auf dem Weg zum Flughafen nach Frankfurt bin ich froh, nicht selbst fahren zu müssen. (Habe das Autofahren zum Glück nicht verlernt!) Meine Gedanken kreisen noch um die vielen Gespräche und Begegnungen. Am Flughafen treffe ich noch eine weitere Freundin, die mittlerweile in der Nähe von Frankfurt wohnt. So wird auch diese Wartezeit am Flughafen nicht langweilig und ich versuche nebenbei, mir einen Salat reinzuschaufeln, was nicht einfach ist, wenn man sich viel zu erzählen hat.

Ich humple zum Gate und lasse mich saugend in den zu kleinen Sitz der Economy-Class fallen. Air China ist doch eher etwas für kleine, zierliche Chinesen und nichts für uns langbeinige Europäer, wie ich erneut feststellen muss. Zum Glück sitzen wir alle zusammen, denn so eng neben einer fremden Person zu sitzen, würde mir eher weniger zusagen. Hinter mir sitzt ein kleiner chinesischer Junge, der mit seinen Großeltern verreist, wie ich noch öfter während des Fluges feststellen muss. Wir haben die Wahl zwischen „Chicken and rice" oder „Pork with potatoes", wobei es eigentlich, genau wie beim Hinflug auch, natürlich nur ein Gericht gibt. „Chicken" is empty. Was soll's.... Nach dem Essen ist es mittlerweile schon spät am Abend, was den kleinen Jungen hinter mir aber nicht zu stören scheint. Dieser ist putzmunter und drückt mir seine Knie in den Rücken. Mein Fuß schwillt weiter an und meine Chucks sind in der Zwischenzeit mit Sicherheit zwei Schuhgrößen zu klein geworden. Kurzerhand entledige ich mich meiner Schuhe und versuche ein wenig zu schlafen. Kurz nach zwei Uhr nachts schrecke ich hoch; der kleine Bastard hinter mir singt chinesische Volkslieder! Das ist nüchtern kaum zu ertragen! Ich wecke notgedrungen meinen Mann und wir steigen über unser brav schlafendes Kind hinüberweg, um etwas zu trinken zu beschaffen. Auf Socken stehe ich vor einer dicken Matrone von Stewardess und traue mich kaum, nach einem Glas Weißwein zu fragen. Weißwein ist natürlich auch wieder „empty" und wir bekommen dann einen Rotwein im Plastikbecher. Ich mag keinen Rotwein und erst recht nicht im Plastikbecher. Mittlerweile spüre ich meine Beine nicht mehr, aber es tut gut, einmal stehen zu dürfen. Missmutig werden wir darauf hingewiesen, dass wir hier nicht herumstehen dürfen. Die Matrone ist nicht zum Scherzen aufgelegt und bestimmt kann sie mit Sicherheit ALLE asiatischen Kampfsportarten und vielleicht auch noch Sumo ringen... Ich flüchte mich auf die Bordtoilette, wo das Händewaschwasser natürlich auch „empty" ist. Wir pressen uns wieder in unsere Sitze und ich warte mit seifenverschmierten Händen auf das pappige Frühstück.

Stumm schaue ich meinen Mann an. Dieser nickt: „Keine Langstreckenflüge mehr in der Economy Klasse!"

Wieder in Shanghai angekommen, zwänge ich mich in meine zu kleinen Schuhe. Mister Z wartet mit frisch gefärbten Haaren am Ausgang. Grau gefiel er mir irgendwie besser! Und das Geld wäre in eine Zahnreinigung auch besser angelegt. Aber er muss sich gefallen und nicht mir.

Zu Haus erwartet uns die nächste Überraschung: Handwerker haben ein marodes Regal aus der Wand entfernt und den Flur und das Wohnzimmer ziert eine dekorative Staubschicht. Dafür ist das Regal in der Wand aber auch nicht fertig! Ein Rechteck präsentiert sich mitten in der Wand. Was soll das denn bitte sein?! Ein Durchgang? Vielleicht können wir uns einen Chinesen zur Dekoration dort hineinstellen. Immerhin hat das „Regal" in Deckenhöhe einen Spot in dem weißmarmorierten Ungetüm. Die Wände ringsherum wurden neu gestrichen und an die noch feuchte Wand unsere Wandpflanze geschoben, welche nun an derselbigen klebt. Meiner Bitte, die Lichtleisten auszutauschen, wurde leider nicht nachgegangen. Immerhin funktioniert die Klimaanlage, was auch dringend nötig ist. Eine Dusche täte nun gut, wenn wir denn warmes Wasser hätten... Markus zündet die Therme neu und nach der ersten Verpuffung bequemt sich das Gerät dann doch zu heizen.

Nach der Duscheinheit beschließen wir einkaufen zu gehen und treffen wieder auf die ersten Chinesen, die sich ihr T-Shirt bis unter die Arme geschoben haben und ihren Bauch nackt spazieren tragen. Eine chinesische Klimaanlage eben. Im Supermarkt an der Kasse wird unser Wagen von den wartenden Menschen genaustens inspiziert und kommentiert mit „oh" und „ah".... Ich muss mich wohl erst wieder daran gewöhnen, hier völlig fremdartig zu sein. „Die Langnasen haben Käse eingekauft.... Ist ja widerlich!"

Auch in Shanghai stapeln sich die monatlichen Wasser-, Telefon- und Gasrechnungen, die ich auch wie immer überhaupt nicht verstehe. Unsere Ay-i hilft mir aber auch diesmal und ich fühle mich ziemlich unprofessionell. Ein Leben als Analphabet ist nicht erstrebenswert. Umso trauriger bin ich, dass unsere Lou mich ab heute verlassen wird und demnächst in einer anderen Stadt wohnen wird. Aber sie verspricht mir, mich zu besuchen, wenn sie mal wieder in Shanghai ist. Sie gestikuliert mir ein Telefon und sagt: „UuuuUrdaaaaa! Lou is Shanghai!" Ab morgen kommt dann Lou's Nichte, die ich „Lingling" nennen soll. Die spricht sogar ein bisschen Englisch, sagt sie zumindest.

Mein Schlafrhythmus ist völlig durcheinander durch die Zeitverschiebung. Aber es ist wirklich sehr schön, um 5.30 Uhr morgens joggen zu gehen und den Menschen im Park bei ihren Yoga ähnlichen Übungen im Schlafanzug zuzuschauen. Als ich gerade in einen Park einbiegen will, der auch einen Bauernhof beherbergt, stelle ich fest, dass sich der Kettenhund aus seiner Hütte losgerissen hat. Schwanzwedelnd kommt er auf mich zugelaufen und leckt meine schwitzigen Hände ab. Da freut sich aber Jemand, mal „Gassi gehen" zu dürfen. Mir ist heiß und das kommt nicht nur vom Joggen. Als ich weiterlaufe, treffe ich auf eine Katze, die fast komplett weiß ist. Nur ein schwarzer Fleck ist an der Oberlippe zu erkennen: Sie sieht aus wie Hitler! Armes Tier! Grimmig schleicht sie an mir vorbei. Umso mehr freuen sich die Wachmänner an der Schranke, als ich vorbei jogge und völlig verschwitzt mich auf unserer Terrasse hinsetze und feststellen muss, dass unser Mandarinenbaum schon die ersten Früchte trägt.

Am Abend wird sich meine Laune schlagartig verschlechtern: Die Zensur für das Doppelmodul ist online. Da es sich um mein Lieblingsmodul handelt (Methoden und Instrumente der sozialen Arbeit), erwarte ich eigentlich eine Bestnote. Umso enttäuschter bin ich, als mir eine 2,3 entgegenglotzt. Ich bin ein wenig fassungslos. Fassungslos ist auch Markus, dass ich mich so gar nicht freuen kann. Mein Notendurchschnitt geht auf eine 1,9 runter und es wird auch nicht besser werden, wenn ich mir so die nächsten Module anschaue... Da ich in meinem Fernstudium so ziemlich alleine bin (bekomme WhatsApp immer noch nicht installiert), weiß ich natürlich auch nicht, wie meine Mitstudenten denn so abschneiden. Auf Facebook prahlen sie natürlich alle, wie gut sie doch sind. Dankbar erinnere ich mich aber an die Aussagen von zwei ehemaligen Mitschülerinnen vom Kolleg, die mir ehrlich sagen, dass sie sogar schon durch Klausuren durchgefallen sind und dass das einfach auch dazu gehört. (Danke, Ihr Lieben!) Überhaupt war das eine gute Idee, in Deutschland mal wieder die alte Schule zu besuchen und gemeinsam im Chor zu trällern, um die neuen elften Klassen zu begrüßen. Der Schulleiter regt mich auf: Er zeigt ein trübes Bild mit einem steinigen Weg= Der Weg zum Abitur. Ist ja auch viel Wahrheit dran, aber muss man das gleich am ersten Tag sagen?! Am liebsten hätte ich den Schulleiter unterbrochen und den „Neuen" erzählt, wie viele neue und interessante Menschen ich durch die Schule kennenlernen durfte und wie viel Spaß wir hatten... Nach dem Begrüßungsakt der neuen Frischlinge fragt uns der Schulleiter, was wir denn so machen und ob ich denn auch am Abend zur Begrüßung der Neuen am Abendgymnasium käme, was ich aber verneine! Die gleiche Rede erneut muss ich mir nicht geben und ich antworte, dass ich am Abend zu betrunken sein werde, um noch zur Schule zu gehen. Der Schulleiter zischt ab und wir machen uns auf den Weg zu einer Kneipe, die ich bisher noch nicht kannte. Die Happy Hour von 10-12 Uhr haben wir gerade verpasst, schade...

Wieder in Shanghai zurück muss ich mich natürlich auch den Aufgaben widmen, die alle Eltern haben: Elternabend in der Grundschule. Natürlich schauen alle Eltern schnell weg, wenn es um die Wahl zum Elternvertreter geht. Ganz ehrlich: Ich studiere, mache ein Praktikum und bin in der Woche quasi alleinerziehend. Andere sitzen Zuhause und lassen ihre Ay-i den kompletten Haushalt allein machen, inkl. Kochen. Ich frage mich ernsthaft: WAS machen die den ganzen Tag??? Zumindest lassen sie sich nicht zum Elternvertreter wählen. Aber letztendlich muss das Jeder für sich entscheiden. Drückeberger!

Gleich fahre ich zu Chinapost! Auch wieder so ein Ritual: Ein Paket nach Deutschland zu schicken, es von dem Beamten von der Post durchwühlen zu lassen, und das ganze Postamt schaut zu. „Was verschicken die Langnasen denn da?" Aber was tue ich denn nicht alles, damit sich eine ehemalige Kollegin freut. (Und ich meinem Mann versprechen muss, dass das aus Kostengründen nicht mehr in Frage kommt...)

In diesem Sinne: Viele liebe Grüße, Urda

Der Alltag hat uns wieder! Die Kinder werden immer selbstständiger und ich beschließe, dass unsere jüngste Tochter Sophia auch einen Haustürschlüssel bekommen soll, da ich wenig Lust habe, den ganzen Tag zu Hause zu verbringen, um sie hereinzulassen. Ein Schlüsseldienst muss her, um eine Kopie von meinem Haustürschlüssel anzufertigen. Aber woher nehmen? Mister Zhan, die gute Seele, hilft mir auch diesmal: Ganz in der Nähe, auf dem Gemüsemarkt, soll es einen findigen Schlüsseldienst geben. Eigentlich kenne ich den Markt mittlerweile ganz gut, aber einen Schlüsseldienst hatte ich bisher noch nicht erspähen können. Kurzerhand kommt er einfach mit, um uns das Geschäft zu zeigen. Das Business entpuppt sich als Stand, der aus zwei angestaubten Vitrinen besteht, die bei uns eher auf dem Sperrmüll zu finden wären.

Ich zeige meinen Haustürschlüssel vor und der Verkäufer sucht in dem Durcheinander seiner Vitrinen nach dem geeigneten Rohling, was von Mister Zhan genau beobachtet wird. In den Hallen ist es brüllend heiß, was keinen, außer uns Langnasen, zu stören scheint. Schnell ist der richtige Schlüsselrohling gefunden und der findige Verkäufer schließt einen alten Schrank auf, um ein Präzisionsgerät zur Schlüsselherstellung auf den Thekentisch zu hieven. Mein Originalschlüssel wird eingespannt und der Rohling ebenso. Um das Ganze auf eine Ebene zu bringen, wird der Zwischenraum zwischen Schlüsselrohling und Gerät mit einen Stück Pappe ausgestopft. Ich muss erwähnen, dass dieses Hightech-Gerät mit Sicherheit aus den 1930-Jahren stammen und bestimmt schon sehr viele Schlüssel kopiert haben muss. Ich bin skeptisch und mein Missmut soll mich bestätigen: nach einigen Minuten des Wartens ist der Schlüssel fertig und wir sollen nach Hause fahren, um den neuen Schlüssel an der geöffneten Tür auszuprobieren. Der Mechaniker ist wohl selbst nicht unbedingt von seiner Arbeit überzeugt und er soll Recht behalten; der Schlüssel passt nicht und wir fahren zurück, um den Schlüssel nachbessern zu lassen. Erneut kramt der „Experte" seine Maschine aus der rostigen Vitrine und schließt das Gerät wieder an den Stromkreis an. Es ist erwähnenswert, dass die Wundermaschine an mehrere Verlängerungskabel angeschlossen werden muss, die sich in der Höhe der maroden Hallendecke an einen Stromverteiler anschließen. Direkt über dem Kabelsalat am Stromverteiler tropft Wasser auf die Kabellage, wie wir schockiert feststellen müssen. Na, ja. Wer auf Kurzschlüsse steht...

Aber es scheint alles gut zu gehen und es stört niemanden weiter. Direkt nebenan in der Halle bietet sich ein anderes Bild: dort sitzt eine ältere Dame in einer Art Garage mit Rolltor auf einem Gartenstuhl, in Kittelschürze mit einem Strickzeug und schaut chinesisches Fernsehen. Im Hintergrund ist eine Küche zu sehen. Ob sie dort wohnt? Wir wissen es nicht.... Sie scheint aber zufrieden und immerhin hat sie es zum Einkaufen nicht all zu weit. Als unser Schlüssel endlich nachgebessert ist, gehen wir durch die heißen Hallen wieder zurück zum Auto mit Klimaanlage. Der Schlüssel passt selbstverständlich immer noch nicht, was mich wenig wundert. Auf dem Tresen lagen zwar Werkzeuge, wie Schubleere und Tasterzirkel, diese wurden aber erfolgreich ignoriert, was sich rächen sollte: Am Montag stehe ich schon wieder in der Halle und zeige meine Schlüssel vor. Ich schlängle mich an verschiedenen Verkaufsständen vorbei, deren Gerüche mir fremd sind; an einer Wäscheleine hängen gebratene Hühner und die Verkäufer bieten lautstark ihre Waren an. Die hohen Decken zieren Fliegenfänger, die voll mit diesen sind. Es ist der dritte Versuch, um einen Schlüssel für Sophia zu bekommen. Auch heute werde ich nicht erfolgreich sein. Es ist wieder heiß, aber die Frau des Mechanikers lässt mich auf ihrem Stuhl vor einem Ventilator Platz nehmen, was ich dankbar annehme. Durch meine Sprach-App können wir über das Wetter plaudern und es kommen sofort neugierige Leute vorbei, die sich fragen, was wir uns zu erzählen haben. Ich erkläre, woher ich komme, und entschuldige mich, dass ich kein Chinesisch spreche und dass es hier wirklich heiß ist. Die Menge nickt verständnisvoll. Ich erkläre, dass es in Deutschland im Winter manchmal sogar schneien kann. Ein Mann zeigt mir ein Foto auf seinem Handy mit Schnee in China. Wir haben auch Schnee, aber nur in den Bergen, wo seine Eltern leben, erklärt er mir.

Der Schlüssel ist fertig und fast tut es mir leid, dass wir uns schon wieder trennen müssen. Aber wir werden uns bestimmt wiedersehen, da der Schlüssel natürlich immer noch nicht passt. Leider bewahrheitet sich meine Vermutung. Wenn ich aber schon einmal hier bin, kaufe ich noch Obst und Gemüse ein. Ich ordere vier Möhren und die Verkäuferin packt mir 6 Möhren ein. Das gleiche Spiel wiederholt sich bei den Gurken. Natürlich wiegt die clevere Verkäuferin erst, nachdem sie die Ware in die Tüte gepackt hat. Das gleiche Prozedere ereignet sich auch am nächsten Stand, wo ich Pflaumen einkaufe. Clevere Geschäftsidee! Zudem bekomme ich noch ein Bund Petersilie aufgedrängt, das gibt es in China selten und Europäer lieben Petersilie, werde ich aufgeklärt. Wieder etwas gelernt.

Wieder Zuhause treffe ich Kater „Tom". Er hat Hunger und stürzt sich auf sein Futter. Als Dank pieselt er gegen unsere Haustür. Revier markieren. Also ganz ehrlich: Wenn ich auf alles pinkeln würde, was mir gehört…Ich sehe mich schon bildlich auf unserem Autodach sitzen. Aber das letzte Auto war geleast und man soll sich ja nicht mit fremden Federn schmücken. Zudem, was würden unsere Nachbarn dazu wohl sagen?!

Nach dem Abendessen, es ist mittlerweile schon dunkel, klopft es an der Haustür. Eine Polizistin mit extremem Überbiss steht vor der Tür und möchte wissen, wie viele Personen im Haushalt leben und ob wir einen Babysitter haben. Noch reichlich irritiert von der Zahnfehlstellung zeigen wir unsere Pässe vor und sagen, dass wir keinen Babysitter haben. Irgendwie muss ich an meine Lehrerin in der Berufsschule denken, die auch einen extremen Überbiss hatte; allerdings im Unterkiefer. Böse Zungen haben sie „Aschenbecher" getauft oder gemeint, dass sie bei Regen nicht rausgehen sollte, da es in den Mund hineinregnen könne.... So hat Jeder seine Sorgen und ich vereinbare für Paula einen Termin beim deutschen Kieferorthopäden. Später fällt mir ein, dass die Polizistin ja vielleicht unsere Ayi meinen könnte. Besorgt frage ich beim Management nach und werde informiert, dass ich unsere Ayi unbedingt anmelden muss. Ich kläre dies mit meiner alten Ayi, die das für mich gleich organisiert, die Gute! Denn wer möchte schon Probleme deswegen mit der Polizei haben. Lou lebt mittlerweile in einer anderen Stadt und schickt mir voller Stolz ein Video von ihrer neuen Wohnung. Sie fühlt sich wohl, vermisst aber die Kinder und mich, was ich sehr lieb finde.

Ich brauche nicht zu erwähnen, dass unser Wohnzimmerregal immer noch nicht fertig aufgebaut ist und auch unsere Klimaanlage im Schlafzimmer müffelt weiter vor sich hin. Zum Glück regnet es und mit dem Regen wird es immer deutlich kälter, so dass wir im Moment die Klimaanlage nicht nutzen müssen. Unsere Vermieterin habe ich überzeugen können, dass ein neues Gerät her muss und sie hat es sogleich im Internet bestellt. Nur die Handwerker geben sich hochbeschäftigt und haben für mich keine Zeit! Aber ich denke inzwischen auch chinesisch und verschiebe meine Gedanken auf den nächsten Tag. Die Vermieterin will mich besuchen und chinesische Mondkekse und Rotwein vorbeibringen. Das tut Cherry immer, wenn sie uns bei Laune halten will. Vielleicht sollte ich ihr erzählen, dass unsere Therme fast wöchentlich ausfällt und ich jedes Mal Blut und Wasser schwitze, dass mir diese nicht bei den vielen Gasverpuffungen um die Ohren fliegt...

Vielleicht wäre dann auch noch eine Flasche Prosecco drin. Rotwein mag ich ja nicht besonders gerne und auch Mondkekse mit ihren komischen Füllungen sind mir eher suspekt. Von Fleisch bis Rührei soll ja alles dabei sein und man kann auch ein Vermögen dafür ausgeben. Aber ich habe keine Lust auf weitere Debatten oder weitere Baustellen, dusche auch kalt, wenn ich keine Lust auf ein Wiedersehen mit der Therme habe, und verschiebe das Problem auf den nächsten Tag.

Wir haben schon lange geplant, einmal in die heißen Quellen von Ninghai zu fahren. Markus bleibt kurzerhand vor Ort und wir Mädels holen ihn ab, um das Wochenende mit viel Urwald und Ruhe zu verbringen. Das Resort befindet sich mitten im bergigen Wald, der die bekannten heißen Quellen zu bieten hat. Da kann man als Tagestourist einen Badetag verbringen oder, so wie wir, sich in eine Hütte mitten im Wald einmieten. Diese präsentiert sich sehr spartanisch. Zwar gibt es ein richtiges Bad mit allem Schnick und Schnack, sowie gemütliche Betten sogar mit Moskitonetz, aber einen Kühlschrank suche ich vergebens. Vor dem Häuschen präsentiert sich auf der hauseigenen Terrasse eine Art Whirlpool, nur ohne Sprudelfunktion. Der Wasserhahn ist ein spuckender Fisch aus Beton. Keine Ahnung, wie ich den kotzenden Fisch finden soll, benutze ihn aber als Profilbild bei Facebook. Den mitgebrachten Sekt kühlt mein kreativer Mann kurzerhand im Waschbecken und wir traben erst einmal in die eigentlichen heißen Quellen, die sich weitläufig verteilen.

Überall sind riesige gemauerte Badewannen in die Landschaft gesetzt; fügen sich aber malerisch ein und sind verbunden mit Holzstegen, die teilweise sogar überdacht sind.

In der Hotellobby kann frau sogar Bademode erwerben. Diese ist so gar nicht europäisch, sondern ähnelt eher kurzer Strandkleidung. Ich fühle mich in meinem Badeanzug „underdressed" und bin froh, dass ich keinen Bikini eingepackt habe. Ich löse mein Kleidungsproblem mit den hoteleigenen Bademänteln und stapfe frohen Mutes von Wanne zu Wanne. Kaum platzgenommen, kommt ein Bademeister und versorgt uns ungefragt mit Tee in Pappbechern. Wie sollte er uns denn auch fragen, wenn wir doch immer noch kein Chinesisch sprechen. Auch die Beschilderung macht mir Probleme: Auf der Suche nach einer Toilette, bin ich doch glatt falsch abgebogen und stehe nun im Bademantel hinter der Hotelrezeption...

Verschreckt benutze ich die Toilette in der Hütte, wo sich das Papier nicht wegspülen lassen will. Nun ja! Ich komme mir wie im Wald vor. Irgendwie hat die Toilette doch Mitleid mit mir und nach diesem Geschäft lasse ich mich in den nächsten Pool plumpsen, in dem schon einige Männer sitzen, die sichtlich Spaß haben. Ich erfahre sofort am eigenen Leibe warum: Im Wasser befinden sich Unmengen von Fischen, die sich hungrig auf die Gäste stürzen, um Hautschüppchen abzuknabbern. Ein mutiger Gast lässt sich einen Fisch in seine Hose schwimmen und filmt das Ganze mit seinem Handy. Ich blicke fast ein wenig mitleidig auf meine Füße, die vor lauter Fischen kaum mehr zu sehen sind. Die Kinder quietschen vor Vergnügen, Markus geht gleich wieder aus dem Wasser und auch ich verlasse das Becken, als ein Vieh beginnt, an meinem Hintern zu kauen. Sophia kommentiert dies wenig diplomatisch: „Die Fische knabbern überall dort am Körper, wo sie meinen, wo etwas ZUVIEL ist..." Unverschämte Tierwelt!

Der Nachmittag vergeht viel zu schnell und wir gehen in unsere Hütte, um chinesische Nudelterrinen zu essen. Löffel hierfür hat Markus irgendwie organisiert und auch Gläser für den Prosecco, den ich unbedingt jetzt brauche. Die Hütte riecht etwas muffig, aber wir schlafen zufrieden ein. Wasser macht müde. Am nächsten Morgen lassen wir uns mit einem Golffahrzeug zum Haupthaus bringen. Dort gibt es ein ganz passables Frühstück und gestärkt fahren wir mit einem Taxi zurück in Markus' Apartment, um von dort aus zum Bahnhof weiterzufahren.

Es ist meine erste Fahrt mit dem Zug und es ähnelt vom Aufwand eher einem Flug: Wir müssen unsere Reisepässe vorzeigen und auch unser spärliches Gepäck wird durchleuchtet. Kurz bevor der Zug einfährt, dürfen wir mit unserem Ticket das Gate passieren. Dann müssen wir uns auf einem angewiesenen Bereich einreihen, denn hier geht nichts durcheinander. Das gefällt mir eigentlich sehr gut. Jeder, der das System kennt, weiß, wo er hingehen muss. Auf dem Aufgang zum Bahnsteig werden wir durch ein Schild gewarnt: „Caution, Slip!" Aha! Frei nach dem Motto einer guten Freundin: „Don`t slip on the slips, they are very slippery...." (Danke, Kaya, für die Übersetzung!)

Der Zug fährt pünktlich ein und ich bin fasziniert! So etwas gibt es in Deutschland nicht. Leider. Im Zug geht es wuselig zu. Eine Zugbegleiterin verkauft lautstark Obst und Erfrischungen. Paula lernt Vokabeln, Sophia und Markus üben Mathe und ich lese seit Monaten endlich wieder mal ein Buch.

Am nächsten Tag schicken wir die Kinder zur Schule und ich fahre gemeinsam mit Markus in sein neu gestaltetes Großraumbüro, was er mir stolz zeigt. Es wirkt hell und freundlich und ist klar strukturiert. Ich gehöre aber nicht hier hinein und möchte auch keine Sonderrechte. Geduldig warte ich bei „Starbucks" und widme mich meinem Studium. BWL ist angesagt. Am Ende des Arbeitstages habe auch ich viel geschafft, Zuhause hätte ich wohl eher den Backofen gesäubert o.ä. Wer kennt das Phänomen nicht, alles putzen zu wollen, wenn man doch lernen soll?!

In diesem Sinne schließe ich für heute und grüße aus dem verregneten Shanghai.

Die Zeit rennt... Und ich habe gerade festgestellt, dass ich seit drei Monaten schon nicht mehr geschrieben habe! Nicht, dass nichts passiert wäre! Bei uns ist nun auch endlich Winterwetter und das von heute auf morgen mit einem Temperaturfall von 20 Grad. Die letzten Wochen waren wirklich angenehm vom Wetter und wir konnten noch einige Chilis und Mandarinen ernten, wobei bei Letzteren wir uns nie sicher waren, ob sie nun reif sind oder nicht. Das macht aber nichts, da das Rätselraten jäh ein Ende fand, als unser Mandarinenbaum plötzlich ohne Früchte dastand. Am Vortag fragte noch eine Ayi vom Management, ob sie nicht ein paar „JUZI" haben könnte. Tatsächlich ist mir diese Vokabel mittlerweile bekannt und bevor ich groß antworten kann, staune ich nicht schlecht, wie schnell eine ca. 50- jährige Frau mit einer schlechtsitzenden Zahnprothese wie eine Katze den Baum hochklettern kann.

Wo wir gerade beim Thema „Katze" sind: Mittlerweile haben wir die nächste Katze auf unserer Terrasse wohnen. Bisher von Markus nur geduldet, nun sehr willkommen. Grund des Sinneswandels meines Mannes: Die Tatsache, dass ich kürzlich eine Schlangenhaut in unserem Garten gefunden habe. Hier gibt es viel Gewässer! Also auch Begleiterscheinungen, wie Kröten,

Frösche und Mäuse. Ein perfekt gefüllter Kühlschrank für jede Schlange. Unsere Vermieterin behauptet zwar, dass es hier keine Schlangen gäbe, wir wurden aber schon eines Besseren belehrt, da ein „Schlange-auf-Baum-Foto" im Chat seine Runde machte. Aber die Tierwelt hat hier einiges zu bieten: Paula hat den Müll herausgetragen und dabei in eine haarige Raupe gegriffen. Sofort hatte sie Schmerzen und Ausschlag, der zum Glück mit einer Cortisonsalbe aus der Hausapotheke schnell wieder verschwand. Nach meinem Verständnis hätte ich gerne nichts im Garten, was vier Beine hat, wenig, was acht oder sechs Beine besitzt und auf keinen Fall ohne Beine ausgestattet ist. So viel zu meinen momentanen Wünschen.

Aber wir haben auch schon Erfahrungen mit chinesischen Medikamenten machen dürfen. Der Hustensaft ist sehr lecker und helfen tut er auch.

In dem Büro in Ninghai hat eine frische Absolventin der Universität für chinesische traditionelle Medizin ihre Dienste angeboten. Schließlich braucht die gute Frau doch Berufspraxis! Warum nicht bei der Firma meines Mannes?! Markus leidet unter Nackenverspannungen und erhofft sich Linderung durch die junge Ärztin, die leider kein Wort englisch sprach. Diese hatte für eine Woche im Besprechungsraum nebst ihrer Auszubildenden ihre Praxis aufgeschlagen, um alle Mitarbeiter (die sich trauten) zu behandeln.

Intimität oder Schweigepflicht im Arztzimmer? Fehlanzeige! Bei Markus' Behandlung waren diverse Kollegen mit im Raum und haben sich jedes Mal gefreut, wenn mein Mann vor (Massage)schmerzen das Gesicht verzogen hat. Nach derselbigen, Elektroschocks und glühenden Watteröllchen darf er nach einer Stunde wieder gehen...

Als ich mich über diese Tatsache der fehlenden Privatsphäre bei meiner Chinesischlehrerin beschweren will, ernte ich Unverständnis. „Das ist doch selbstverständlich, dass der Patient seine Familie oder Kollegen mitbringt! Die müssen doch wissen, wie sie den Kranken zu Hause beim Genesungsprozess unterstützen können!" Klar, beim nächsten Arztbesuch bringe ich auch meine gesamte Sippe mit. Gerade Einblicke beim Gynäkologen sind bestimmt sehr gefragt.

Aber auch auf andere Lebensfragen weiß meine Chinesischlehrerin Antwort: In China werden Vornamen nicht nach dem Klang vergeben, sondern nur nach Bedeutung oder nach Wünschen, die man seinen Kindern mit auf dem Weg geben möchte. Ich stutze, denn unsere Ayi heißt: "Lingling!" Ling steht für die Ziffer „0". Wer in aller Welt, nennt sein Kind „00"?! Wobei bei einer Ayi kein schlechter Werbeslogan: „Lingling steht für die Hygiene im WC... Lingling und alles ist okay..." Auch hier weiß es Lehrerin Sonia natürlich besser. Ling=klug. Na, schön. Ein Wort, mehrere Bedeutungen. Man kann seinem Kind selbstverständlich auch eine Mischform aus den eigenen Vornamen geben. Dann würden unsere Beiden Kids Marurda oder Urkus heißen. Hübsch! Nun stellt sich für mich gleich die Frage, was die Namen meiner Lieben denn für eine Bedeutung haben. Sonia gibt sich diplomatisch: Paula bedeutet geistreich und auf die Namen weiterer Familienmitglieder geht sie irgendwie nicht ein.

Die Kollegen nennen Markus aber liebevoll „Onkel Ma". Wobei „ma" aber die Frageform im chinesischen ist. Vielleicht fragt er auch einfach zu viel bei seinen Kollegen.... Aber wer weiß das schon?!

Aber auch in anderen Belangen werde ich durch meine kluge Lehrerin informiert: „teitei" bedeutet Ehefrau, Ehemann hingegen „lao gong"= alter Mann. Nicht nett, aber ein schöner Kosename, wie ich finde.

In China sollte man nie einen grünen Hut verschenken, da dies bestätigt, dass der Partner der beschenkten Person einen Liebhaber hat. Aha! Bisher habe ich zum Glück noch keinen Hut verschenkt und auch noch keine Uhr, denn damit wünscht man den Empfänger ins Jenseits, indem man ihm durch die Blume sagt, dass seine Zeit nun doch endgültig abgelaufen sei. Nur so am Rand, falls jemand ein passendes Weihnachtsgeschenk sucht.

Weihnachtstraditionen finden Chinesen sehr interessant. Meine Lehrerin ist sehr erfreut über einen Schokoladenadventskalender und erkundigt sich nach weiteren Ritualen. Ich habe Kekse gebacken und zeige ihr stolz ein Foto. Sie ist enttäuscht, dass diese alle schon auf einem Basar verkauft worden sind. „Wie schmecken denn die und was sind dort für Zutaten drin?" möchte sie gerne wissen. Zimt ist in China durchaus bekannt. Aber Zimt im Kuchen oder Gebäck findet sie sehr ungewöhnlich, das gehört doch in Fleischgerichte! Als ich ihr von Glühwein erzähle, ist sie sichtlich angeekelt. „Warmer Rotwein mit Zimt?! Das ist doch ein Märchen..." Aber Spekulatius aus dem Paket von meiner Mutsch findet sie passabel. Die Unterrichtszeit vergeht immer viel zu schnell, da wir unsere unterschiedlichen Kulturen einfach spannend finden. Ich habe berechtigte Zweifel, ob ich jemals Chinesisch lernen werde. Die Grammatik ist sehr einfach, wird aber von der Aussprache getoppt. Ich habe jedes Mal einen Knoten in der Zunge, räche mich aber mit deutschen Wortspielen: „Die Katze tritt die Treppe krumm", kann sie sagen. Bei „Blaukraut bleibt Blaukraut und Brautkleid bleibt Brautkleid", gibt sie auf. Deutsch ist aber auch schwer. Allein „DER; DIE und DAS" Und warum heißt es: „DAS" Mädchen? „Die" wäre viel logischer... Was habe ich mich mit Grammatik und Lyrik am Abendgymnasium herumgequält. Wobei unsere „Ausländer" die Grammatik an sich besser beherrschten als wir Muttersprachler. Was hab' ich mich früher darüber aufgeregt, wenn ausländische Patienten seit gefühlten Ewigkeiten in Deutschland gewohnt haben und immer noch kein Wort Deutsch sprachen. Heute kann ich ihnen nachfühlen und schäme mich fast für meine Ungeduld. Hier haben die Chinesen viel Geduld mit uns „Langnasen", was ich sehr sympathisch finde. Wieder in Deutschland werde ich mich bessern!

Weniger begeistert bin ich von den ungewohnten Absprachen im Straßenverkehr: Wenn in Deutschland ein Autofahrer mir eine Lichthupe zeigt, weiß ich, dass er mir den Vortritt lässt. Hier in Shanghai bedeutet dies das komplette Gegenteil: „Achtung! Hier komme ich! Mach Platz!" Wobei man sich glücklich schätzen kann, wenn zwei Scheinwerfer überhaupt funktionstüchtig sind. Neulich wurde ich am Abend fast von einem unbeleuchteten Roller überfahren. Auf dem Roller ein Mann, natürlich ohne Schutzhelm, dafür aber mit weißer Chefkochmütze! Aha, hier fährt der Chefkoch also noch selbst. Frei nach dem Motto: „Platz da, hier kommt das Essen!" Und Essen ist hier sehr wichtig! Ein Meeting in der Mittagszeit?! Undenkbar. Bis spätestens 12 Uhr muss man bei Tisch sein, wenn man denn die Speisekarte versteht. Zum Glück gibt es aber oft schon diverse Speisekarten mit Bildchen. Ansonsten hilft eine Übersetzungs-App. Die kann aber auch Mängel haben, wie wir schon öfter feststellen konnten.

Aus Spaß hat sich Paula in der Bibliothek ein Buch über solche Missgeschicke mit Speisekarten ausgeliehen. Unser Favorit: „Onion-rings" Frei übersetzt: „Zwiebel ruft an!" Ist ja auch irgendwie logisch.

Paula mausert sich zum Teenager. Heimweh hat sie nicht mehr. Natürlich vermisst sie ihre Freunde und Verwandte, aber sie ist gut beschäftigt. Wir stellen uns alltäglichen Fragen, wie man sich die Beine rasiert und was sonst gerade anfällt. Die Klassenfahrt war ein voller Erfolg und die Kinder haben insgesamt schon deutlich mehr von China gesehen als wir. Ein gewisser Unmut kommt in mir hoch. In der Grundschule hatte ich früher noch gar keine Klassenfahrt gemacht und Sophia unternimmt diverse Kanutouren. Ihre Lehrerin ist aber auch jung und sportlich. Meine Grundschullehrerin war gefühlte 100 Jahre alt und dick. Das Boot wäre bestimmt abgesoffen. Also alles okay. Ich schließe mit Paula Wetten ab, ob es nach der Klassenfahrt das erste Liebespaar in der Klasse gibt. Obwohl ich guter Dinge war diese Wette zu gewinnen, verliere ich eine Tafel Schokolade an Paula. Der Sozialarbeiter fragte vor der Klassenfahrt, was die Schüler sich von der Klassenfahrt erhoffen. Prompte Antwort: „Dass keiner schwanger wird!" Schweres Schlucken seitens des Sozialarbeiters. Ich finde die Arbeit am Gymnasium irgendwie auf einmal viel spannender als in der Grundschule. Aber immerhin habe ich mich vom Kindergarten schon zur Grundschule hochgearbeitet. Der Sozialarbeiter kauft eine Anti-Familienpackung Kondome und Karotten für die Oberstufe zum Üben. Zuhause vergisst er seinen Einkauf und seine Ayi räumt die Einkäufe weg. Wie es sich gehört: Karotten in den Kühlschrank und Kondome ins Schlafzimmer... Nun, ja.

Der Leistungsdruck in Paulas Klasse ist hoch. Es gibt die verhasste Chemieklausur zurück und es gibt nur eine Eins (die sich Paula erarbeitet hat. Naturwissenschaften hat sie nicht von mir geerbt, aber vielleicht die Liebe zum Schreiben. Der Lehrer von der Schülerzeitung ist ganz verliebt in ihren Schreibstil.) Die anderen Mitschüler in Chemie müssen sich mit den anderen Noten zufriedengeben oder besser gesagt, deren Eltern; Eine Mutter ist über eine „Zwei" förmlich ausgeflippt. „Du wirst irgendwann auf der Straße landen, wenn Du weiter solche schlechten Zensuren nach Hause bringst". Ich hingegen denke, dass er nicht allein auf der Straße sitzen wird! Ist er doch in guter Gesellschaft, wenn doch die ganze Klasse auf der Straße landen wird.

Sophia möchte hingegen schon lieber Weihnachten in Hannover verbringen. „Zur Not würde sie sogar laufen", bietet sie an. Wir erklären ihr, dass dies ein ziemlich weiter Weg ist, der sogar über Russland führen würde. Sophia stellt fest, dass von dort eine Freundin kommt und man vielleicht einen Zwischenstopp einlegen könne. Markus winkt ab... „Uropa ist im Krieg zu Fuß nach Moskau gelaufen, das ist wirklich weit weg!" Sophia staunt: „Wirklich?! Mit einer Keule?" Der Krieg ist aber auch schon sehr lange her.

Wir fahren zwischendurch nach Ninghai und Ningbo, da unser Visum verlängert werden muss und die dazugehörige Arbeitserlaubnis in Ningbo beantragt werden muss. Die Stadt ist brandneu und scheinbar ein Vorzeigeobjekt der Architektur, denn jeder Chinese schwärmt davon. Ich amüsiere mich lieber über den Namen unseres Agenten: „Dong". Mit Vornamen: „Ding". Kein Witz!

Zwischendurch erholen wir uns wieder in den heißen Quellen von Ninghai. Nach dem Besuch in der Badelandschaft bekommen wir diesmal als Tagesgäste Schlafanzüge angezogen. Ich als einzige Frau mit einem Männerschlafanzug falle wirklich auf, aber in die kleinen Kinderschlafanzüge der Damen passe ich nicht rein. Ich werde genau beobachtet: Welches Shampoo benutze ich? Bin ich rasiert oder nicht.... Wer es wissen will: Die chinesische Weiblichkeit ist NICHT rasiert. Nach dem Besuch in der Therme gehen wir in eine Einkaufspassage. Wir haben uns ja schon immer gefragt, ob die Chinesen denn eigentlich wissen, was in englischer Sprache auf ihrer Kleidung als Spruch steht. Heute habe ich allerdings ein spezielles Highlight: Auf einem T-Shirt steht der Schriftzug: „Christiane F." Aber ich gehe einfach davon aus, dass der Chinesin einfach die Farbe des Shirts gefallen hat und sie das Buch der „Kinder vom Bahnhof Zoo" nicht kennt. Das habe ich früher verschlungen. Nach den ganzen Erziehungsratgebern (die eh nicht geholfen haben) in der Babyzeit meiner Kinder war ich Dieselbigen satt!!!

Am nächsten Tag verkrümele ich mich in einem Buchladen, der eine große Fensterfront und Lesetische davor angeordnet hat. Die Strukturen sind klar und das brauche ich für mein nächstes Studienmodul „BWL". Man kann Getränke und sogar Essen bestellen und ich bin schnell vertieft in den optimalen Bestellzeitpunkt und anderen Grafiken, als plötzlich ein Zettel auf mein Skript geschoben wird: In Bleistiftschrift wird mir in perfektem Englisch mitgeteilt, ob ich nicht einen schwarzen Stift ausleihen könne. Die Lehrer würden keine Aufzeichnungen in einer anderen Farbe dulden... Ich schaue erstaunt in das Gesicht einer jungen Chinesin. Ich gebe ihr natürlich den Stift und später bedankt sie sich wieder mit einem Zettel in schönster Handschrift:" Dear Madam! Thanks for your generous and timely help. I hope that you will have a good time in China. Every foreign vistitors is shown the warmest welcome. God bless you." Ich schenke ihr meinen Stift und stelle später fest, dass sie noch etliche schwarze Stifte dabeihat und einfach mit mir ins Gespräch kommen wollte. Aber es ist völlig okay und ich freue mich über Begegnungen wie diese.

Der nächste Tag beginnt mit einer Joggingeinheit für Markus und mich. Er möchte mir „seine" Stadt zeigen und wir joggen auf einen Berg. Die Aussicht ist phänomenal und ich kann verstehen, dass mein Mann sich hier wohl fühlt. Unten am Berg steht ein Tempel und wir werden von einer älteren Dame mit einer Handbewegung eingeladen, doch in die Tempelanlage zu kommen. Wir sind ziemlich verschwitzt und ich fühle mich ein wenig unwohl, als ich mit Joggingkleidung und

Wasserflasche den Altarraum betrete. Trotz der Sprachdifferenzen werden wir aufgeklärt, dass hier jede Familie ihren eigenen Gott zum Anbeten hat. Und tatsächlich: auf endlosen Regalen stehen goldene Gottheiten aufgereiht mit einer Nummer darauf, damit man seinen Gott auch wiederfinden kann. Zwar sind diese reichlich staubig, das tut der Sache aber keinen Abbruch. Neben dem familieneigenen Gott gibt es auch größere Figuren für bestimmte Zuständigkeitsbereiche: Familie, Liebe, Finanzen u.s.w. In China geht es sowieso alles nach Zuständigkeitsbereichen, wie Markus oft feststellen muss. Was ich schön finde, ist, dass man seine Sorgen oder Wünsche aufschreiben und unter der jeweils zuständigen Figur anheften kann. Später verbrennen die Priester dann die Zettel in einem speziellen Behälter. Sobald der Zettel verbrannt ist, ist das Problem oder Anliegen auch verbrannt. Warum habe ich nicht meine BWL-Skripte dabei? Dann hätte ich ein Problem weniger...BWL wird mir noch große Rückenschmerzen bereiten.

Wieder in SH frage ich mich, ob diese Stadt eigentlich Kläranlagen besitzt. Gesehen haben wir bisher keine. Wohin eigentlich mit der ganzen Sch... von so einem großen Gebiet?! Auf den Feldern riecht es nach Dung und ich habe so eine Vorahnung... Zu Hause zurück begrüßt mich unser Kater „Tom" mit Katzenyoga: heute die kotzende Katze. Ich schreibe einen Einkaufszettel. Ein Arbeitskollege von Markus kommt zu Besuch aus Deutschland und hat seinen halben Koffer voll mit Vollkornbrot und anderen Leckereien. Für diesen Aufwand bin ich so unendlich dankbar! Kollege Jörn hat selbst mit seiner Familie über sieben Jahre in Shanghai gelebt und weiß genau, was wir hier brauchen. Aber ich wollte doch zum Einkaufen! Todesmutig kaufe ich eine Lilienwurzel, die gar nicht so übel schmeckt, und Nudeln für einen Nudelsalat. An der Kasse sitzt vor mir ein kleiner Junge im Einkaufswagen mit einem Maschinengewehr und knallt mich erst einmal ab. Wieder zu Hause will ich die Nudeln kochen. Leider schwimmen nebst der Pasta noch viele tote Käfer im Nudelwasser. Anscheinend waren die Nudeln beim Kauf mit Käfern oder Eiern verunreinigt. Planänderung: es gibt Melonensalat mit Minze und verbranntem Fisch.

Kollege Jörn kommt zum Grillen vorbei und wir haben einen gemütlichen Abend. Wir scheitern daran, für Jörn ein Taxi zu bestellen. Ich laufe zu unserer Compound-Schranke und hoffe auf die Hilfe von den Wachmännern. Da ich sie ja regelmäßig mit Schokolade verwöhne, bin ich bekannt und sie reißen sich förmlich ein Bein für mich aus. Ich soll nicht in der Kälte stehen und so wird mir Tee und ein Sitzplatz im Pförtnerhäuschen angeboten. Da das Taxi aber nicht für mich ist, gehe ich zu unserem Haus zurück in der Hoffnung, dass das Wachpersonal mich richtig verstanden hat. Und tatsächlich: wenig später kommt ein Taxi vorgefahren, gleich mit einem Wachmann, der dem Taxifahrer den Weg durch das Labyrinth zu uns gezeigt hat. Der Taxifahrer ist extrem freundlich und präsentiert stolz seine Englischkenntnisse.

Die Zeit sitzt mir im wahrsten Sinne im Nacken: Ich mache mir Stress, da ich das Modul BWL immer noch nicht abgeschlossen habe. Ich habe solche Nackenschmerzen, dass ich zum Arzt fahren muss. Es wird mir ein MRI verordnet, was ich zunächst ziemlich übertrieben finde. Aber es findet doch seine Berechtigung, als sich herausstellt, dass die Bandscheibe zwischen dem fünften und sechsten Halswirbel nicht mehr vorhanden ist und nun die Wirbelknochen aneinander reiben. Ich habe starke Schmerzen und esse Schmerztabletten wie Bonbons.... Der Arzt hat genaue Vorstellungen, wie meine Behandlung ablaufen soll, wenn es nicht wieder von allein besser wird. Zunächst

Spritzentherapie in die Wirbelsäule und wenn das nicht taugt, dann OP mit Versteifung derselbigen. In den buntesten Farben schwärmt er von der Spritzenbehandlung, die wohl einigermaßen kompliziert sein soll. Ich stelle mir gedanklich vor, wie mir mit Filzstift eine Zielscheibe auf den Rücken gemalt wird und Jeder mal zielen darf... Die OP schaue ich mir theoretisch bei Dr. Google an und finde dies kein Stück angenehmer.

Also versuche ich mich weiter mit Schmerzmitteln und melde mich bei einem Osteopathen an, der mich einrenken soll. Das ist weniger lustig, wenn die Wirbel entzündet sind. Ich fühle mich wie bei Tamme Hanken. Erstaunlich, dass ein so kleiner französischer Behandler solche Schmerzen mit seinen bloßen Händen bewirken kann. Er heißt Dr. Peugeot. Hinterher fragt er scheinheilig, wie ich mich fühle.... Ich antworte: „Als ob mich ein Auto überfahren hätte!" Der Arzt hat aber keinen Humor oder ist zu blöd, dass er die Parallele zu seinem Nachnamen nicht kapieren will. Ich besuche ihn ziemlich oft und es geht mir nach und nach besser, so dass ich letzte Woche tatsächlich die Klausur ablegen konnte. Es wird sicherlich keine Glanzleistung werden, aber ich bin froh, dass ich mich nun einem anderen Thema widmen kann. Irgendwie sehe ich wenig Sinn darin, dass ich als künftiger Sozialarbeiter Lagerkostenhaltung oder den optimalen Bestellzeitpunkt errechnen soll. Außerdem bestelle ich doch bei Baopals und das ganz spontan.

Internetbestellungen haben auch so ihre Tücken. Es ist kalt und ich möchte weitere Stulpen haben. Das Objekt der Begierde ist schnell gefunden und ich bestelle EINMAL- Stulpen. Was bekomme ich: Eine Stulpe!!! Ich bin es leid, nicht lesen zu können und gönne mir ein Glas Prosecco. Ein Glas Prosecco löst keine Probleme... Das tut ein Glas Wasser aber auch nicht.

Seit drei Tagen haben wir keine Heizung mehr!!! (Für Chinesen kein Problem. Da muss man sich halt etwas wärmer anziehen...) Ich sitze vor dem PC mit Jacke und Schal. Der Techniker ist bestellt und nun warte ich auf ein Ersatzteil. Als das warme Wasser nun auch ausfällt, bin ich etwas genervt. Aber ich dusche auch kalt. Schade, dass mir Joggen gerade verboten ist! Dabei würde mir wenigstens warm werden. Meine Vermieterin schreibt mir, dass die Klimaanlage auch heizen kann. Ist ja sensationell! Leider ist die Fernbedienung auf Chinesisch beschriftet und ich habe keine Idee, wie ich das Problem lösen könnte. Markus und ich schlafen nun aneinander gekuschelt in einem Bett und die Kinder bekommen eine Wärmflasche... Lösung auf Chinesisch! Am nächsten Morgen bekomme ich eine Anleitung auf Englisch und den Hinweis, dass der Strom nach Mitternacht nur die Hälfte kostet, und die Zimmer werden warm. Problem gelöst.

Das nächste Problem wartet im Garten: wir haben neue Nachbarn, die einen Hundewelpen haben. Die Kinder sind ganz verliebt. Das Problem ist, dass der neue Hund den ganzen Tag allein vor dessen Haustür sitzen muss und er mittlerweile auch Türen öffnen kann. Nun ist bei uns deutlich mehr los und der Kleine tobt in unserem Garten und frisst den Katzen das Futter weg. Diese reagieren sichtlich genervt und wollen nicht mit dem Dackelverschnitt spielen. Es gibt die erste blutige Nase und ich habe wenig Lust, dazwischen zu gehen. Ich suche das Gespräch mit den Nachbarn und hoffe, dass sie Englisch oder Französisch sprechen. Die Teitei des Hauses ist freundlich und erklärt mir, dass der Hund nur vorübergehend bei ihnen lebt. Am nächsten Tag das gleiche Bild: Der Hund frisst unser Futter, verteilt die Näpfe im Garten und zerfetzt den Gartenschlauch. Der Fußabtreter ist verschwunden und ich bin ratlos. Ein weiteres Gespräch, diesmal mit dem Hausherrn. Er ist sichtlich zerknirscht, obwohl ich wirklich freundlich bin. Am Abend liegen zwei Kuscheltiere vor unserer Haustür und ein rührender Brief auf Englisch. Der Hund verspricht Besserung und wir mögen bitte nicht böse sein... sind wir auch nicht. Der Hund ist nun vor dem Haus angeleint und zerfetzt gelieferte Pakete. Mir tut er leid, dass er so oft allein ist. Ich habe nun den WECHAT Kontakt zum Besitzer und er lädt uns zu sich nach Hause ein. Ich habe ein gutes Gefühl und hoffe, dass ich nach und nach eine gute Nachbarschaft aufbauen kann und vielleicht ein wenig helfen kann, dass der Hund artgerechter gehalten wird. Zum Nikolaus gibt es von uns erst einmal einen Hundeknochen und Spielzeug. Eventuell bringt der Weihnachtsmann ein warmes Kissen... Aber das braucht alles Zeit, da die Chinesen ein ganz anderes Verhältnis zu Tieren haben als wir. Auch Lingling sieht das ganze eher gelassen: „Der Hund mag Dich!" mutmaßt sie und möchte, dass ich ihm Futter gebe. Ursache und Wirkung nicht verstanden. Aber was will ich erwarten von Jemandem, der erst den Boden wischt und dann fegt. Ich werde ihr noch viel beibringen müssen. Ich bin böse auf Lingling. Sie wäscht anscheinend ihre private Wäsche bei uns, ohne zu fragen. Kürzlich fand ich eine einsame Unterhose in unserer Waschmaschine, die niemandem gehörte. Was aber tun, damit das Gegenüber nicht sein Gesicht verliert?! Englischlehrerin Sonia findet das Verhalten auch nicht akzeptabel und freut sich immer auf die nächsten wöchentlichen Schwierigkeiten, die mir begegnen. Ich hingegen hätte gerne mal eine ruhige Woche. Ich soll sie zur Rede stellen, was ich dann auch gerne tun möchte. Lingling kommt aber um acht Uhr nicht zur Arbeit und gegen elf finde ich, dass ich mal höflich nachfragen darf. Heute würde sie es nicht schaffen. Ach,ja... Da können schon einmal private Anliegen, lästige Dinge, wie Arbeit, abdrängen. Dann halt ein Donnerwetter eine Woche später...

Am Wochenende verbringen wir Zeit im „Wild Animal Zoo", wo der russische Staatszirkus gastiert. Wir waren ganz aufgeregt, da wir schon ewig nicht mehr im Zirkus waren. Die Artisten waren atemberaubend, aber na nu? Das chinesische Publikum klatscht nicht. Anscheinend nicht üblich in China. Somit gab es Applaus vom Band.

Ich könnte diese Mail noch um viele Punkte erweitern, aber sie soll den Rahmen ja nicht sprengen.

In diesem Sinne: Eine schöne Adventszeit und friedliche Weihnachten! Kommt alle gesund und munter ins neue Jahr! Eure vier Shanghainesen!

Markus muss noch arbeiten und so verbringen wir die Zeit bis zu unserem Urlaub in Ninghai. Wir haben fleißig Kekse für Markus 'Kollegen gebacken und diese liebevoll verpackt. Die Verpackung ist fast wichtiger als das Geschenk, erklärt unsere Chinesisch-Lehrerin. Trotzdem lasse ich es mir nicht nehmen, kurz vor Abfahrt Zimtsterne an drei ältere Mitarbeiter des Compounds zu verschenken, die direkt auf einer Bank vor unserem Haus sitzen und sich von der harten körperlichen Arbeit erholen. Es gibt Tee und Zimtsterne bei Sonnenschein und die Freude ist dementsprechend groß...

Gebäck und Kuchen essen Chinesen gerne, kaufen diese aber im Laden oder Konditoreien, da die wenigsten Mitbürger einen Ofen im Haus besitzen. Meist gibt es nur einen dreiflammigen Herd, da zu jeder Mahlzeit gekocht werden muss. Kalte Speisen oder Getränke mögen Chinesen so gar nicht. Es ist daher ratsam, sich explizit ein KALTES Bier zu bestellen, sonst ist es warm. Aber zurück zu Kuchen oder Gebäck: Als ich kürzlich einen Himbeer-Sandkuchen mit in die Schule genommen habe, war eine chinesische Kollegin ganz entzückt: „Ein DEUTSCHER Kuchen!" Wie kann denn ein Kuchen bitte deutsch sein? Glaubt die Kollegin, dass ich während des Backvorgangs die Nationalhymne abspiele?!

Aber zurück nach Ninghai: Auch dort freuen sich alle über die Kekse, die die Kinder verteilen, und es gibt Gruppenfotos zusammen mit uns und den Kekstüten. Solche Fotos sind immer sehr beliebt. Ebenso auch Maßnahmenpläne in Form von Fotos oder Videos, wie ein Aufklärungsvideo über das Verhalten im Brandfall bei Hochhäusern, das uns täglich beim Warten auf den Aufzug informieren soll. Vielleicht gibt es Menschen, die solche Informationen beruhigen, bei uns funktioniert das überhaupt nicht.

Es wird beschrieben, dass man im Notfall ein Sofa aus dem Fenster werfen könne, um dann in unserem Fall aus dem 26. Stock hinterherzuspringen und um auf dem selbigen wieder zu landen. Wem das zu gewagt ist, kann auch sämtliche Bettlaken aneinanderknoten, um sich sportlich abzuseilen. Falls nicht genügend Betttücher vorhanden sind, könne man freundlich beim Nachbarn nachfragen, ob dieser nicht welche ausleihen könne. Das müssten wir dann auch, da Markus in Ninghai nur zwei Spannbettlaken im Schrank liegen hat... Es muss nicht extra erwähnt werden, dass die Fenster sich sowieso nur einen Spalt öffnen lassen. Aber im Notfall schleppt man sein Sofa auch im Alleingang auf den Hausflur und kann sich dessen dort entledigen-

Die Reise von Ninghai bis zu den Philippinen gestaltet sich als sehr anstrengend. Erst 3 ½ Std Autofahrt von

Ninghai nach Shanghai. Zuhause angekommen, finde ich zwar ein liebevoll ausgesuchtes Weihnachtsgeschenk von Lingling vor, aber das Haus hat sie nicht geputzt und auch die Bügelwäsche liegt unbeachtet gestapelt auf einem Stuhl. Was tun?

Ich bedanke mich herzlich für ein beleuchtetes Katzenbild und eine Bonbondose, schreibe ihr aber auch, dass ich enttäuscht bin, dass sie in den letzten Tagen nicht gearbeitet hat.--- Sie schreibt mir sofort auf Chinesisch zurück und die Übersetzung hat es in sich: „Es tut mir leid! Ich kümmere mich darum! Gute Reise! Du wirst ein sauberes Haus sehen. Ich habe versucht, deine nächsten Kleider zu waschen und sie zusammen zu verbrennen (...) Bitte machen sie sich keine Sorgen!" Mache ich nicht.

Wir packen schnell unsere Koffer und Mister Z bringt uns zum Flughafen. Wir schenken ihm zum anstehenden Weihnachtsfest ein Schweizer Taschenmesser und selbstgebackene Kekse. Er strahlt und wünscht uns „happy new year"! Er ist so ein Schatz! Ständig macht er sich Sorgen um mich. Nach den Arztbesuchen weicht er nicht von meiner Seite und geht mit mir zusammen in den Supermarkt, da ich nicht schwer heben soll. Paula schreibt er eine Nachricht, dass sie auf mich achtgeben soll. ---

Am Flughafen warten wir ewig am Check-In Schalter. Die haben die Ruhe weg! Wir verpassen fast unseren Flug nach Manila, hinter uns wird das Gate geschlossen. Das Flugzeug ist extrem voll. Vor uns junge Chinesinnen in Designer-Klamotten, deren rund operierten Augen mit Schlafmasken geziert werden. Hinter uns auch Chinesen, die sich laut unterhalten und im Gepäckfach über mir kramen. Mir fällt deren Regenschirm aus dem Fach auf dem Kopf und ich schrecke aus dem Halbschlaf hoch. „Are you okay? Sorry,sorry...!" Jaaa, ich bin okay, aber genervt von Chinesen.

Vor allem von den Girlies vor uns, die sich wie Diven aufführen. Deren Beruf: reiche Tochter.

Von denen wird keine je gearbeitet haben und ich bin froh, als der Flug vorbei ist und wir zum Anschlussflug hetzen müssen. Endlich am Puerto Princesa angekommen, steigen wir in einen schwarzen Van, der uns in den nächsten sechs Stunden bis El Nido bringen soll.

Wir werden reichlich durchgeschüttelt auf der unwegsamen und kurvigen Straße, an den vielen Blechhütten und Kiosken vorbei.

Nach 24- stündiger Reisezeit sind wir im „Green View" angekommen und ziemlich k.o. Hatten wir nicht zwei Hotelzimmer mit Balkon gebucht?! Nun wohnen wir in einer Basthütte auf Stelzen mit einfachstem Badezimmer. Ich bin aber zu müde, um mir darüber Gedanken zu machen. Das Restaurant soll heute um 17 Uhr schließen, wird uns mitgeteilt, denn dann beginnt die Weihnachtsfeier für die Mitarbeiter. Wir schleppen uns in ein anderes Restaurant, kurz nach 19 Uhr kann ich mich kaum noch auf den Beinen halten und verabschiede mich in unsere Hütte. Draußen tobt das Leben und die Weihnachtsfeier mit dem fiesesten Karaoke. Nicht, dass ich irgendeinen Hotelservice in Anspruch nehmen möchte, aber sämtliches Personal ist am Feiern und nicht einmal der Empfang ist besetzt. Ein Telefon klingelt beleidigt. Wie werden Partys wohl in Krankenhäusern ablaufen? Notaufnahme personalfrei?!

Gegen zwei Uhr in der Nacht fängt ein Hahn an zu krähen! Hier gibt es Hähne aus Prestigegründen: Die Menschen erfreuen sich an Hahnenkämpfen und daher sieht man solche Nervensägen alle fünf Meter angebunden, damit sich die Herrschaften nicht vorher schon an die Gurgel gehen. Im Kampf werden die armen Geschöpfe mit Messern an den Füßen ausgestattet und angeblich dauern manche kämpfe nur Sekunden. Gerade

Männer lieben solche Spektakel und es wird eifrig gewettet. Das Gewinnerteam isst noch vor Ort das Verlierer-Hähnchen. Aber auch andere fremde Geräusche lassen mich nachts hochschrecken. Welches Tier macht solche Laute direkt vor unserer Tür? Am nächsten Tag fragen wir nach, was das wohl gewesen sein könnte... Mit viel Gelächter stellen wir fest, dass es sich um einen Gecko gehandelt haben muss. Hört sich an wie ein Hundequietschspielzeug. Armes Tier!

Ansonsten kann man es hier gut aushalten. 30 Grad und Strand sind ein guter Kompromiss zum norddeutschen Schietwetter. Und tatsächlich ist hier alles weihnachtlich dekoriert und es plärren überall Weihnachtslieder aus den Lautsprechern. Weihnachtsstimmung bei uns? -Keine Spur! Die Kinder haben sich damit abgefunden, dass wir keine Geschenke dabeihaben und erfreuen sich an Schnorchel, Brille und Schwimmflossen, die Oma Helga als Weihnachtsgeschenk gesponsert hat. Weitere Geschenke wird es dann nach dem Urlaub geben.

Uns wurde gesagt, dass die Philippinos unfreundlich sein sollen. Dies können wir nicht bestätigen! Sie sind sehr freundlich und angenehm unaufdringlich! Das Essen ist vielfältig und wird stets frisch gekocht. Da muss sich mein Magen in Geduld üben, denn gehetzt werden mögen die Philippinos gar nicht. Aber das Essen entschädigt für die Wartezeit auf alle Fälle. Ich finde diese Arbeitseinstellung gar nicht so übel. Da kann sich manch ein gestresstes Nordlicht eine Scheibe von abschneiden.

Am nächsten Tag fahren wir mit einem Tuk-tuk zum „Vanilla-Beach". Paula und ich quetschen uns in ein Gefährt, was mit dem Namen „Baby-Fritz" beschriftet ist. Ein Traum von Motorrad mit Beiwagen, der einem Autoscooter gleicht, und das ganze gibt es hier mit Dach. Ich fühle mich wie „Werner Beinhart" und zum Glück ist morgen auch keine Berufsschule. Für umgerechnet drei Euro knattern wir über Berg und Tal und das Gerät muss ganz schön ackern, uns zum Zielort zu befördern. Am Wunschort treffen wir auf Mc Donalds und gönnen uns Softeis und Eiscafe. Vanilla Beach ist ein Traumstrand und wenn man sich ein paar Meter von dem Touristen-hot-spot entfernt, ist man sogar mutterseelenalleine...

Wir lassen uns unter eine Palme plumpsen und schauen ungläubig auf das Meer. Einen so schönen Ort haben wir selten gesehen. Am Strand hat jemand eine Schaukel an eine große Palme gehängt und ich wittere ein schönes Fotomotiv. Die Philippinen sind nicht überlaufen, wie ich finde, wobei wir zum Glück unser Domizil ein wenig abseits gewählt haben. Uns begegnen in erster Linie Paare unter 30 Jahren, ohne Familie, die gerne die größeren Tische im Restaurant mit Meerblick blockieren und wir kleine Tische zusammenschieben müssen, um gemeinsam essen zu können. Aber auch aus der zweiten Reihe ist die Aussicht sehr schön, da die Restaurants an sich offen gestaltet sind; das heißt ohne Fenster und Türen. Somit kann es aber auch passieren, dass sich herrenlose Hunde einfach unter den Esstisch legen, um ein paar Häppchen abzugreifen. Dies wird aber von allen toleriert, da die Hunde sehr relaxt sind. Mich juckt es irgendwie, da sich die Hunde unentwegt kratzen. Der Flohzirkus lässt grüßen!

Unser Weihnachtsessen nehmen wir im „Gandhi`s Revenge", einem indischen Restaurant ein. Der Name ist aber nicht Programm, wie ich erleichtert feststelle. Wir müssen lange warten, was der Laune aber keinen Abbruch tut. Wir blicken von unserem Tisch direkt in die Küche, wo vier Philippiner emsig unser Essen zubereiten. Es riecht fantastisch und ich freue mich, weder Weihnachtsgans zubereiten noch essen zu müssen. Zu trinken gibt es leider nichts, aber wir werden dem Supermarkt verwiesen, der nebenan sein soll. Der angepriesene Supermarkt entpuppt sich als Apotheke, aber auch mit Kaltgetränken. Wie praktisch! So könnte man gleich noch Aspirin kaufen, falls man sein Bier bei den heißen Temperaturen doch nicht verträgt.

Das Leben auf den Philippinen verläuft sehr beschaulich. Jeder geht seinem Tun nach und alles passiert auf offener Straße. Da kann es schon passieren, dass wir plötzlich zwischen Einzelteilen eines Motorrades stehen oder zusehen, wie ein gebratenes Schwein auf einem Tisch am Straßenrand zerlegt wird. Überall laufen Kinder oder Tiere an der Hauptstraße herum und es scheint niemanden zu stören. Fakt ist, dass der Verkehr in China und auf den Philippinen zwar deutlich chaotischer ist, aber die Menschen doch viel mehr aufeinander achten. In Deutschland pocht Jeder (?) auf sein Recht. Da macht es nichts, einen Unfall zu haben, schließlich hatte man doch Vorfahrt... Wir fangen gerade an, unser Vorhaben, in Hannover wieder ein Auto zu haben, zu überdenken. Manchmal ist weniger einfach mehr. Aber das hat noch Zeit.

Auf den Philippinen fahren die Menschen viel mit dem Bus. Und wenn dieser halt voll ist, nimmt man mit Gepäck und Huhn eben auf dem Dach Platz. Hier gibt es kein Maxi-Cosi und vermutlich auch keinen TÜV. Das Leben hier gestaltet sich alles andere als wohlhabend, aber ich schaue durchgängig in glückliche Gesichter. Es braucht anscheinend nicht viel, um im Paradies glücklich zu sein. Wobei es schon etwas befremdlich ist, dass die Menschen teilweise in einfachsten Hütten leben, aber die Kirche Prachtbauten errichten lässt. Mein Verhältnis zur Kirche wird immer schwieriger... Paula wird übrigens am 31.5. konfirmiert, weil sie es sich wünscht. Vielleicht mag Jemand Paula eine Glückwunschkarte schreiben, da würde sie sich bestimmt sehr freuen.

Ich kann aber auch Positives berichten: Ich finde es sehr fortschrittlich, dass es hier keine Plastiktüten gibt.

Die Einkäufe werden liebevoll in Papiertüten verpackt und zugetackert. Cola gibt es in Glasflaschen. Die Bevölkerung lebt hier mit der Natur. Es bleibt zu hoffen, dass die Plastikwelle nicht auch noch die Philippinen erreicht und die Menschen Plastik chic finden. Aber ich denke, dass es auch hier viele kluge Köpfe gibt, die dies verhindern werden. Daher erstaunt es mich nicht, dass es sogar mehrere Universitäten geben soll. (muss bei Gelegenheit unbedingt mal recherchieren, was angeboten wird.)

Nachdem wir uns an das warme Wetter erst gewöhnen mussten, planen wir unsere ersten Ausflüge. Wir mieten uns zwei Kajaks und paddeln zu nahegelegenen Stränden. Ich persönlich finde so ein Kajak ja reichlich eng und trotz Sunblocker und Aqua-Langarmshirt verbrennen wir uns unsere Beine auf der Tour. Einigermaßen entkräftet bringen wir unsere Boote nebst Paddel zur Vermieterin zurück. Sie lacht uns aus, als sie sieht, wie erschöpft wir doch sind und verweist auf ihr zweites Standbein, einen Massagesalon hin. Dort kann man sich für zehn Euro eine Stunde lang massieren lassen.

Wir melden uns für den nächsten Tag zu einer geführten Insel-Tour an, wo wir nicht selbst paddeln müssen, sondern mit einem Boot gefahren werden. Paula fühlt sich immer noch zu schlapp für einen Ausflug und genießt das freie Internet und Hotelzimmer für sich allein. (Erstaunlich, wie schnell Internet in einem Fast-Entwicklungsland funktionieren kann... Wie sehr werde ich es vermissen!) Von Paula hören und sehen wir an diesem Tag nur wenig. Sophia hingegen freut sich über die Tatsache, heute mal Einzelkind zu sein.

Frohen Mutes quetschen wir uns zu dritt in ein Tuktuk, welches uns zum Hafen bringen soll. Ausgestattet mit Sea-pack, Handtuch, Schnorchel und Aqua-Schuhen warten wir auf unser Boot, welches leider ziemlich weit weg vom Ufer vor Anker gegangen ist. Die Brandung ist heute ziemlich stark und Sophia muss fast zum Boot schwimmen, wo ein Team von zwei Philippinos auf unseren Guide und uns wartet. Es ist herrlich, mit dem Boot über das türkisblaue Wasser zu gleiten, und bald kommen wir zu unserer ersten Bucht, die auf dem Ausflugsplan steht.

Die Wellen schlagen mittlerweile ziemlich hoch, als Markus und Sophia das Boot verlassen, und wir sind einigermaßen geschockt, dass die Wellen und die Strömung so stark sind, dass sie Sophia völlig wegspülen und Markus über ein Korallenriff schleifen. Ein blutiges Knie bei Sophia und ein komplett aufgeschrammtes Bein bei Markus sind zu beklagen.

Nun zerrt auch mich der Guide über messerscharfe Steine und Korallen und wie durch ein Wunder komme ich völlig unbeschadet ans Ufer. Unsere Laune ist nicht die beste—wobei die Bucht wirklich sehenswert ist. Wir beobachten, wie weitere Boote mit Gästen anlegen und diese, mit Schwimmwesten ausgestattet, sich an einem Seil ans Ufer ziehen müssen. Da wir Chinesen vermuten, ist davon auszugehen, dass es sich um Nichtschwimmer handelt, und ich finde es schon einigermaßen verantwortungslos, diese einfach ins Wasser zu stoßen. Wir sind schockiert über das Bild, das sich uns bietet.

Irgendwie kommen Sophia und ich wieder heile zum Boot zurück und nur mit viel Glück auch unsere Brillen bzw. Sonnenbrillen. Ich bin ganz stolz auf Sophia, wie gut sie schon schwimmen kann. Markus findet irgendwie keinen Weg zurück und wird mit einem Beiboot zum Schiff gefahren. Ich mutmaße, warum wir bisher nur deutlich jüngere Urlauber gesehen haben... Wobei - am nächsten Strand sehen wir auch eine junge Frau mit blutenden Beinen. Ist der Ausflug einfach nur zu krass? Wir schließen für uns weitere Besuche von Felsklippen aus und werden mit einem leckeren Mittagessen extra für uns am Strand verwöhnt.

Am Morgen stand am Hafen auch ein Pärchen aus unserem Resort wartend auf ihr Boot. Er deutlich 50+, sie ca. 30 Jahre alt, aber mit Handtasche und teuren Designer-Schläppchen. Ich muss den ganzen Tag an die Beiden denken. Sensationslust?

Fast schäme ich mich ein wenig dafür. Ich muss dazu sagen, dass die benannte Dame ein Transgender Mädel ist und ich mich schon immer für Randgruppen interessiert habe. Wobei hier wirklich auffällig viele Transgender anzutreffen sind. In China absolut ein „no go," hier überhaupt kein Problem. Leben und leben lassen, ist auch mein Credo.

Tatsächlich treffe ich die Beiden am Abend wieder und sie sind auch ziemlich geschafft von der Tour. Sie berichten mir, dass es in einem anderen Boot sogar zu einem Todesfall gekommen ist. Glaube ich ungesehen...

Am nächsten Morgen ist „Fellpflege" angesagt. Ich bin verkatert, haben wir doch eine Bar aufgetan, die „Baileys" im Sortiment HATTE. Zudem habe ich unvorsichtigerweise Salat gegessen und da dieser mit verschmutztem Wasser gewaschen wurde, werde ich in den nächsten Tagen viel Zeit haben für Bücher und Körperpflege. Zudem wird die Grundform dieser Mail entstehen, obwohl ich als Vorsatz hatte, mir diesbezüglich keinen Druck mehr zu machen. Nun sitze ich auf einer überdachten Dachterrasse und trinke Tee und Wasser. Der Kaffee hier grenzt aber eh an Körperverletzung, daher verpasse ich nichts.

Um mich herum nur das Personal und erschöpfte Urlauber, die von ihren Ausflügen zurückkommen. Die sandigen Schuhe/Flipflops stehen alle auf der Treppe und somit laufen wir alle barfuß. Ich hasse Socken! Umso mehr genieße ich diese Angewohnheit hier. Allerdings irritiert mich die Tatsache, dass die sogenannten

„Comfort rooms" auch barfuß betreten werden sollen. Hallo?! Wer möchte denn bitte die Waschräume eines Restaurants ohne Schuhe betreten? Badezimmer sind hier sowieso ein Thema für sich. Aus dem Brausekopf kommt nur ein Rinnsal Wasser und Zähne putzen sollte man mit dem Leitungswasser schon gar nicht. Ich freue mich über meine deutsche Zahnseide und vermisse meine Elektrozahnbürste, die in Shanghai auf mich wartet. Aber Abstriche gehören zum Urlaub nun einmal dazu und wir können uns wirklich nicht beklagen.

Das Hotelpersonal ist überhaupt sehr aufmerksam und nennt mich „Mam". Oder doch „Mum"? Gewöhnungsbedürftig. Es gibt aber auch diese Hierarchie beim Personal. Die Chefin ist „Mam" oder Madame oder wie auch immer und die ihr unterstellten Burschen sind „Boy" und auch „Mini Boy" Sie sind alle sehr zurückhaltend, aber, wenn man es zulässt, auch sehr interessiert, was wir machen und woher wir kommen. Mich als Studentin können sie sich so gar nicht vorstellen. Aber das Leben ist jetzt und niemand weiß, wieviel Zeit man noch hat, was wir leider schon öfter feststellen mussten.

Daher macht es wenig Sinn, sich über Dinge aufzuregen, die nicht zu ändern sind. In unserer Abwesenheit hat Lingling unsere Fenster weihnachtlich dekoriert... Eigentlich wollte ich als erste Tat im neuen Jahr das Weihnachtszeug im Schrank verschwinden lassen. Nun herrschen hier weitere drei Wochen Weihnachten, da ich die Idee ja wirklich süß fand und Lingling extra gefragt hatte. Dafür kam sie heute nicht zur Arbeit, sie hatte ihr Auto an einen Freund verliehen und nicht zurückbekommen. Sind meine Augen wirklich so schlecht oder kam sie bisher nicht immer mit dem Roller?! Keine Ahnung, warum ich sie nicht längst gefeuert habe. Vermutlich aus Sympathie zu ihrer Tante, die vorher bei mir gearbeitet hat. Ich solle Lou unbedingt

Bescheid sagen, falls Lingling ihre Arbeit nicht ordentlich macht. Vielleicht sollte ich Lou mal informieren, dass Lingling nun ein Auto fährt... Aber vom Mond aus betrachtet, spielt das Ganze gar keine so große Rolle!

In diesem Sinne: Lasst Euch nicht ärgern. Wir sind über den Jahreswechsel in Vietnam und schlecht zu erreichen... Liebe Grüße!

Einige besorgte Nachrichten von Euch haben mich wegen Corona ereilt und ich bin ganz gerührt, wie sehr Ihr an uns denkt. Wir sind seit Freitagabend wieder zurück in Shanghai. Saigon war eigentlich sehr schön, aber die Anspannung, wie denn alles werden würde mit der Rückreise und wohin überhaupt, war doch ein wenig belastend. Ob wir nun die richtige Entscheidung getroffen haben, wird sich noch zeigen.

Die deutsche Schule in Shanghai bleibt bis zum 16.02. erst einmal geschlossen, ab gestern gibt es Online-Aufgaben, die die Kinder zu erledigen haben, die Lehrer sind in aller Welt verstreut. Sophia hatte sich so auf erweiterte Ferien gefreut. Nun hat Markus einen Stundenplan erarbeitet, den die Kinder einhalten sollen. Auch Sporteinheiten auf dem heimischen Crosstrainer gehören dazu. Die Lehrerschaft hat einen bunten Mix erarbeitet und es liegt nun in unseren Händen, ob wir die Lerninhalte vermittelt bekommen. Anscheinend spielt jeder in seinem Leben eine Rolle und nun bin ich wohl „Hauslehrer" und manchmal auch Löwenbändiger bei dem Zickenkrieg hier. In den letzten Tagen mussten wir zunächst einmal unser Leben ordnen. Zehn Maschinen Wäsche wollten gewaschen werden. Da der Kühlschrank leer war, hat unser Fahrer uns zum Supermarkt gefahren, was nicht selbstverständlich ist. Die Regierung gibt Anweisung, dass Jeder zu Hause bleiben soll. Das ist natürlich gerade für Sophia schwer. Die Straßen und auch der Flughafen sind leer und es wirkt ein wenig geisterhaft. Die Mitarbeiter am Flughafen mit ABC-Schutzanzügen geben mir den Rest, ich fühle mich wie eine Aussätzige. Leider hat sich zudem auch noch die Vogelgrippe angemeldet, was nun wirklich nicht sein muss.

Natürlich wären auch wir gerne nach Deutschland geflogen, aber die Schule macht schon ziemlich Druck. Die Kinder stehen quasi unter Hausarrest, um abzuwarten, ob Symptome auftreten. Viele Familien halten sich aber nicht daran und sind nach Hause oder sonstwo hingeflogen. Die Inkubationszeit beträgt ca. zwei Wochen und kann auch symptomfrei auftreten. Es macht mich ein wenig unsicher, wenn ich im Klassenchat lese, dass manche Familien nun herumdrucksen, dass sie bis Ende Februar nicht zurückkommen können, da die Fluggesellschaften China nicht mehr anfliegen wollen. Der Schulstoff muss ja trotzdem vermittelt werden, was für die Abiturienten sicher hart ist. Die werden dann irgendwie zurückkommen und werden mit großer Sicherheit ihre Kinder sofort wieder zum Unterricht schicken, egal wo sie vorher denn waren, krank oder nicht. Ein Schuljahr verlieren möchte keiner.

Wir möchten Niemanden anstecken und sind bewusst nicht nach Deutschland geflogen. Es wäre nicht mit unserem Gewissen vereinbar, ggf. die Seuche einzuschleppen und die liebsten Menschen im Umfeld anzustecken. Saigon war schon lange geplant und nötig, um sich zu entscheiden, was denn richtig wäre. Wobei diese Reise auch zweischneidig war, wenn man nicht weiß, ob man nun den Virus hatte oder nicht. Wir warten erst einmal ab. Falls sich die Lage aber zuspitzt, gibt es Notfallpläne, die dann greifen werden. Auch wenn wir uns tatsächlich angesteckt haben sollten, werden wir nach Hause geholt. Ich bin gespannt, ob die Schule am 16.Februar wirklich wieder beginnen kann. Fakt ist, ohne Mundschutz verlässt hier keiner das Haus und momentan auch nur Markus und ich, um einzukaufen. Danach kommt sämtliche Kleidung sofort in die Waschmaschine und wir gehen duschen, bevor wir die Kinder anfassen. Die Kirchen sind hier geschlossen, es herrscht Versammlungsverbot. Aber die Pastorin lädt zu Kaffee oder Tee. Sie will gegen den Corona-Virus beten. Soll sie machen, ohne mich! Der Kirchenchat ist begeistert: „So eine nette Geste!" Habt ihr euch das richtig überlegt?

Vietnam hat uns eigentlich gut gefallen. Bei sommerlichen Temperaturen haben wir die Stadt erkundet, die sich von Shanghai sehr unterscheidet. Chinesen lieben Vietnam als Reiseziel, denn für dortige Verhältnisse sind die Chinesen vermögend, was sie auch gerne herauskehren.

Die Straßen Saigons sind voll mit Motorrädern und ich weiß bis heute nicht, wie wir diese überqueren konnten. Na, ja. Letztendlich muss man einfach nur loslaufen. Das Neujahrsfest wurde auch in Vietnam gefeiert und wir konnten von der Dachterrasse des Hotels das Feuerwerk beobachten, was wirklich schön war. Mittlerweile ist es nicht mehr so einfach, dass alle Familienmitglieder im Urlaub auf ihre Kosten kommen. Die Kinder wollen sich kein Hotelzimmer mehr teilen, wo ich das Argument bringe, dass Markus und ich uns ja auch ein Zimmer teilen müssen. Das sehen die Kinder aber ganz anders, da WIR ja schließlich miteinander

„befreundet" wären. Oder vielleicht doch nur „flüchtige Bekannte"?!

Das Neujahrsfest in Saigon findet auf der Straße statt, da die ganze Familie die nächsten Tage zusammen verbringt und die Wohnungen sehr eng scheinen. Noch nie habe ich so schmale Häuser gesehen. Höchstens in Amsterdam vielleicht. Also wird kurzerhand der Tisch auf den Bürgersteig gestellt und das Essen dort eingenommen. Die Musik ist laut und die Stimmung ist gut. Kurzerhand werde ich zum Karaokesingen eingeladen, was ich aber dankend ablehne. Leider landen Essensreste und Müll nach der Party direkt auf der Straße und verweilen tagelang dort. Am nächsten Tag wird der Esstisch eben fünf Meter weiter aufgestellt.... Die Wärme hüllt die Gassen in die verschiedensten Gerüche. Wir treffen Kakerlaken und Ratten, die im Mondlicht das „Jahr der Ratte" einläuten. Eigentlich wollten wir todesmutig alle Straßenstände mit Essen abklappern, aber im Moment steht mir gerade nicht der Sinn nach Durchfall, wenn ich das Fleisch so ungeschützt in der Sonne liegen sehe. Die Zutaten für das Essen sind häufig in Tüten verpackt und hängen am Mofa. Wenn einen nun der Hunger ereilt, wird eben auf dem Boden oder einem fahrenden Esstisch ein Snack zubereitet, der zur Not auch mit demselben zum Zielort gefahren werden kann. Praktisch, aber auch schockierend, wie die hygienischen Zustände hier sind.

Unter einer Brücke ist ein eingezäunter Gemüsegarten und die Besitzerin schläft direkt vor ihrem Beet, als Wachposten quasi. Ob sie ein Zuhause hat, wissen wir nicht. Wenige Meter weiter schlummert ein kleiner Junge auf einer Liege. Ob er wohl zur Schule gehen darf? Ich habe so meine Zweifel, aber vielleicht besucht er auch nur Oma, die vor seiner Liege Gemüse verkauft und fühle mich wie im Auslandsjournal und...

versuche meine Eindrücke in einem Restaurant mit viel Weißwein zu vergessen.

Paula als Konfirmandin hat selbstverständlich die Aufgabe, auch im Urlaub einen Gottesdienst zu besuchen. Der findet sonntags um sieben Uhr am Morgen statt. Da ich aber eher ein Nachtmensch bin, geht Markus mit den Kindern allein. Die katholische Messe wird logischerweise auf Vietnamesisch abgehalten und die Kirche ist bis auf den letzten Platz besetzt. Die Kinder sind sichtlich verschlafen, werden aber schnell munter bei dem vielen Hinsetzen, Aufstehen, Hinknieen, Liedersingen und Klatschen. Mitten in der Predigt fangen die Leute an zu lachen. Der Priester erklärt, dass ausländische Gäste sich im Gotteshaus befinden, die kein Wort von der Predigt verstehen. Alle schauen auf die Erwähnten und sind sehr geduldig, als der Priester den Inhalt seiner Predigt auf Englisch erklärt. Denn immerhin haben wir doch alle den gleichen Gott, sympathischer Mann, der Völkerverständigung verstanden hat.

Wir besuchen das Mekongdelta und später erweist sich Paula auf einem Basar als großer Verhandlungskünstler, um den Preis für ein T-Shirt zu drücken. Ich kaufe für mein Arbeitszimmer schöne Lampions aus Stoff, die mich anlachen.

Jeden Tag ereilen uns neue Nachrichten aus China und wir wissen nicht, was wir davon halten sollen. Täglich kaufen wir Mundschutz für unser Reisegepäck und der Apotheker fragt uns freundlich, wie es uns denn heute so ginge... Mundschutz ist mittlerweile ein hohes Gut und wir kaufen für unseren Fahrer 30 weitere ein. Inzwischen haben wir ein buntes Portfolio an Farben, um der Seuche wenigstens farblich perfekt abgestimmt entgegenzutreten. Selbst in Deutschland sind die Depots von China leergekauft. Allein Markus' Firma hat drei Millionen Mundschutzmasken auf den Weg nach China gebracht. Schiffe und LKWs werden schon geplündert, um diese zu erlangen.

Markus erstellt eine Statistik mit Wachstumsrate der Todesopfer, die leider ziemlich exakt ist und nichts Gutes verheißt. Es findet die erste Telefonkonferenz zum Thema statt, die Chefetage empfiehlt, dass alle nach Hause fliegen sollen. Aber will Deutschland uns Chinesen haben? Nein, natürlich nicht. Welche Schule wird denn unsere Kinder unterrichten wollen, die Träger des Virus sein könnten. Ich nehme das nicht übel, würde es genauso empfinden. Die Chinesen sind da optimistischer, sehen es als verlängerten Urlaub. Viele sind in ihre Heimat auf das Land gefahren, um Familie zu besuchen. Notebook oder Handy dabei? Fehlanzeige! Es wird ein einsames Arbeiten für Markus werden, aber selbst aus Hannover gibt es keine Mails, die auf Aufgabenerledigung bestehen.

Am Flughafen von Saigon läuft alles ziemlich normal. Das Flugzeug nach Shanghai ist halb leer und nur vier weitere Langnasen fliegen mit uns. Auffällig ist, dass Niemand von uns Europäern das Bordessen anrührt. Die Stewardess ist sichtlich beleidigt unter ihrem Mundschutz. Die Chinesen feiern ihren Heimflug und packen diverse Tupperdosen mit Stinke-Tofu aus. Das nächste Mal nehme ich einen Harzer Roller mit! Versprochen!

Angekommen am Airport in Shanghai falle ich mit meinem Vietnamesen-Hut ziemlich auf. Chinesen sind sehr traditionell, aber nicht unbedingt in ihrer Kleidung. Sneaker sind bevorzugt und Jeans. Aber ich trage meinen Strohhut voller Stolz und habe ein langes Kleid und Stiefel an. Farblich den passenden Mundschutz natürlich...

Wir fahren durch menschenleere Straßen, vorbei an einem einsamen Reisebüro, welches „Fangyou" heißt. Irgendwie fände ich den Namen für eine

Partnerschaftsvermittlung besser oder vielleicht doch auch für einen Kammerjäger?!

Wieder in den heimischen vier Wänden und der Wiederaufnahme des jetzt anderen Alltags, müssen wir die Kinder bei Laune halten. Hier ist kein „jauchzet und frohlocket", Stubenarrest ist angesagt. Arrest, ohne Schuld zu sein, ist blöde. Ich habe noch meine nächste Kreativ-AG vorzubereiten und lasse dies durch die Kids ausführen, die mit Begeisterung dabei sind. Zum Glück habe ich alle Materialien am Platz und so haben wir nun eine Qualle, eine Schildkröte und einen Apfel aus einem Pappteller, einen bemalten Terracotta-Topf und einen Traumfänger gebastelt. Ich bekomme zudem die mögliche Fehleranalyse. Der Traumfänger wird eine echte Herausforderung werden, für alle Beteiligten. Nach der Stunde werde ich mir wohl Teilzeit-Tourette zulegen. Und zwar in der Form, wo man richtig motzen kann. Demnächst werden wir Stockbrot backen und Radieschen aussähen, das können unsere Kinder allein!

Als nächstes kommt die Essensplanung dran. Die Kinder zeigen sich diplomatisch begeistert bei jedem meiner Vorschläge, mein Göttergatte ist da schon kritischer und brummelt etwas was vom „Dreiseitigen Kochbuch!" Dann kann er doch gerne das Kochen übernehmen und die Bügelwäsche auch! Er fügt sich, grinsend... Sonst hätte ich ihn auch nach Ninghai schicken können; das ist dann auch dichter zum Krisenherd „Wuhan", wo die Leute wirklich arm dran sind, diszipliniert in ihren Hochhäusern ausharren und aus den Selbigen die chinesische Nationalhymne brüllen. Es gilt ein striktes Rausgehverbot und ich hoffe, dass Niemand der Budenkoller ereilt. Lingling wird demnächst auch nicht zu uns kommen können, aber wir verteilen die Aufgaben gerecht.

Wir Erwachsenen gönnen uns eine Joggingrunde, was mit Mundschutz eine Herausforderung ist, da mir meine

Brille beschlägt. Alle Wege sind für uns nicht verfügbar. Der Park ist abgeschlossen und auch unser Compound lässt nur noch Anwohner hinein. Wer sich zum Beispiel Getränke bei einem Lieferanten oder aus dem Internet liefern lässt, darf dann diverse Güter an der Schranke zum Compound abholen.

Da ich in der Vergangenheit das Wachpersonal mit diversen Süßigkeiten verwöhnt habe, kommen meine Waren wie durch Zauberhand durch einen rollerfahrenden Engel vorbeigeschwirrt und werden mir direkt vor die Haustür gelegt. Bei Frischwaren wird sogar geklingelt und sich aufgrund der Übertragung des Virus sofort wieder entfernt, um aus der Ferne zu sehen, ob ich die Dinge hereinhole.

Dachte ich kürzlich noch, dass ich nun ein wenig chinesisch sprechen kann... Das Wetter war schlecht und ich wollte ein wenig Konservation mit dem missmutig schauenden Wachpersonal betreiben! „Nin hao! Jintian tiangi bu hao!" Ratlosigkeit im Wachhäuschen. Ich zücke mein Handy mit dem Satzlaut. Großes Gelächter! Falsche Betonung! Wer weiß, was ich gesagt habe.... Ich werde erst durchgelassen, bis ich den Satz halbwegs sagen kann. Ich gebe auf und werde doch kein Chinese.

Da wir kein deutsches Fernsehen haben, sehen wir oft Filme, die Markus auf seiner PC-Festplatte hat. James Bond kann ich fast mitsprechen und auch Shogun erfreut sich großer Beliebtheit. Wir stellen fest, dass wir mehr Japanisch sprechen könnten als Chinesisch! Hai! Watshi no dai!

Liebe Menschen haben mir die DVDs „Game of Thrones" zukommen lassen, da uns die ersten Staffeln gut gefallen haben und wir uns so das Mittelalter vorstellen. Mittlerweile gibt es aber Drachen und lebendige Tote und es wird für meinen Geschmack zu abstrakt, da jeder mit jedem verwandt scheint oder irgendwelche Rechnungen offen hat. Ich erwarte eigentlich, dass die blonde Königin sich in der letzten Staffel als Onkel entpuppt oder mindestens „Winnetou" auftaucht, der dann einräumt, von nichts gewusst zu haben. Stromberg wäre auch gut...

Wie schon erwähnt, die Kinder müssen nun ihre Schule online erledigen und ich verspüre Wehmut zum Abendgymnasium, wo diese Unterrichtsform auch Programm war. Letztendlich musste ich bisher für Sophia aber nur Arbeitsblätter ausdrucken. Paula hingegen hat meinen alten PC geerbt, mit dem Ergebnis, dass die Tastatur nicht geht. Meiner besseren Hälfte fällt sowieso die Decke auf den Kopf und er beschließt zum HUB zu joggen, um neues Equipment in Tastaturform für Töchterlein zu besorgen. Die Mall ist geisterhaft leer und viele Geschäfte haben geschlossen. Der Dell-Laden hat zwar geöffnet, aber weit und breit kein Verkäufer. Der Nachbar weiß auch von nichts oder versteht nichts oder beides.

Nur noch einmal zur Erinnerung: Ein Dell-Geschäft mit Computern, Bildschirmen und diversem Zeug im Wert von mindestens 50.000 Euro mutterseelenallein und geöffnet. Mein Mann wartet und wartet und wartet.... Plötzlich fallen ihm ein QR Code und eine Telefonnummer auf dem Verkaufstresen auf. Da könnte man ja mal anrufen und tatsächlich meldet sich jemand, der irgendwas von „adden" und QR Code faselt und dann auflegt. Gut, QR Code scannen, Freundschaftsanfrage schicken. Ping!!! „Ich habe ihre Freundschaftsanfrage angenommen, lassen Sie uns chatten!!"

Markus fragt höflich, dass er etwas kaufen möchte und ob er hier denn richtig sei... Während der Feiertage lassen sich Chinesen nur ungern stören, dementsprechend fällt die Antwort knapp aus: „Was möchten Sie kaufen?" Mein Angetrauter fotografiert zwei Tastaturen und fragt nach dem Preis. Wieder

knappe Antwort: „Steht drauf!" Knapp antworten beherrscht mein Mann auch: „Nein!"
Kurze Pause
„weiß 250 RMB grün 200"
Markus: „Ok. Nehme ich!"
Verkäufer: „Welche?"
Markus: „Beide!"
Verkäufer: „?"
Markus: "Zahlen per Wechat?"
Verkäufer stimmt zu, Markus zahlt und schreibt ihm zum Abschied: „Strange deal..." Der Verkäufer gibt sich gesprächig: „Vielen Dank für Ihren Besuch!" Kleine Plappertasche!

Danach wieder Schweigen. Da steht er nun: Ein Ausländer allein, in verschwitzten Jogging-Klamotten, in einem Laden ohne Verkäufer, mit zwei Tastaturen unter dem Arm, ohne Tüte oder gar einer Quittung.

Mein tapferer Einkäufer ist sichtlich erleichtert, als er wieder zu Hause ist... Vorbei an Kameras und Wachposten, rennend, mit zwei Tastaturen unter dem Arm, ohne Ausweis und ohne Kassenzettel. Ich glaube ihm fast nicht, bis er mir den Chatverlauf zeigt. Tja, besondere Gegebenheiten erfordern besondere Maßnahmen. Vielleicht hatte der Verkäufer auch einfach keine Lust zu arbeiten. Chef nicht da, Schild aufgestellt, fertig!!! Kann man machen... zumindest in China! Ich mag China!

In diesem Sinne:
Bleibt gesund und munter, Eure vier Shanghainesen.

Nun hocken wir bereits in der siebenten Woche des Corona Virus aufeinander und ich muss sagen, dass ich mir den Hausarrest deutlich schlimmer vorgestellt habe. Natürlich erfordert so eine Situation schon Disziplin, gerade von den Kindern. Die kommen aber in dem Leben im goldenen Käfig erstaunlich gut zurecht. Wir geben uns Mühe, mit Spieleolympiaden etc. die Kinder bei Laune zu halten und nebenbei unser eigenes Arbeitspensum zu stemmen. Es ist schon speziell, ein Team in China führen zu wollen, was nicht einmal am Arbeitsplatz ist und man selbst auch nicht. Die Firma wird mit Sicherheit einige finanzielle Verluste hinnehmen müssen, so wie viele andere Unternehmen auch. Entweder fehlt es an Material, da der Standort durch diverse Auflagen nicht erreichbar scheint, oder es fehlt schlichtweg an Personal, da ja alle zu Hause bleiben müssen.

Unser Fahrer hat an der Situation auch zu knabbern. Seine Monatsabrechnung für Februar sieht sehr bescheiden aus. „No work- no money", ist sein Kommentar.

Ich mache mir Sorgen um unseren Gärtner. Nicht, dass ich unsere Pflanzen im Garten nicht allein versorgen könnte, aber er wird von unserer Vermieterin bezahlt. Wird sie ihm auch sein Gehalt weiterbezahlen, wenn er den Compound nicht betreten darf, weil die Behörden das so vorschreiben? Er hat sich seine Situation auch nicht ausgesucht, zudem ist er schon ziemlich alt. Hoffentlich geht es ihm gut. Meine Ayi scheint der Zwangsurlaub wenig zu stören. „You have a lot of work now!" Ich kann ihr nur zustimmen. Das Compound-Management ist unerbittlich: Es kommt keiner rein und wir müssen uns auch Fieber messen lassen, wenn wir wieder ins heimische Wohngebiet wollen. Neulich waren Markus und ich zusammen joggen und dementsprechend verschwitzt. Das Gerät fand uns nicht gesund. Da standen wir nun: die Kinder im Haus und wir draußen.

Keine Frage, dass uns mächtig heiß wurde. Schlussendlich kamen wir dann doch wieder rein und seitdem beschränken sich unsere Joggingrunden auf den Compound.

Auch Lieferanten dürfen das Wohngebiet nicht betreten. Vor Weihnachten hatte ich mir tatsächlich Unterwäsche im Internet bestellt. Dass diese aus Wuhan kam, war mir zu der Zeit nicht bewusst. Ich bekam einen freundlichen Anruf vom Management, dass ich bitte ein Paket am Gate abholen solle. Gesagt, getan! Nur durfte ich das „Seuchenpaket" nicht anfassen. Ein freundlicher Mitarbeiter hat es dann direkt vor meinen Augen mit Latexhandschuhen ausgepackt und freute sich unheimlich über meine neuen BHs. Er hat sie zugleich hochgehalten, damit seine Kollegen sie auch sehen konnten, was sie dabei gesagt haben, kann ich leider nicht wiedergeben. Ich habe mir meine „heiße Ware" unter den Arm geklemmt und bin schnurstracks durch das Seuchenbad gelaufen (ein mit Desinfektionsmitteln getränkter, immerhin roter Teppich), direkt nach Hause, um meine Neuerwerbung erst einmal in die Waschmaschine zu stopfen.

So hat Jeder seine kleinen Probleme. Da die Frisöre auch geschlossen haben und Markus inzwischen wie Reinhold Messner aussieht, beschließen die Kinder, ihm einen neuen Haarschnitt zu verpassen. Gar nicht schlecht für den Anfang und mein Gatte kauft ein Schachspiel zur Belohnung. Wer kann es ahnen, dass Sophia sich zu einer wahren Strategin entwickelt und ihren Vater schachmatt setzt.

Ach, was sind meine Kinder reizend. Markus ist wieder in Ninghai und wir haben so die Chance, „Frauengespräche" zu führen. Thema: „Brüste". Sophia ist da „ganz ehrlich" und wenig diplomatisch. Paula's zaghaften Ansatz von einem Busen empfindet sie als „Eiswaffeltüten", da so spitz. „Na, ja! Vielleicht werden ja doch noch Mandarinen daraus, denn auf Pampelmusen darf man ja nicht hoffen." Und was sagt die Bratze zu mir, die, die sie monatelang gestillt hat? „Mama, mal ganz im Vertrauen: Noch ganz nett, aber bestimmt bald werden es Rosinen! Klein und schrumpelig!" Ich finde, man sollte Kinder von der Steuer absetzen können! Als außergewöhnliche Belastung! Babyklappe geht ja leider nicht mehr…Und das von dem Kind, was mit seinem A… beim Spagat üben, seine beste Jeans sprengt und Mitgefühl verlangt. Heute funktioniert VPN und ich höre auf voller Lautstärke „Fuck you" von Lily Allen. Warum gefällt mir dieses Lied nur so?

Meine alte Ayi „Lou" sorgt sich ganz rührend um uns. Sie fragt fast wöchentlich, wie es uns geht und schickt mir Videos, wie sie im Flur Seil springt. „Sport ist gut!" „Du Sport?" „Jaaa, ich Sport!" Wobei meine Waage mir tägliche Schwankungen von fünf Kilo präsentiert, das Miststück! Aber ganz unrecht hat die Waage nicht; wir trösten uns schon mit reichlich Knabberkrams.

Aber das Leben geht weiter, wenn auch beschaulich. Mittlerweile wird es schon ein wenig normaler. Mir begegnen täglich Mitbürger ohne Mundschutz im Compound. Ignoranz? Unwissenheit? Die Erklärung: „Der Coronavirus ist ja nicht in der Luft!" Schon richtig, aber mich persönlich erinnert der Mundschutz, mir selbst nicht ins Gesicht zu fassen. Aber so hat Jeder seine Fasson.

Die Kinder arbeiten weiter fleißig an ihren Online-Aufgaben. Seit gestern gibt es Videokonferenzen mit der Klasse. Nettes Tool. Aber nötig für eine Viertklässlerin? Die Kinder sollten heute sagen, wo sie sind und wie es ihnen geht. Da kommen doch diverse Geheimnisse zu Tage: „Oma ist zu Besuch und Mama und Oma streiten nur!" Oder „Papa hat sich ins Büro verpisst! Nun bleibt der ganze Scheiß an Mama hängen!" Kindermund tut Wahrheit kund, oh ja!

Aber auch der Elternchat ist anstrengend. Nun hat eine Mutter die Idee, dass die Ferien ja mal ausfallen könnten. Schließlich müssen die Lehrer den Stoff mit den lieben Kleinen ja auch mal nachholen. Hat sie keine Lust, ihrem Kind etwas beizubringen? Schließlich bekommen wir jede Woche Power-Point-Präsentationen von den Lehrern ausgearbeitet und persönliche Feedbacks. Wir lernen gerade selbst viel dabei: Bisher kannte ich nur „Mitternachtssuppe". Nun weiß ich, dass es auch eine Mitternachtsformel gibt. (Wen es interessiert: abgewandelte PQ Formel) und kann mich an die vier Fälle im Deutschunterricht wieder erinnern.

Es ist natürlich kräftezehrend, gerade für die neue Schulleiterin, die es erst seit Februar gibt. Die hat sich ihren Einstand bestimmt auch anders vorgestellt. Das E-learning mal eben auf die Beine zu stellen, verdient Respekt und ist ziemlich professionell. Das klappt deutlich besser als der Versuch an meinem ehemaligen Abendgymnasium, wobei ich dazu sagen muss, dass jenes Institut auch keine eigene IT-Abteilung hatte.

Ansonsten kann ich nicht viel berichten, da ich nur zu Hause bin. Die Lebensmittelversorgung klappt in China sehr gut, nur Importware wird allmählich knapp. Es gibt Nudeln und Toilettenpapier, was man von Hongkong oder jetzt auch von Deutschland nicht gerade behaupten kann.

Ich vermisse meine Sozialkontakte und freue mich über jede Mail, die mich erreicht. Erstaunlich, wer mir schreibt und wer gerade nicht. Aber auch dies ist für mich wieder sehr lehrreich.

Mein Studium erklärt mir aber auch dieses: „Nur 50% meiner Freunde sehen auch mich als Freund an!" Aha...

Da meine Gedanken sich gerade nicht mit der Gegenwart beschäftigen (hier passiert ja nichts), kreisen sie eher um die Vergangenheit, was mir aber auch viel bietet.

Von einer guten Freundin erhalte ich hilfreiche Impulse. Wir haben uns am Abendgymnasium angefreundet und ich habe selten einen Menschen kennengelernt, der so schnell im Kopf ist und gleichzeitig so vor Ironie übersprudelt. Die Kombination ist unschlagbar. Leider ist meine Freundin gesundheitlich nicht in der besten Verfassung; sie hat eine fiese erblich bedingte Krankheit, die sie an den Rollstuhl fesselt, und diverse Begleiterscheinungen. Das tut der Freundschaft aber keinen Abbruch und eröffnet mir ganz neue Sichtweisen. Auch vom Boden aus... Da meine Freundin es kräftemäßig nicht schaffte, einen ganzen Schulabend zu sitzen, durfte sie auf einer Matte im Klassenzimmer liegen und von dort aus am Unterricht teilnehmen. Prompt hat sie mich eingeladen, ihr doch auf der Matte Gesellschaft zu leisten, was ich gerne angenommen habe. Da lagen wir nun in der Geschichtsstunde mit einem langweiligen Text, der analysiert werden sollte. Dabei hätte ich doch lieber den Geschichtslehrer analysiert... Meine Gedanken schweifen ab und ich überlege mir, ob man vom Lehrerpult aus uns liegenden Personen eventuell unter den Rock schauen könne, was ich meiner Freundin natürlich gleich ins Ohr flüstere. Wir gackern und ich ernte einen bösen Blick des Lehrers, der natürlich mich gleich im Verdacht hat, seinen Unterricht zu stören. Vielleicht habe ich aber auch zu laut gesprochen und er hat meine Bemerkung gehört und fühlte sich ertappt oder war verärgert, was ich ihm unterstelle. Bestimmt bekomme ich für diese Stunde ein minus und ich reiße mich in den nächsten Stunden zusammen, da der Geschichtsunterricht sonst eigentlich ganz interessant ist.

Interessant fände ich auch die schuleigene Fußball-AG, nur will ich da nicht allein hin und nötige meine eine Klassenkameradin, dort mit mir aufzuschlagen. „Da spielen nur gutaussehende Männer, die mindestens 20

Jahre jünger sind als wir!" locke ich sie. Und tatsächlich kann ich sie überreden. Dass ich von den Spielregeln keine Ahnung habe, muss ich nicht extra erwähnen, und dass ich eigentlich nur im Weg rumstehe, auch nicht. Ich habe genaugenommen keine Chance auf den Ball. „Das ist MEIN Ball!!!" schreie ich einen Mitspieler an, der vor lauter Schreck diesen tatsächlich mir überlässt. Ich bin plötzlich Ballbesitzer und der Weg zum Tor ist in greifbarer Nähe. Dumm ist nur, dass ich das Tor trotzdem verfehle und fast den fahrradfahrenden Lateinlehrer vom Fahrrad schieße, der um die Ecke gefahren kommt. Vor lauter Schreck muss er sich erst einmal seine Brille putzen. Am Ende der Spielzeit gibt es eine kaputte Hose, eine verbogene Brille und einen abgebrochenen Fingernagel zu beklagen. Dass ich am nächsten Tag vor Muskelkater kaum die Schultreppe hochkomme, ist mein kleinstes Problem. Ob wir denn nächste Woche wieder zum Training kämen, werden wir behutsam gefragt. „Nein!" antworten wir. Wir wollen lieber Vokabeln lernen oder Kuchen essen. Eben Dinge, die man so macht, in unserem Alter. Tja, was soll ich sagen. Falls es jemanden zu langweilig ist, ein Besuch als Schüler im Abendgymnasium lohnt sich immer. Ich könnte endlos so weiterschreiben, aber es ist auch schön, den Mantel des Schweigens über manche Dinge zu legen. Was mich betrifft, so hatte ich eine sehr abwechslungsreiche Schulzeit am Abendgymnasium. Mittlerweile gibt es einen neuen Schulleiter. Vielleicht herrscht nun Zucht und Ordnung und die Raucherecke gehört vielleicht schon der Vergangenheit an und es schmuggeln keine Schüler mehr Glühwein in die Fachräume. Da ist Trinken nämlich strengstens untersagt. Oder vielleicht doch „Sex, Drugs and Rock `n` Roll"?! Man kann ja nie wissen.

    In diesem Sinne: Passt gut auf Euch auf und bleibt gesund.

„Im Osten nichts Neues", würde ich mal sagen! Wir befinden uns gerade in Woche zehn des E-learnings, wobei wir zwischendurch zwei Wochen vorgezogene Osterferien hatten, damit die Kinder und Lehrkörper mal verschnaufen können. Nicht zu vergessen, die Eltern natürlich auch. Alle Fächer in Klasse vier und acht zu bedienen ist nicht einfach und wir haben uns ein wenig aufgeteilt, nach Fähigkeiten und Vorlieben.

Mittlerweile hat Corona Deutschland auch erreicht und wir verfolgen mit Sorge die Medien. Aber ob man der „Tagesschau" wirklich trauen kann? Seitdem ich mal auf einer Demonstration in Berlin war und danach in der Selbigen Sendung genau das Gegenteil des Sinns der Veranstaltung behauptet wurde, habe ich so meine Vorbehalte.

Diverse Gruppen bei Facebook haben, wie erwartet, ganz unterschiedliche Ansichten. Im Sozialarbeiter-Forum wird nach Beschäftigung für diverse Wohngruppen gesucht, die Kontaktsperre zur Außenwelt haben. Einkaufen gehen ist für viele keine Option mehr und so gehen Sozialarbeiter mal eben allein für 15 Menschen einkaufen und müssen sich Anfeindungen gefallen lassen, da sie fünf Pakete Spaghetti und zwei Pakete Toilettenpapier unter dem Arm aus dem Geschäft tragen. Also wurden schon diverse Schilder direkt am Sozialarbeiter angebracht, wo draufsteht: „Ich kaufe für eine Wohngruppe ein und bin KEIN Hamster!"

Sicherlich ein lösbares Problem. Schwieriger ist dann schon eher Familien zu betreuen, wo es vor Corona schon viel Stress gab und die Eltern sich nicht gut kümmern konnten. Es sind vermehrt Gewalttaten und sexuelle Übergriffe zu beklagen. Von der schulischen Betreuung durch das Elternhaus ganz zu schweigen. Von Lehrerfreunden weiß ich, dass es große Probleme gibt, dass der Stoff überhaupt vermittelt wird. Und die Sozialarbeiter in den Hausaufgabenbetreuungen jammern jetzt schon, dass es im neuen Schuljahr viele Kinder geben wird, die nicht mehr hinterherkommen werden. Da ist der Stress auf allen Seiten vorprogrammiert.

Um etwas Positives zu finden, berichten andere Stellen, dass es Menschen mit chronischen Angstzuständen gerade richtig gut ginge. Sie fühlten sich endlich mal verstanden, da jetzt ja KEINER rausgehen soll, und geben wertvolle Tipps gegen den Budenkoller und was man denn alles zuhause machen könne.

Allerdings stört mich massiv der Ton, der bei Facebook herrscht. Was sogenannte Facebook-Freunde für Ansichten haben, ist erschreckend. Die sehen teilweise den Corona-Virus als natürliche Auslese. Wenn Jemand alt oder/und krank wäre, wäre dieser doch sowieso in absehbarer Zeit dran, abzudanken. Hallo?! Was ist hier los? Andere finden die Schulschließungen mehr als lästig und sammeln Unterschriften, um die Regierung unter Druck zu setzen. Ich frage mich, wie so etwas passieren kann... Vielleicht wird man doch weich, wenn das eigene Umfeld seine Meinung hat und alle Welt auf einen einredet, dass man mit seiner Meinung falsch läge. Vielleicht glaubt man dann irgendwann nicht mehr an seine eigene Überzeugung. Aber das ist nur meine persönliche Einschätzung.

Über China kann jeder denken, was er mag. Aber irgendwie ist hier mehr Zusammenhalt. Die Menschen ermuntern sich gegenseitig, zu Hause zu bleiben, und keiner findet es so richtig schlimm. Ich hätte es ehrlich gesagt, auch schlimmer erwartet. Mir war schon immer egal, wo ich war. Hauptsache mein Mann und meine Kinder sind dabei...Inzwischen gehen viele Bürger wieder zur Arbeit, aber es gibt keine Meetings und jeder sitzt in der Kantine allein am Tisch. Restaurants haben auch wieder geöffnet, aber es herrscht Totentanz. Die Bevölkerung ist vorsichtig. Die zweite Welle wird erwartet. Für die Betreiber eine extrem schwere Zeit. Da sind viele Schließungen weltweit zu erwarten und auch sonst gibt es wirtschaftlich gerade nichts zu lachen.

Im Forum für Zahnheilkunde sieht es düster aus. Es sind schon viele Köpfe gerollt oder Kurzarbeit ist angesagt. Man solle doch auf seine Rücklagen zurückgreifen. Sicher, wenn man als Berufsanfänger 1500 Euro brutto verdient, schwimmt man geradezu im Geld.

Andere Experten haben keinen Mundschutz oder Handschuhe mehr und lassen ihr Personal „ohne" arbeiten. Klar, in Corona-Zeiten machen HIV und Hepatitis bestimmt Sommerpause, man muss nur fest daran glauben. Und die Kinder bringt der Storch...Ich bin heilfroh, dass ich gerade nicht vor solchen Entscheidungen stehe. Frage mich aber auch, wie es meinen ehemaligen Kollegen und Arbeitgebern wohl geht... Und wer wohl sein Personal schützt und weiter finanziell trägt. Diese Fragen beschäftigen mich gerade sehr. Leider höre ich von denen so gar nichts. Aber die haben gerade andere Sorgen!

Vor ein paar Tagen war ich mit Paula beim Zahnarzt. Am Telefon musste ich schon unsere Pass-Nr. durchgeben, damit geprüft werden konnte, wo wir in letzter Zeit waren. Ins Praxishaus kamen wir auch nur mit einer Fiebermessung und weil wir auf einer Besucherliste standen. Vor der Praxis erneute

Fiebermessung und Desinfektion der Fußsohlen. In der Praxis dann alle in Seuchenanzüge. Schon sehr krass... Und das alles nur für eine Abformung für die Zahnspange.

Aber es gibt auch Lustiges zu berichten: Bei Facebook fragt eine zahnmedizinische Fachangestellte in die Runde, was ihre Kollegen denn bisher so in ihrem Berufsleben erlebt haben. Ich habe Tränen gelacht, denn es ist überall ähnlich. Das Beste war wohl, dass eine etwas betagte Patientin vor dem Röntgenraum ihren sämtlichen Schmuck ablegen sollte. Da sie wie ein Christbaum behangen war, gab ihr die Assistentin einen Becher, damit die Dame ihren Schmuck dort hineinlegen konnte. Sie hat den Becher auch mitgenommen, ging auf das Patienten-WC und kam freudestrahlend wieder: Mit einer Urinprobe.

Ich habe mir auch schon einmal überlegt, ob ich nicht ein Buch über meine Erfahrungen in Zahnarztpraxen schreiben sollte. Da würden so manche Fragen geklärt werden, was mir denn so alles passiert ist und was ich nach dem Analog-Röntgen denn schon so in der Dunkelkammer gemacht habe. Auch interessant könnte sein, was eine Zahnarzthelferin während einer Behandlung denkt... Dies haben mich meine Kinder auch schon gefragt. Nach so vielen Jahren schleicht sich dann doch ein wenig Routine ein und man empfindet die Behandlungen als nicht so tragisch oder zu blutig. Ich zum Beispiel habe auch schon gerne gedanklich Einkaufszettel geschrieben. Bei solch einer schönen Parodontal-Behandlung habe ich festgestellt, dass wir auch schon lange nicht mehr „Spaghetti-Bolognese" gegessen haben. Meine Kinder finden meine Gedankengänge widerlich und ich möchte ausdrücklich betonen, dass nicht jeder Patient nach meiner Behandlung mit einer „Hackfresse" nach Hause ging.

Naja. Mit dem Buch wird es wohl schwierig werden, da ich ja immer noch unter Schweigepflicht stehe. Da ich mich im Zuge einer Fallarbeit in den letzten drei Wochen mit Gesetzestexten auseinandersetzen musste, weiß ich sogar, wo der passende § zu finden ist. Interessant, was denn alles gesetzlich geregelt ist. Es gibt wirklich NICHTS, was nicht genau festgelegt ist. In dem SGB XII der Altenhilfe gibt es sogar gesetzliche Vorgaben der Hilfemaßnahmen für das menschliche Ausscheiden. Was für ein Sch... Vielleicht gibt es auch Bestimmungen für Asyl für Moskitos, die hier gerade wieder auftauchen. Das weiß ich noch nicht, da das Modul Recht I und II noch vor mir liegen. Ihr Juristen könnt mir gerne Vorschläge machen.

Meine nächste Hausarbeit im Studium, eine Fallstudie über eine ältere Dame, war eher unfreiwillig. Ich habe seit Wochen für eine Marketingklausur gelernt und sogar meinen Study-coach angerufen, weil mich das Thema so gar nicht als notwendig begeistern konnte. (Der erzählte mir dann, dass Marketing und BWL im neuen Kurs für Soziale Arbeit gar nicht mehr vorkämen... Ganz toll! Zitat: So etwas braucht ein Sozialarbeiter doch gar nicht! Stimmt! Oder soll ich mit dem erworbenen Marketingwissen Klienten beeindrucken?! „Ja, Herr Müller! Wir können ihren Antrag leider nicht unterstützen, da sie ja bereits in der „VERFALLPHASE sind...".) So habe ich mich dann durchgebissen und zwei Tage vor dem Klausurtermin wurde dann seitens der Fachhochschule abgesagt. Die Prüfungsaufpasser in Indien wären wegen Corona daheim, aber man arbeite unablässig an einer Lösung.

Ich sehe auf Facebook, dass Mitstudenten nun auf Hausarbeiten ausweichen und finde tatsächlich eine Studentin, die das gleiche Modul gerade bearbeitet. Die schickt mir echt der Himmel! Zwar ist sie schon deutlich weiter als ich, aber sie hilft mir sehr mit Literatur (per

Mail) und Formulierungshilfen. Außerdem lesen wir gegenseitig Korrektur. Ohne Bücher finde ich es ziemlich schwierig. Die Bibliothek der Fernuni ist ein Witz. Und die Bibliothek an der deutschen Schule in Shanghai ist natürlich geschlossen. Wobei die natürlich auch wenige brauchbare Bücher für eine Hausarbeit im Sortiment hätten.

Damit ich ein wenig Ruhe bekomme und mich auf meine Fallstudie vorbereiten kann, nimmt Markus Sophia mit nach Ninghai. Durch Sophias Anreise hat Ninghai nun ein 100% höheres Ausländeraufkommen. Markus und Sophia sitzen im Auto und düsen mit Mister Zhan in die Provinz, da Zugfahren gerade nicht erlaubt ist. An der Stadtgrenze wird die Autotür aufgerissen. Passkontrolle und Fieber messen sind angesagt. Alle Insassen mit Mundschutz. Sophia trägen einen „coolen", schwarzen Mundschutz und genießt gerade eine Telefonkonferenz mit ihrer Klasse. Fast gelangweilt hält sie ihren Arm hin. Die bringt nichts aus der Ruhe. In Ninghai angekommen, entpuppt sich Sophia als Hausfrau, die Betten macht und freiwillig spült. Ich kann es kaum glauben. Anscheinend will sie Markus bemuttern und trägt ihm die Schuhe hinterher. Sie sitzt mit im Büro und füttert zwischendurch die firmeneigenen Koi-Karpfen, die nun auch ein Gewichtsproblem haben. Anscheinend wird keiner Corona ohne ein deutliches Plus auf der Waage und ein Minus auf dem Konto überstehen.

Die Englischlehrerin von Sophia verteilt Aufgaben. Ein You-tube-Video über Mumien. Es sollen Fragen beantwortet werden und später ein Kuscheltier in Toilettenpapier als Mumie eingewickelt werden mit Grabbeigaben. Ich fühle mich schuldig. In Deutschland gibt es anscheinend mehr Ärsche als Papier und wir wickeln hier Stofftiere in Toilettenpapier ein. Aber keine Sorge: Hier werden auch wichtige Güter knapp.

Ausländische Produkte werden nicht nachgeliefert. Also bald ein Leben für uns ohne Barilla-Nudeln und Nutella. Eine Nachbarin kauft einen Laib Goudakäse im Internet und verteilt sie an Interessenten der Ausländergruppe bei ihren täglichen Hunde-gassi-geh-Runden. Die Wachposten im Compound denken sich ihren Teil. Käse - wie ekelhaft. Und nun hängen sich die Langnasen Käsetüten gegenseitig an die Haustüren. Der einheimische Käse heißt hier laut Packungsbeschriftung „Salami", schräge Welt.

Obst und Gemüse werden uns aber reichlich beschert und ich ernte Spott, als ich meine Einkäufe an der Obstwaage in Jutebeuteln abwiegen lassen will und keine Plastiktüten mehr benutze. Paula hat mir ins Gewissen geredet und Recht hat sie. Aber anscheinend macht die Stromversorgung hier zeitweise schlapp. In unserem Supermarkt ist es plötzlich stockdunkel, ich steh dumm lächelnd im Raum und gebe mich ahnungslos. Die Einheimischen haben den Laden schon verlassen, anscheinend nur ich verstehe das Problem nicht und lungere an der Kasse herum. Ein Verkäufer hat Mitleid und rechnet meine Einkäufe mit einem batteriebetriebenen Taschenrechner zusammen. Entweder haben die Verkäufer nur Mitleid mit mir oder einfach nur wenig Lust, mir auf Englisch zu erklären, dass gerade die Kasse nicht funktioniert. Ich zahle per Handy mit WeChat und bringe meine Beute nach Hause.

Letztes Wochenende machen wir auch reichlich Beute: Wir besuchen den Schneidermarkt! Paula braucht ein festliches Outfit zur Konfirmation. Ob die Konfirmation tatsächlich stattfinden kann, steht immer noch in den Sternen. Es gilt immer noch ein Verbot für Versammlungen und so sind die Kirchen geschlossen. Aber wer weiß, was noch passiert. Paula braucht Schuhe und ein Kleid und auch Sophia soll festlich gekleidet sein. Paula entscheidet sich für ein dunkelblaues Kleid in

Spitze und Sophia trägt ein traditionelles Seidenkleid in hellblau. Hübsch sehen Beide aus. Wir Eltern werden wohl in unserem Kleiderschrank fündig werden. Bisher haben wir uns noch nicht getraut, die Festkleidung anzuprobieren. Seit heute joggen wir wieder fleißig...

Liege ich falsch, dass mein Konfirmandenunterricht zwei Jahre angedauert hat oder kommt es mir nur so lange vor, weil der Pastor ein Temperament wie Grießbrei hatte?! Irgendwie saß der ausgerechnet auch noch neben mir und hat mich immer angeschaut.... Das hat selbst Matthäus schon gewusst, Markus erst recht und Lukas sowieso. Da kann man doch nur zustimmend nicken. Tragisch finde ich, dass Paula nicht einmal weiß, warum wir Ostern feiern. Vielleicht liegt es auch an dem zunehmenden Alter, dass ich denke, dass ich früher viel mehr lernen oder machen musste als die Kinder heutzutage. Und wir hatten nicht einmal ein Handy oder Internet... Da gab es Telefonzellen! Haha! Ich bin alt!

Aber immer, immer wieder geht die Sonne auf... Und wir haben schon wieder Frühling!

Ich harke das Laub von unserem Holunderstrauch zusammen. Die Bäume sind praktisch hier in China. Kaum ist das Blatt vom Baum, wächst sofort etwas nach. Auch der Mandarinenbaum steht in voller Blüte und ich freue mich über unsere zarten Tomaten und Auberginenpflanzen. Wenn das Studium nicht klappt, werde ich vielleicht Gemüsebauer, wer weiß...

Heute maule ich erst einmal den Baum an. Gerade habe ich alles zusammengefegt, lässt er scheinheilig die nächsten Blätter fallen. Verräter! Vielleicht gehört es auch zu Corona-zeiten dazu, dass man seine Bäume vollquatscht.

Bleibt gesund und munter und möglichst zu Hause!
Alles Liebe, Eure vier Shangainesen

Wir befinden uns nun schon in Woche Zwölf des E-learnings. Die Schule hat mittlerweile für die Abiturjahrgänge und die zehnten Klassen wieder geöffnet. Wir sind ab dem 18.5. wieder analog dabei-nein, Stop! Unsere Kinder dürfen erst am 20.5. wieder zum Unterricht, da wir ein paar Tage in Ninghai waren und wir eigentlich Shanghai sein sollten. Die Behörden bestehen darauf, dass alle Familien zwei Wochen in Shanghai sind, bevor die Kinder wieder zur Schule gehen. Dann aber auch mit Fiebermessungen und Mundschutz, sowie strikten Vorgaben, was in die Lunchbox darf und was nicht. Wir werden bestimmt noch mit weiteren Informationen per Mail überschüttet werden... Bin gespannt, wie es generell weitergehen wird. Krass, dass es bei Euch schon so locker gehandhabt wird. In Russland und England geht es gerade richtig los. Auch in Nordchina werden Lockerungen wieder eingefroren und ich habe Sorge, dass es wieder schlimmer wird. Wir müssen abwarten und können nur das Beste hoffen. Meiner Meinung nach werden wir bestimmt noch ein ganzes Jahr weltweit mit dem Virus zu kämpfen haben. Hoffentlich wird alles gut werden. Für alle!

Wir haben leichtsinnig gehandelt und haben kürzlich eine Bar auf einer Partymeile besucht. Überall war Totentanz. Nur in dieser Bar eben nicht. Das Lokal voll mit Ausländern und Chinesen. Das tat nach so langer Zeit mal wieder gut. Wir hatten ein Bild gekauft und die

Kinder wollten nun unbedingt nach Hause. Warum also nicht mal allein ohne Kinder losziehen?! Gesagt, getan. Schnell kamen wir ins Gespräch mit zwei Physiotherapeuten für eine Volleyballmannschaft aus Australien, die ähnliche Probleme wie wir zu haben schienen: Die chinesische Sprache. Hatten dieselben doch extra eine Sprach-App geladen, die ständig Fehlermeldungen in der Aussprache anzeigten: Gemeine App! Wir werden das wohl nie lernen! In der Bar gab es sogar „Jägermeister" und so hatten wir das nächste Gesprächsthema. Hätte nie gedacht, dass ich Jägermeister hier finden könnte. An unserem Tisch saß auch noch ein Chinese, der sich gerade mit Baileys anfreundete. Ich finde Chinesen immer sympathischer! Zum Glück ist der Corona-Kelch an uns vorüber gegangen. Das hätte auch anders sein können.

Wir waren also alle in den letzten Tagen in Ninghai, da uns so langsam die Decke auf den Kopf gefallen ist. Zudem hatte Markus Geburtstag und musste an seinem Ehrentag an einem Workshop teilnehmen. Ninghai ist auch ein nettes Städtchen und liegt von grün bewaldeten Bergen umgeben. Noch ein Grund mehr, der Großstadt mal zu entfliehen und ein bisschen im Grünen zu sein. Eigentlich sollten wir gerade in Hongkong sein. Ausreisen ist aber gerade nicht möglich, da dann das Visum verfällt und wir kein Neues mehr bekommen würden. (Geld weg...) Gerade nicht so leicht. Auch für den Sommer haben wir noch nichts geplant. Aber China ist groß und viel gesehen haben wir bisher auch noch nicht. Vielleicht dann Peking?!

Markus wollte sich schon lange einen Bonsai kaufen und hat eine örtliche Baumschule in Ninghai gefunden. (So eine Pleite, dass er sich zwei Tage vor seinem Geburtstag so ein Bäumchen kaufen muss... Konnte er ja nicht ahnen, dass ich auch einen Bonsai im Gepäck habe, der sein Geschenk sein soll und extra den Weg von

Shanghai nach Ninghai angetreten hat). Gefreut hat er sich aber trotzdem, da die Bäume sich von Aussehen und Größe doch ziemlich unterscheiden. Mein Pech war es, dass ich unter den Namen „Bonsai" gesucht hatte, die Bäume in China aber „Penjing" genannt werden. Und schon wieder etwas gelernt... Anscheinend haben die Japaner die Chinesen dabei ausnahmsweise mal kopiert. Die Tradition der Bäume ist hier viel älter und auch vielfältiger. Es wird unterschieden, ob man eine Baumgruppe oder einen einzelnen Baum im Topf hat. Auch die Gestaltung des Stammes spielt eine große Rolle. Es werden teilweise auch ganze Landschaften angelegt. Ganz im chinesischen Stil mit Berg im Hintergrund und Wasser im Vordergrund; so lieben es die Chinesen. Auch Steinmauern und Zäune sind sehr gefragt. Es war abenteuerlich, den Baum zu kaufen. Meine Blumenhändlerin in Shanghai hatte keine Ahnung, was ich meinte. Ich habe ihr dann über WeChat Fotos geschickt und gesagt, dass der Stamm wie ein „Z" aussehen soll. Ihre Rückantwort: Was ist ein „Z"??

Ich tröste mich in der anliegenden Markthalle, wo es Gemüse, Fisch, Fleisch, Nudeln und Eier zu kaufen gibt. Ausgelegt in Garagengeschäften oder freien Marktständen. Heute besuche ich meinen „Eiermann", der mich auch schon kennt und freudig meine Pappschachtel entgegennimmt. (Ich finde rohe Eier in Plastiktüten zu kaufen immer noch befremdlich). 30 Eier für ein paar Cent sind ein echter Schnapper. Warum ich nicht mehr kaufen will, werde ich gefragt. Chinesen lieben Eier und das aus Tradition. Als China noch arm war, konnte man sich nur selten Fleisch leisten. Dann eben Eier, die für Fruchtbarkeit stehen und rot gefärbt gerne zur Geburt eines Kindes verschenkt werden. Ich frage mich nur, wo bleiben die vielen Eier? Im Restaurant kann ich nie erkennen, dass Eier verwendet worden sind.

Aber das ist mein Fehler, da ich die Geheimnisse der chinesischen Küche immer noch nicht kenne.

Wobei wir durchaus experimentierfreudig sind. In Ninghai haben wir ein „echtes" chinesisches Restaurant besucht, was Markus schon von diversen Geschäftsessen her kannte. In einem Vorraum kann man sich die Zutaten direkt anschauen, die appetitlich auf Tellern auf Eis angeboten werden. Zudem gibt es Aquarien, wo sich allerhand Meeresgetiere tummelt und auf sein Ende im Restaurant-Wok wartet. Ninghai ist Küstenstadt und Sophia und Markus lieben Krabben und Muscheln. Paula ist als Teilzeitvegetarier etwas verstört und mir ist es egal, Hauptsache ALLE sind mal zufrieden. Mit Hilfe einer netten Chinesin haben wir unser Essen bestellt und werden von ihr in ein Separee geführt. Das ist in China durchaus üblich, dass man gerne „unter sich" speist, an einem runden Tisch mit Drehplatte. Der „Chef" sitzt mit dem Blick zur Tür und es ist immer eine eigene Bedienung anwesend, die nach weiteren Wünschen fragt. Sogar eine eigene Toilette haben wir, allerdings ohne Seife. Man muss flexibel sein. In Deutschland würde man hierfür sicherlich ein Vermögen zahlen, hier ist es ausgesprochen günstig, was ich kaum nachvollziehen kann. Bei Burger King hätten wir vermutlich mehr bezahlt. Einheimische Lebensmittel, Dienstleistungen und Fakekleidung sind zu einem Spottpreis zu bekommen. Wohnraum in Shanghai, Freizeitaktivitäten und ausländische Produkte hingegen sind unverschämt teuer.

Am Abend in Ninghai verschlägt es uns in einen „Pub". Dass wir die einzigen Ausländer sind, brauche ich nicht zu erwähnen. Das Lokal ist gut besucht und an den Tischen wird lautstark gelacht und mit Würfeln gespielt. Der „Verlierer" muss ein Glas Bier trinken, was er oder sie frisch am Tisch an einer mobilen Zapfsäule zapfen kann. Erstaunlich, wieviel Bier sich manche Chinesen zumuten. Das gibt Kopfschmerzen. Ein deutsches Sprichwort sagt: „Pech im Spiel, Glück in der Liebe." Ob das in China auch so ist, möchte ich wissen. Alle am Tisch nicken begeistert. Prompt bekomme ich ein Bier angeboten und noch eine Zigarette dazu. Unsere neuen Bekannten möchten gerne gemeinsame Fotos mit uns machen. Ausländer als Freunde zu haben, scheint etwas Besonderes zu sein. Speziell von den Kindern sind alle ganz entzückt, lassen sie aber in Ruhe. Befremdlich genug, dass sie in der Shopping Mall geradezu verfolgt werden. Plötzlich treffen wir tatsächlich eine weitere Langnase. Eduard aus Albanien, der Englischlehrer in Ninghai ist. Er ist nett und Markus und er tauschen ihren Kontakt aus. Eine weitere Visitenkarte wird uns angeboten von einem Chinesen, der sich „Fabian" nennt und in der Entwicklungsabteilung einer Reiskocherfirma arbeitet. Er bietet uns an, ihn „Prototyp" zu nennen. Das wäre sein Spitzname. Weitere Gäste werden mutig und präsentieren ihre Englischkenntnisse: „Welcome in China!" „Nice to meet you!" „you are welcome!" So geht das ungefähr alle zehn Minuten. Auf der Straße sprechen plötzlich Mütter mit ihren verdutzten Kindern Englisch: „Time for lunch now. Let's go". Ich finde es irgendwie niedlich und bewundernswert. Englisch ist für Chinesen sehr, sehr schwierig.

Wir erkunden weiter Ninghai mit seinen vielen Überraschungen, wie Markthallen oder Tempeln. Ich liebe das sehr! Gegenüber von einem Tempel gibt es einen kleinen Laden für „Mönchsbedarf". Hier gibt es viele Gottheiten, Räucherstäbchen und Gebetsketten oder Armbänder zu kaufen. Und nanu: Eine DVD-Ecke mit chinesischen Pornos und das völlig unversteckt. Ich bin überrascht. Eigentlich ist so ein Thema immer ein wenig verpönt. Gerade in Ninghai. Auf der anderen Seite ein Unding, dass manche Religionen weltweit immer noch auf dem Zölibat bestehen. Ich finde das unmenschlich. Jeder soll sich doch verlieben und ausleben können. Aber das sieht manche Kirche eben anders. Und vermutlich auch jede Kultur. In China sind arrangierte Ehen durchaus üblich. Da geht es in erster Linie darum, was die Eltern sich vorstellen oder wer einen Gewinn für die Familie sein würde. Eine „Zusammenkunft im Bett" quasi als Meeting. Nun ja.

Markus wünscht sich eine kleine Wanderung im Wald. Da es heiß ist, finden wir alle, dass das eine gute Idee ist. Und Wald hatten wir schon lange nicht mehr. Der Wald entpuppt sich aber als Berg mit Quellen, den wir über Treppenstufen erklimmen sollen. Aus Lautsprechern blubbert traditionelle chinesische Musik auf den Treppen. Tapfer stapfen wir von Quelle zu Quelle. Landschaft ist nicht unbedingt das, was Sophia sich für den Tag so vorgestellt hat. Sie mault und ich kann sie verstehen. Spaziergänge waren für mich als Kind auch völlig unnötig.

Plötzlich kommen wir zu einer Anhöhe. Wie aus dem Nichts präsentiert sich eine Art Gepäckband, wo der geschaffte Spaziergänger sich sitzend den Berg hinaufbefördern lassen kann. Natürlich gegen Cash, das versteht sich von selbst. Die Kinder finden es großartig und ich komme mir vor, als sitze ich auf dem Band an der Kasse im Wumart. Oben angekommen, gibt es die nächste Überraschung: Zwischen zwei Bergen in 1000 Meter Höhe präsentiert sich eine Brücke mit Glasfußboden und es gibt eigentlich keinen Weg zurück. Die Kinder jubeln, Paula posiert für Fotos an ihre Freundinnen, Markus bleibt gelassen und ich frage mich, ob die Brücke denn auch TÜV hat.

Irgendwie scheine ich doch über die Brücke gekommen zu sein und freue mich auf einen entspannten Abstieg des Berges. Mir ist warm und das kommt nicht nur von der Mittagshitze. Für die Wechseljahre bin ich auch noch zu jung. Die wünsche ich mir aber gerade sehr, als ich das nächste Highlight sehe. Bekanntlich soll man im Alter ja gelassen werden... Wechseljahre wo seid ihr?

Als Überraschung bietet sich uns eine Riesenrutsche, auf der man den gesamten Berg wieder herunterrutschen kann. Ungebremst natürlich für die, die nicht bremsen wollen oder können. Um sich nicht den A... zu verbrennen, bekommen wir alle Spezialhosen mit Verstärkung am Po angezogen und Handschuhe, um sich nicht die Hände aufzureißen. Beruhigend. Meine Hose ist mindestens drei Nummern zu klein und Tarnmuster mag ich auch nicht. Die Kinder sind selig, Markus ermahnt Sophia, nicht dem Vordermann ungebremst in den Rücken zu fahren, Paula will wieder Fotos für ihre Freundinnen und ich umarme viel zu fest meine Handtasche. Aber auch dieses Abenteuer überstehe ich mit viel Augenzwinkern und Schweiß. Endlich sind wir unten. Ich muss mal!

An diesem Abend schlafe ich erstaunlich gut auf der Holzmatratze in Markus` Ninghai-Bett. Vielleicht bin ich doch bald ein Chinese?! Die sind immer so entspannt.

Am nächsten Morgen joggen Markus und ich zu einer Brücke. Die Landschaft ist traumhaft schön. Überall grüne Berge und Flüsse. Unter der Brücke am Fluss sitzen Frauen und waschen ihre Wäsche im Fluss. Teilweise in Gummistiefeln oder auch barfuß. Aber eine Kopfbedeckung haben alle auf: Entweder einen Lappen oder auch Motorradhelm, um sich vor der Sonne zu schützen. So wird gewaschen und erzählt. Ich kann mich kaum sattsehen und gehe zum Ufer. Zaghaft grüße ich und werde freundlich angelächelt. Ich versuche, mit dem Handy ein paar Bilder einzufangen, und fühle mich unbehaglich. Für die Menschen scheint es aber kein Problem zu geben. Ein Mann stellt sich extra in Pose für mich und freut sich.

Ich hätte nicht erwartet, dass es in manchen Häusern keinen Wasseranschluss zu geben scheint. Später frage ich unseren Fahrer, ob es in allen Häusern eine Toilette gibt. Er verneint dies und denkt natürlich gleich, dass ich eine Toilette suche. Der Gute ist immer in Sorge. An diesem Tag hat er einen harten Tag: Um 8:30 Uhr war er schon im „Car-hospital" in Shanghai, da das Auto einen kaputten Reifen hatte. Dann die Fahrt nach Ninghai und mit uns wieder zurück nach Shanghai. Autobahnen waren teilweise gesperrt und es hat über eine Stunde gedauert, überhaupt aus Ninghai herauszukommen. Zwölf Stunden Autofahrt waren sehr hart für ihn. Ich hätte nie vermutet, dass es an chinesischen Feiertagen so voll auf den Straßen sein wird. Nun weiß ich es.

Paula möchte eine Schokoladenfabrik besuchen, wo jeder Besucher 400 unterschiedliche Sorten Schokolade kosten kann. Allein bei dem Gedanken, bekomme ich irgendwie Sodbrennen. Frei nach dem Motto: „Tschüss Winterspeck! Hallo Frühlingsrolle!" Das kann sie gerne mit ihren Freundinnen abkaspern.

Derweilen versuchen wir überschüssige Pfunde mit Joggen wieder loszuwerden. Da es tagsüber schon unsagbar heiß in China ist, brechen wir um 6.30 Uhr am Morgen auf zu unserer Runde durch den Park. Unvernünftigerweise vergesse ich meine Wasserflasche und bekomme einen brennenden Durst. Auf halber Strecke befindet sich direkt vor dem Park eine öffentliche Toilette, wo eine fleißige Ayi schon emsig fegt. Leitungswasser in China ist nicht ratsam, was uns der Sohn unserer Vermieterin schon am ersten Tag verraten hat. Davon bekommt man Durchfall. „Sehr praktisch bei Klassenarbeiten"! gibt er grinsend an. Er spricht fließend Deutsch, aber seine chinesische Mutter steht daneben und versteht ihn nicht, da die beiden nur Chinesisch oder Englisch miteinander reden. Deutsch redet der junge Mann nur mit seinem Vater oder in der Schule. Glücklich ist der, der mit so vielen Sprachen aufwachsen darf. Zurück zu meinem „Problem"... ich stehe immer noch unschlüssig vor dem Wasserhahn und weiß nicht, was ich tun soll. Mein Kreislauf schreit geradezu nach Wasser. Es nützt nichts, ich muss die Ayi irgendwie überzeugen, dass ich Trinkwasser brauche. Mit Händen und Füßen erklären wir ihr mein Problem. Sie schüttelt ihren Kopf. Verrückte Langnasen, die hier herumjoggen... Sie nimmt mich mit in einen spärlich ausgestatteten Aufenthaltsraum. In der Ecke stehen nur Besen und Kehrblech, ein paar Schüsseln und Töpfe. In einer anderen Ecke Stühle und ein wackeliger Esstisch. Auf dem Boden liegen zwei Paletten mit rohen Eiern, etwa 10 Rettiche und gefühlte drei Kilo Pak-choy. Was wird sie wohl damit kochen? In der Mitte des Raumes steht ein schwarzer Emaille-Kessel mit kochendem Wasser. Ohne große Worte zaubert sie einen alten Margarine-Topf hervor, füllt ihn mit heißem Wasser und gibt ihn mir lächelnd. Chinesen sind immer sehr hilfsbereit und freundlich. Ich bin dankbar, kann aber das kochende Wasser kaum trinken, da viel zu heiß für mich. Der Margarine-Becher riecht nach Reis. Aha! Ihr Essgeschirr also. Die Ayi geht wieder zu ihrer Arbeit nach draußen und ich stehe ein wenig überfordert, mit dem Becher mit dem frisch gebrühten Wasser in den verschwitzten Händen, im Zimmer. Wohin mit dem Wasser, was ich nicht alles trinken kann?! Schließlich möchte ich die gute Ayi nicht vor den Kopf stoßen. Nachdem ich ein wenig Flüssigkeit getrunken und mir den Mund verbrannt habe, kippe ich den Inhalt kurzerhand aus dem geöffneten Fenster in der Hoffnung, dass die Ayi das nicht sieht. Glück gehabt; sie fegt vorne die Straße und strahlt mich an, als ich mich mit „Xiexie" bedanke und ihr einen schönen Tag wünsche.

Da die Klassen 1-3 bis zu den Sommerferien nicht mehr zur Schule gehen dürfen, werde ich zumindest dort gerade nicht gebraucht.

Ich bin auch so gut beschäftigt mit Sophia in Deutsch und anderen Fächern. Klasse 4: Bestimme die Satzglieder! „Der Zauberer suchte nach dem Trank der Weisheit!" Den suche ich auch. Vielleicht Prosecco? Na, „weise" muss ich so früh am Morgen noch nicht sein. Blöd ist nur, dass meine Tochter alles am nächsten Tag wieder vergessen hat und der Lehrer am nächsten Elternsprechtag bestimmt denkt, dass ich sämtliche Hausaufgaben allein erledigt habe, da Sophia sich ja nicht mehr daran erinnern kann. Ne, ist klar, dass das Kind zu Hause alles noch wusste und in der Klassenarbeit plötzlich nichts mehr. Das hat der Pädagoge bestimmt noch nie von Eltern gehört. Wie komme ich aus der Nummer nur wieder raus?

Auf dem Schreibtisch liegen „Wackelaugen" und ich fühle mich leicht beobachtet. Paula verdreht auch die Augen... Ein Schulfreund hat gerade die neuste Pflichtlektüre vorbeigebracht: Der gute, alte Schiller mit „Wilhelm Tell". Paula verdrückt sich zu ihrer Projektpartnerin, wo sie den Nachmittag damit verbringt, ein chinesisches Bauwerk aus Holz, Pappe und Filz nachzubauen. Jeder Architekt hätte seine Freude daran. Plötzlich bekomme ich eine Mail von der Mutter der Teampartnerin von Paula. Eine weitergeleitete Mail an die Lehrerin, die die Aufgabe vergeben hat. Das Projekt sei viel zu umfangreich für nur zwei Kinder in der kurzen Zeit. Allein die Materialbeschaffung dauere Stunden und der dritte Teampartner sei noch in Deutschland und könne nicht mithelfen. Vermutlich möchte die Mutter zu dem Thema eine Reaktion von mir. Paula gibt sich eher verschwiegen dazu und ich kann es nicht beurteilen. Schwierig... Das Kind hatte wohl auch schon eine Mail an die Lehrerin verfasst und keine Antwort erhalten. Da ist guter Rat teuer. Wobei ich die Formulierung der Teenager-Mail auch nicht kenne. Paula bekam bisher immer Antwort auf Fragen... Also warten wir mal ab. Fakt ist, die Nerven liegen auf allen Seiten blank und ich suche meinen Kopf täglich nach grauen Haaren ab. Noch ist alles gut.

Andere Schüler haben eher Langeweile und werfen Dachpfannen vom Clubhaus, direkt vor den Supermarkteingang. Das Wachpersonal sorgt für Ordnung und es ist mir sichtlich unangenehm, dass es deutsche Kinder sind.

Mittlerweile ist es Nachmittag und das Internet sagt keinen Pieps mehr. Bei den Nachbarhäusern läuft das Internet aber tadellos. Ich informiere meine Vermieterin. Schnell kommt sie zu dem Ergebnis: Ich habe vergessen, eine Telefonrechnung zu begleichen. Auch schön, das Internet zu kappen und dann erst eine Rechnung zu schicken. Gut, dass ich gerade keine Klausur online schreibe.

Durch das ganze E-learning habe ich „Marketing" immer noch nicht abgeschlossen, aber in der Zwischenzeit eine Fallarbeit geschrieben. Ich versuche seit Tagen für „Marketing" zu lernen, werde aber ständig durch „Maaaaamaaaa-Rufe" unterbrochen. Nun suche ich gerade in den Modulen nach weiteren Möglichkeiten für eine Hausarbeit oder Workbook. Ich werde mich wohl durch Psychologie oder Recht durcharbeiten... Hoffentlich vergesse ich nicht alles in Marketing.

Ich finde meine Rolle als Hauslehrer aber manchmal gar nicht so übel: Die Kinder in den vierten Klassen haben im Sachunterricht das Thema „Seide". Dank unserer Freundin Julia sind gestern gefühlte 50 Seidenraupen im Hause Schleier eingezogen, obwohl Julia nur 30 Stück bestellt hatte. Diese wohnen nun in zwei Schuhkartons und müssen jeden Tag mit mitgelieferten Maulbeerblättern gefüttert werden, die bei uns im Kühlschrank lagern. Die Raupen fressen und sch... den ganzen Tag, so dass die Kinder heute schon einmal die Küchenrolle im Karton auswechseln mussten.

Nach kurzer Zeit werden sie ihre Farbe ändern, von 5mm auf bis zu 2cm wachsen, sich dann verpuppen und zu schönen Faltern werden. Bleibt nur zu hoffen, dass es keine „Ninja-Raupen" sind, die sich durch den Karton fressen und dann durch das gesamte Haus kriechen. Es sind Sophias Babys. Irgendwie hatte ich mir meine 50 Enkel anders vorgestellt.

Paulas Konfirmationstermin steht immer noch nicht 100%ig fest. Zwar ist Ende Mai (31?!) der Tag der Tage, aber wir haben immer noch keine feste Lokalität, da alle Kirchen immer noch geschlossen sind... Auch toll, wenn wir dann zwei Tage vorher Bescheid bekommen. Aber ich rege mich nicht mehr auf. Wozu auch?

Paula wird gleich eine Freundin besuchen und ich muss die Zeit nutzen, um heimlich einen Kuchen zu backen... Jetzt wird unser Mädel schon 14!! Wo ist nur die Zeit geblieben? (Ich höre mich an, wie meine eigene Oma...) Bleibt gesund und munter. Bis bald, Urda

Jetzt berichte ich euch besser gleich, bevor wieder das nächste Projekt ansteht. Bis vor kurzem habe ich an dem Modul „Psychologie" gearbeitet. Diesmal konnte ich sogar die Prüfungsform wählen: Entweder eine schriftliche Onlineprüfung mit Fragen oder die Beantwortung von Fragen in einer Hausarbeit in Form eines Workbooks. Da das Internet sehr unbeständig ist, habe ich das Workbook gewählt, was aber auch seine Tücken hat. Es werden Quellenangaben gefordert und so ist es nötig, dass ich Literatur brauche, die ich natürlich nicht habe. Die Bibliothek der Schule bleibt uns Eltern gerade verschlossen, da jede Person, die ein Risiko darstellen könnte, draußen bleiben soll. Ich habe volles Verständnis für diese Maßnahmen.... Da die Dame von der Bibliothek ein echter Schatz ist, konnte ich online im Literaturverzeichnis der Schule suchen und sie hat mir die Bücher am Eingang der Schule hinterlegt. Das Sortiment der Schule ist natürlich auf die Bedürfnisse der Schüler ausgelegt und somit war meine Ausbeute eher gering. Eine Mutter von Paulas Freundin hatte zum Glück auch noch Bücher, die sie mir leihen konnte. Die Online-Bibliothek der Fachschule ist auch nicht so leicht zu verstehen. Für viele Bücher habe ich keine Zugangsberechtigung und ich kann sie mir auch nur manchmal runterladen. Wenn das Internet einen schlechten Tag hat, bricht es natürlich im entscheidenden Augenblick zusammen und ich fange wieder von vorne an...

An Tutorien kann ich bei der Fachhochschule nie teilnehmen, da ich ja in einer anderen Zeitzone bin, und nachts um vier Uhr schlafe ich für gewöhnlich. Die Aufzeichnungen könnte ich theoretisch sehen, aber auch nur mit VPN, was auch alle zwei Minuten stoppt... Dort wurde wohl auch erzählt, dass man bei Fragen zum Workbook den Tutor nur noch über Teams erreichen kann. Bei Teams war ich dann auch und habe Fragen gestellt, die unbeantwortet blieben. Aus Verzweiflung habe ich dann eine Mail an die Fernuni direkt geschrieben, was mir aber auch keine Antwort brachte.

Somit dann meine Arbeit einfach hochgeladen und die Bewertung für den Kurs abgegeben. Prompt bekam ich am nächsten Morgen die Antwort auf den Kritikpunkt, dass mir Niemand antwortet: Ich hätte mich bei Teams erst durch den Tutor freischalten lassen sollen, das wäre schließlich bekannt und das hätte ich ja nicht getan.... Nun habe ich in meiner Hausarbeit eine

„unseriöse" Quelle und wohl noch einige Formfehler. Zuviel geschrieben habe ich auch: Ein Mann, ein Wort! Eine Frau, ein Wörterbuch.... Ärgerlich! Mal sehen, wie sich das auf meine Benotung auswirken wird. 25% Punktabzug sind locker drin. Es ist ein einsames Studium, da ich hier WhatsApp auch nicht installiert bekomme. Aber ich heule mich bei einer Mitstudentin aus der Schule aus. Von mehreren Seiten höre ich, dass solche Erlebnisse einfach zum Studium dazu gehören und dass „4 gewinnt".

Trotzdem ärgerlich, da ich mich wirklich mit dem Modul auseinandergesetzt habe. Ich habe mir die beknackteste Emotionstheorie ausgesucht: diese besagt, dass, wenn man sich einen Bleistift zwischen die Zähne klemmt, die gleichen Gesichtsmuskeln beansprucht, als ob man lachen würde. Somit wäre man genauso happy, als wenn man richtig Spaß hätte. Ich zerbeiße meinen Bleistift und murmle irgendetwas von „Sch... Wissenschaft". Problem nicht gelöst. Aber dies gehört wohl auch zum wissenschaftlichen Arbeiten. Es ist nicht wichtig, dass man ein Problem löst, sondern dass man es überhaupt hat.

Die Kinder gehen nun seit zwei Wochen wieder zur Schule und schreiben jetzt pro Woche drei Klassenarbeiten und diverse Vokabeltests. Jeden Tag muss ich bei ihnen Fieber messen und einen Zettel ausfüllen, wie lange wir schon in Shanghai sind und ob wir Corona-Symptome aufweisen. Im Bus wird erneut die Temperatur gemessen und es herrscht Mundschutzpflicht. In der Schule werden ständig die Hände desinfiziert und in der Mensa gibt es Plexiglasabsperrungen auf den Tischen. Die einzelnen Gerichte sind im Eingang zur Ansicht aufgebaut, damit man nicht alle Essensausgabestationen anlaufen muss. Hier wird überall sehr auf Abstand geachtet. Was privat dann passiert, liegt in der Verantwortung von jedem einzelnen. In Restaurants wird nur noch selten Fieber gemessen, bei China-Post musste ich heute natürlich meine Temperatur messen und meine Telefon-Nr. hinterlassen, falls es zu Auffälligkeiten kommt. Wie Ihr seht, ist das hier ziemlich unterschiedlich geregelt.

Wir sind ziemlich urlaubsreif, wobei wir sicherlich nicht in den Urlaub fahren dürfen. Die Kinder schreiben Klassenarbeiten ohne Ende, da die Schule sich eine Grundlage für die Benotung wünscht. Schwierig für alle und großer Druck, wenn alles von einer Klausur abhängt. Markus arbeitet mehr als sonst. An deutschen Feiertagen arbeiten die Chinesen natürlich und an chinesischen Feiertagen arbeiten die Deutschen. Markus arbeitet also immer, auch an seinem 50. Geburtstag hatte er eine mehrstündige Konferenz bis tief in die Nacht. Dafür wurde auch ihm massiv das Gehalt gekürzt, aber das wäre in Deutschland auch so. Mit dem Unterschied, dass wohl zumindest die Arbeiter für das Kurzarbeitergehalt nun auch nur Teilzeit arbeiten müssen. Aber Jammern hilft nicht. Zum Glück hat Markus noch seinen Job. Viele Firmen ziehen ihre Expats nun zurück. Bitter, wenn man als Familie gerade erst nach China gezogen ist, zu Hause vielleicht die Wohnung gekündigt hat und nun schon wieder zurückmuss. Leider kein Einzelfall!

Ansonsten haben wir hier auch immer viel zu tun:

Paula hat nun eine Zahnspange und ich suche verzweifelt Interdentalraumbürsten im Internet. Ich bekomme diverse Vorschläge: Toilettenbürsten und auch ein Hundekauknochen sind im Angebot. Paulas 14. Geburtstagsfeier vor zwei Wochen, das Wochenende darauf dann sämtliche Konfirmanden, (wir boten ihnen unser Wohnzimmer an, da sie sich im Moment auch nicht in der Schule treffen können), Mittagessen inklusive. Nun gibt es im Compound-Shop keine Spaghetti mehr...

Eine Woche vor der Konfirmation dann immer noch keine Entscheidung, wo die Konfirmation stattfinden soll, da die Kirchen immer noch geschlossen bleiben sollen. Nun haben sich alle auf ein Schiff geeinigt, was die Konfirmandenfamilien mieten und bezahlen sollen. Nun, ja. Die Miete der Kirche hätten wir auch übernehmen müssen. Und die Konfirmation war wirklich sehr schön und wer kann schon von sich behaupten, auf einem Schiff konfirmiert worden zu sein. Am Montag habe ich über die Konfirmation für den ansässigen Gemeindebrief geschrieben. Lasst es mich wissen, wenn ihr den gerne lesen wollt.

Unser Kater „Tom" ist seit Corona auch verschwunden. Seitdem hatten wir „Tom.2", „Fluffy" und „Horst". Ein reger Wechsel im Refugium. Nun haben wir „Molly", die den ganzen Tag verschläft und aus dem Maul übelst nach Fisch riecht. Ob sie wohl „Odol" kennt?! Ich bekomme Lust, ihr die Zähne zu putzen. Ihr hängt die Zunge aus dem Hals und miauen kann sie auch nicht richtig. Aber so hat Jeder seine Fehler.

Am Freitag ist „Elternsprechtag" über Zoom. Sophias Klassenlehrerin ist wirklich fit in technischen Dingen und es ist schade, dass ein Lehrerwechsel im neuen Schuljahr stattfinden wird. Mal sehen, wie es dann wird. Viele Kinder sind nun in Deutschland und kommen auch nicht wieder zurück. Nur die Väter sind jetzt noch hier, wenn die Firmen sie noch nicht zurückgerufen haben. So eine Trennung über Monate stelle ich mir auch schwierig vor.

Es bleibt abzuwarten, ob nicht einige Klassen zusammengelegt werden. Eine neue deutsche Schule hat im Januar gerade erst eröffnet. Wenn nun die Schüler ausbleiben, werden sie es sehr schwer haben, die finanziellen Mittel aufzubringen. Keine Ahnung, ob das alles nur über das Schulgeld finanziert wird oder ob die Schulen auch Gelder aus Deutschland bekommen. Ich schätze mal, dass das eher nicht der Fall sein wird. Es bleibt also alles ungewiss. Wer weiß, vielleicht sind wir bald wieder in Hannover?! Wir leben gerade Tag für Tag, das geht komischerweise auch irgendwie.

Das letzte Jahr wird wie im Flug vergehen und bald sitzen wir mit Prosecco zusammen auf der Terrasse und es ist so, als ob wir nie weg gewesen wären, so zumindest der Plan.

Viele liebe Grüße aus Shanghai,
Eure vier Shanghainesen

Endlich Ferien! Heute gab es Zeugnisse und wir können dann endlich ein wenig durchatmen... Paulas Klasse wird demnächst geteilt werden, da einfach nicht mehr genügend Schüler da sind. Das gab heute schon sehr, sehr viele Tränen in der Klasse. Einerseits, weil viele Mitschüler nach Deutschland zurückgehen und natürlich, weil es die Klasse so nicht mehr geben wird. Drei Jahre hatte der Klassenlehrer diese Klasse nun betreut, was eine echte Ausnahme darstellt. Eigentlich ist nach zwei Jahren ein Wechsel normal. Da Lehrer und Schüler aber so aneinanderhingen, wurde kurzerhand ein drittes Jahr genehmigt. Im Lehrerzimmer gab es schon ein wenig Streit, wer denn als nächstes der Klassenlehrer sein darf. Aber das Thema hat sich ja nun erledigt. Kürzlich hatte der Klassenlehrer einen runden Geburtstag und die Klasse hatte eine Geschenkbox gebastelt. Jeder Schüler hat einen Brief geschrieben, warum er oder sie den Lehrer mag... Es gab wohl aber auch kritische Stimmen: „Tja, Herr Dr. H., hätten Sie sich bei der Schulleitung mal durchgesetzt, dann hätten Sie nun ruhige Ferien. So wissen Sie eben nicht, ob Sie demnächst nicht eine Sch...Klasse bekommen!" Der Lehrkörper war aber trotzdem sehr gerührt und musste sich kurz vor der Klassenzimmertür sammeln. Heute gab es noch eine Mail an uns Eltern, wo sich der Lehrer für diese erfüllende Zeit mit den Kindern bedankt hat. Ich habe auch wirklich schlucken müssen. Das ist einfach nur schön, dass Paula so eine gute Zeit hatte.

Bei Sophias Klasse heißt es nun auch Abschied nehmen. Ihre beste Freundin geht zurück nach Deutschland und auch die Klassenlehrerin tritt ihre Heimreise an. Das E-Learning hat Sophia gutgetan, trotzdem hat sie noch einige Defizite, so dass wir sie die vierte Klasse wiederholen lassen. Sie ist mit Abstand die Jüngste in der Klasse und der Sprung in die fünfte Klasse wäre einfach zu früh für sie. Aber wir sind guter Dinge, sie wird auch noch reifen und hat schon jetzt Bestnoten im Sozialverhalten.

Die letzten Schulwochen vergingen nur so im Flug und ich bin etwas überrascht, dass wir es schon wieder geschafft haben.

Der Unterricht verlief eigentlich ziemlich normal, nur im Eingang gab es immer noch Fiebermessungen und wir mussten jeden Tag einen Zettel ausfüllen, wo wir angeben mussten, dass die Kinder keine Symptome haben und länger als zwei Wochen in Shanghai sind.

Die Behörden geben ständig neue Meldungen heraus. Vermutlich wird die Schule erst wieder im September öffnen dürfen, wenn auch die chinesischen Schulen wieder ihre Pforten öffnen. Es bleibt abzuwarten. Juhu! Wieder E-Learning!

Eigentlich wollten wir nächste Woche nach Peking reisen, aber dank Corona-Neu-Fällen ist das erst einmal auf Eis gelegt. Planen kann man nun nicht wirklich und außerhalb reisen von China auch nicht. Aber in der näheren Umgebung gibt es auch viel zu entdecken. Nächste Woche geht es erst einmal nach Ninghai, aber nicht mit dem Zug. Die Leute sind Ausländern gegenüber sehr misstrauisch. Ständig muss man seinen Pass oder den grünen QR- Code vorzeigen, sonst darf man nicht weiter. Einheimische werden fröhlich durchgewunken. Aber so ist das nun mal.... Unsere chinesischen Freunde wollen ihren kostbaren Urlaub mit uns verbringen (sind nur fünf Tage pro Jahr... krass oder?) Die sind wirklich lieb und mehr Zuneigung kann ein Chinese kaum zeigen. Bin gespannt, was wir zusammen erleben werden.

Die Mädels werden nun doch ziemlich schnell erwachsen und Paula ist auch ziemlich viel mit Freunden unterwegs, was Sophia natürlich gar nicht passt. Sie ist aber auch sehr gewachsen und die Pubertät lässt grüßen. Mehr Körperpflege ist angesagt, was den Damen so gar nicht zusagt, zudem gibt es erbitterte Kämpfe, wer zuerst ins Bad darf...

Sophias Seidenraupen haben sich mittlerweile weitestgehend verpuppt; wir haben Puppen in Weiß, Grau und Gelb. Die anderen Raupen schmatzen vor sich hin. Chinesen eben.... Stellt sich die Frage, was wir mit ihnen nur anfangen sollen. Töten kommt für die Kinder nicht in Frage. Geben wir sie doch einfach dem Lehrer zurück; dieser unterrichtet gerade Sexualkunde und freut sich sicherlich...

Es ist alles ziemlich unsicher und ich habe ein wenig Bauchschmerzen wegen der Reisefreude der Europäer. Hoffentlich gibt das keine zweite Welle. Die Tourismusbranche braucht natürlich auch Urlauber, wie jede Branche Arbeit braucht. Hier werden Expats extrem häufig zurückgerufen und es kommen auch keine Neuen nach. Das nächste Jahr wird nicht einfach werden. Der Stellenabbau ist auch in Markus' Firma erschreckend hoch und viele Stellen, die aus Ruhestandsgründen frei werden, bleiben unbesetzt. Wir müssen also weiter abwarten, da es noch nicht abzusehen ist, wie sich alles entwickeln wird.

Dass keine neuen Expats nachkommen werden, bereitet mir Kopfschmerzen. Wir müssen mit den Leuten auskommen, die da sind. Ich schleppe mich durch diverse Partys. Dabei habe ich Badewannen benutzt, die waren deutlich tiefgründiger als manche Gespräche hier... Eine gute Freundin ist in Deutschland, um ihre Mutter zu pflegen. Ich vermisse sie sehr. Zum Glück sind aber noch liebe Menschen hier; es liegt eindeutig an mir, dass ich mich so wenig kümmere. Julia ist hier mein Anker! Und Andere wären es auch, wenn ich mich mehr aufraffen würde.

Meine Ayi gibt mir Rätsel auf... Seit Wochen sind Medikamente für Markus gegen zu hohen Blutdruck verschwunden. Nun könnte man annehmen, dass diese Ayi sie verkauft oder an ihre Tante weitergegeben hätte, was ich ohne ärztliche Untersuchung bedenklich finde. Wir hatten auch schon die Theorie, dass Markus sie in geistiger Umnachtung in den Müll geschmissen hat. Wir sind unendlich müde und der Akku ist morgens schon leer... Laut meinem Studium in Rechtskunde: Im Zweifel für den Angeklagten! Markus hat sich für mehrere hundert Euro neue Tabletten gekauft und sie nun in meinem Arbeitszimmer deponiert. Neuerdings macht unsere Ayi Geschenke. Hat sie ein schlechtes Gewissen? Am Donnerstag will sie für uns kochen... Es wird Sprossen mit roten Bohnen geben. Ich bin gespannt. Und auch enttäuscht, wenn sie uns wirklich bestohlen haben sollte...

Mein Studium gestaltet sich sehr schleppend. Durch das schlechte Internet habe ich zunächst eine Fallstudie und ein Workbook bearbeitet, was durch viele ungeklärte Fragen behaftet ist. Das wird sich sicherlich auch auf die Notengebung auswirken. Mir wird hier vieles einfach nicht angezeigt und ich kann dies natürlich schlecht nachweisen. Die Professoren sind freundlich, dulden aber keine Extrawürste, was ich verstehen kann. Eigentlich wollte ich nun auch wieder die nächste Klausur schreiben, aber durch das Drachenfest ist das Internet so langsam, dass ich nun erst einmal die Ferien genießen werde. Studienfreundin Anja schickt mir sogar ihren digitalen Lernzettel. Es juckt mich, doch zu starten... Aber ich lasse es dann doch. Zudem hatte ich in den letzten zwei Wochen eine fette Erkältung mit allen Begleiterscheinungen; bin immer noch nicht durch damit. Also dann eben Zwangspause. Einen Fehlversuch durch das Internet möchte ich mir nicht leisten. Das Internet hat so seine Tücken: Erst das Internet lahmlegen und dann eine Rechnung schreiben, kenne ich aus Rumänien... Wobei ich die Rumänen irgendwie besser einordnen kann. Da wusste ich sofort immer, wie sie fühlen und denken. Das fällt mir mit den Chinesen deutlich schwerer: Meine Ex-Ayi schickt mir ein Foto von ihrem Hund, der gerade gebadet wird. „Bohnensprosse" heißt er. Im nächsten Bild bekomme ich ein Foto von einem knallroten Eintopf... Was soll das bedeuten? Hat sie ihn gekocht? „Nein! Was denkst du denn von mir?" Ich weiß einfach nicht, was ich denken soll.

Seit ich beim Einkaufen gesehen habe, dass bei Carrefour regelmäßig der Kammerjäger mit diversen Sprühflaschen unterwegs ist, gehe ich lieber im Underground- Supermarkt shoppen. Natürlich möchten wir weiter Müll vermeiden, daher habe ich meinen alten Eierkarton von Carrefour dabei, um ihn wieder auffüllen zu lassen. Wieder Missverständnisse: An der Kasse wird der Code von der Packung der teuren Bioeier eingescannt. „Nein! Der Karton gehört mir, die Eier gehören zu euch!" schreibe ich in den Übersetzer. Versteht keiner. Nach zwei Versuchen gebe ich auf und zahle zu teure Eier. Eine chinesische Dame mischt sich ein:" You are friendly! Do you need an Ay-i???" „No! I need EIER, no AY-I!" Ich dumme Langnase ich! Mein Lieblingsgemüsemarkt wird abgerissen. Meine Gemüsefrau schreibt sogar auf Deutsch: „Du Hunger? Ich liefern!" Ich bestelle 4 Tomaten und diverses anderes Zeug. Was bekomme ich: Vier Kilo Tomaten... I'm so sorry! Ich habe gerade wirklich Heimweh. Was mache ich mit dem Gelumpe nur? Heute gibt es Tomaten mit Feta! Bei über 30 Grad und Regen ist mir wirklich warm... Hier Dampfbad! Eine Dusche täte gut! Aber nanu?! Das Wasser ist eiskalt! Den Wasserhahn in der Waschküche hat die Ayi abgerissen und mit Tesafilm!!! repariert. Gesagt hat sie natürlich nichts... Ich rufe meine Vermieterin an! Sie verspricht mir einen neuen Wasserhahn für die Waschküche und die Therme soll auch in Ordnung gebracht werden. Ich freue mich tatsächlich, denn ich bin ein Warmduscher! Überdies hinaus riecht das Wasser in den ersten drei Minuten nach faulen Eiern... Ich vermute Bakterien im Tank! Die Vermieterin versteht mich und will mir einen „Fachmann" schicken. Ob dieser mit einer deutschen Therme wohl klarkommt? Meine Vermieterin ist so stolz auf diese deutsche Wertarbeit, die so langsam in die Jahre gekommen ist.

Nach der Reparatur ist der Techniker schweißgebadet oder wassergetränkt. Genaues weiß man nicht... Stolz präsentiert er, dass das Wasser nun wieder warm ist. Er kam Stunden zu spät... Und ich habe kalt geduscht. Durch die Reinigung des Tanks ist nun der Wasserdruck viel zu hoch und zerreißt mir den Wasserhahn in der Küche. Ich bin klitschnass vom Dreckwasser... Dass das Wasser in der Dusche weiterhin stinkt, ist mein kleinstes Problem. Da ich eine sehr feine Nase besitze, begrüßen wir halt kotzend jeden neuen Tag! Warum wurde ich nur mit einem feinen Geruchssinn ausgestattet? Sprachtalent oder technisches Verständnis wären viel hilfreicher... Aber es ist so, wie es ist!

So hat Jeder seine Probleme! Mein Mann ist endlich wieder im Büro in Ninghai. Aber: Jemand hat sich durch seine Zuckerwürfelpackung gefressen... Ah, hier gibt es also Mäuse im Büro! Da sind die vergitterten Fenster also eher Kosmetik und nicht Mäuse abweisend. Auf dem Mahagonischreibtisch thront ein Bonsai, der nach Aufmerksamkeit buhlt. Nun wird dieser liebevoll gestutzt und gegossen und die Mitarbeiter fragen höflich nach der Geschichte des Baumes. Für Markus eher Therapie; er ist völlig überarbeitet und schläft regelmäßig am Abendbrottisch ein... Es freut mich, dass er Freude an dem Baum hat und sich dadurch ein wenig erholen kann.

Die ständigen nächtlichen Firmen-Meetings weltweit sind kräftezehrend; zudem gibt es ein neues Computerprogramm, was alle Mitarbeiter nun anwenden sollen und Keiner versteht: „Teams". Kenne ich aus dem Studium und verstehe ich auch nicht. Es wird gelassen gesehen: „Musst Du halt klicken," wird geraten! Aber ist auch egal! In drei Monaten gibt es mit Sicherheit wieder ein neues Programm, was wieder keiner versteht, soviel ist sicher. Gelächter im Meeting! Ich liege auf dem Bett, lausche endlich mal einem korrekten Englisch, da Markus' Schreibtisch im Schlafzimmer steht. Meine Englischlehrerin wäre so stolz auf mich...

Schulisch kämpfe ich mich weiter durch meine Schulbegleitung und Kreativ-AG. Was in der einen Woche gut klappt, geht in der nächsten mächtig in die Hose. Ich würde es nicht einmal schaffen, dass ein Hund „Platz" macht. Ich habe hier Kindergeburtstag - nur halt ohne Kuchen. Da könnte man doch gut auf pädagogische Kenntnisse zurückgreifen. Welche pädagogischen Kenntnisse?! Ein Junge behauptet am Ende des Unterrichts, mal eben auf die Toilette gehen zu wollen, mit sämtlichen Schulsachen, ist klar. Sein Arbeitsplatz sieht aus wie Sau. Netter Versuch.

Mein Mann findet eh, dass ich auf „Krawall" gebürstet bin: Meine Joggingrunden möchte ich nicht mehr mit langweiligen Wasserflaschen verbringen; eine neue Flasche muss her! Warum nicht die schicke blaue Ginflasche von „Bombay Sapphire"? Die liegt gut in der Hand. Kopfschütteln seitens meines Gattens. Da könnte ich gleich „oben ohne" joggen gehen, um Aufmerksamkeit zu erhaschen. Guter Plan! Irgendwie muss ich dringend nach Hause geschickt werden... Wobei mich dort auch einige Leute nerven würden, die nur von der Tapete bis zur Wand denken können. Es geht mir einiges mächtig auf den Zwirn. Dieses ständige „höher, schneller, weiter" ist überhaupt nicht mein Ding. Ich überlege ernsthaft, aufs Autofahren zu verzichten. Mein Süßer träumt von einem Elektroauto, ich von einer neuen Küche im Vintage-Style.... Mal sehen, was wird. Unsere Meerschweinchen vermissen wir alle. Es gibt mittlerweile nur noch ein Schweinchen und wir möchten unbedingt wieder eine neue Herde haben. Die waren so herrlich entspannend und Jedes hatte wirklich Charakter.

Inzwischen haben wir ja Katze „Molly" auf der Terrasse wohnen. Das ist aber irgendwie nicht das Gleiche. Sie hat wohl ein ausgeharktes Kiefergelenk, das ich theoretisch wieder einhängen könnte, wenn sie sich das gefallen lassen würde. Sie ist auch sonst nicht die Schlauste und lässt sich ihr Katzenfutter von den Ameisen wegschleppen... Loser!

Wo wir gerade beim Thema sind: Durch das Studium muss ich mich gezwungenermaßen mit meiner eigenen Biographie auseinandersetzen. Das ist hart. Sehr hart. Das Skript kommt an seine Grenzen. Dank Hugendubel habe ich mir diverse Fachbücher bestellt. Auf diese warte ich seit acht Wochen. Amazon darf schon lange nicht mehr liefern und ich habe Sehnsucht nach diversen Dingen.... Eine frühere ZMF Kollegin hat mich auf

Facebook gefunden und verwöhnt mich mit Pumpernickel, Brotbackmischungen und Salmiakkugeln. Ich bin freudig überrascht über so viel Hilfsbereitschaft. Wir hatten fast 20 Jahre keinen Kontakt, trotzdem ist es superschön mit ihr zu plaudern und wir sehen viele Dinge ähnlich. Auch weitere alte und neue Freunde fragen mich nach meinen Wünschen, was mich sprachlos macht, was selten vorkommt.

Ihr fragt mich nach meinen beruflichen Vorstellungen? Gute Frage. Das frage ich mich gerade auch. Dabei verwende ich das Ausschlussverfahren: Keine Forensik, kein Jugendamt, keine Drogenabhängigen... Aber ich lasse mir noch Zeit damit. Ab und zu lese ich Stellenanzeigen, das hilft doch so ziemlich und motiviert. (Das Gehalt motiviert eher nicht. Das erste Jahr ist ein Anerkennungsjahr und da darf man zum halben Gehalt oder für lau arbeiten). Bei allem, worin das Wort „Sozial" drin vorkommt, ist anzunehmen, dass jene Personen nur aus purer Nächstenliebe arbeiten wollen und bestimmt noch Gelder mitbringen.... So zumindest der Plan. Aber das wird sicherlich noch ein wenig dauern. Die Fernuni macht zeitlich so gar keinen Stress. Das ist auch nicht immer gut...

Habt erst einmal einen schönen Tag und lasst es Euch gutgehen! Liebe Grüße!

Bis bald, Urda

Da wir wegen Corona leider nicht nach Peking fahren konnten, hat es uns zunächst wieder einmal nach Ninghai verschlagen, in Markus` Apartment. Die Kinder und ich kennen uns mittlerweile gut im Xizi- Bezirk aus, was sogar mit einem Hotel „Xizi-International" gekrönt ist. International ist hier aber gar nichts... zumindest eben nicht im besagten Hotel, wie wir feststellen konnten. Da wird nur chinesisch kommuniziert. Auch gut, unser Fehler. Dann fragen wir doch Markus' englischsprechende Kollegin, ob sie nicht zufällig weiß, ob es im Tempel Mönche gibt, die vielleicht Englisch sprechen und mir ein paar Fragen über ihre Tempel und Religionen beantworten können und wollen.

Obwohl Mönche oft sehr gebildet sind, leider auch hier Fehlanzeige. Kein English Speaker. Schade! Ich gebe aber nicht auf und stapfe frohen Mutes mit meiner Übersetzer-App zum Tempel in der Hoffnung, das Objekt der Wissbegierde in Mönchsform zu treffen, aber nanu: Alles ist mit einem Gitter abgeriegelt und es begrüßen uns in einem Gartenteich nur ca. 200 hungrige Schildkröten, die uns fragend anschauen. Habe ich doch glatt vergessen, dass Kirchen und Tempel wegen Corona immer noch geschlossen bleiben sollen. Dann eben später, wenn sich die Lage etwas beruhigt hat!

Ansonsten ist in Ninghai aber nur noch wenig von Corona zu merken. Nur noch vereinzelte Menschen tragen Masken und auch der Wachposten vor der Einkaufsmall schaut nicht einmal mehr hoch, um den Gesundheitscode zu kontrollieren, geschweige denn, um Fieber zu messen. Ich mache es mir in meinem Lieblingsbuchladen bequem und lese endlich wieder einmal ein Buch, was mal rein gar nichts mit meinem Studium zu tun hat. Herrlich! Es ereilt mich ein leichtes Hungergefühl und da man in diesem Büchergeschäft sogar essen darf, bestelle ich mir ein leckeres Hähnchencurry mit Reis. Nach einer gefühlten Ewigkeit kommt mein ersehntes Essen dann doch noch und ich bin verblüfft: man hat mir Gabel und Löffel mitgebracht. Beim Essen mutmaße ich über den Grund: Anscheinend traut man mir hier keine Nahrungsaufnahme mit Stäbchen zu... Löffel sind in China durchaus üblich. Aber eine Gabel ist dann schon sehr exotisch. Nun erklärt sich auch die lange Wartezeit: es wurde extra eine Gabel besorgt und ich bin sehr gerührt über diese nette Geste.

Nach dem Essen merke ich, dass ich unbedingt „ein stilles Örtchen" aufsuchen sollte, da ich Unmengen von Tee intus habe. Leider habe ich völlig vergessen, dass öffentliche Toiletten ja die gekachelten Varianten in Bodenebene beinhalten und ich mich über diese mit heruntergelassener Hose hocken muss in der Hoffnung mir nicht auf die eigenen Füße zu pieseln. Gesagt getan: ich hocke unbequem und sehr unelegant über dem Lokus und werde erneut an etwas erinnert: Dass es in öffentlichen Toiletten ja oft kein Papier gibt. Meine Handtasche mit Taschentüchern hängt hämisch schaukelnd in schwindelerregender Höhe an der WC-Türe und ist nicht erreichbar. Scheiße! Wahrhaftige Worte!

Paula ist allein in der Mall unterwegs und wird von gleichaltrigen Teenagern umringt, die ebenso die Ferien genießen. Es wird in einem Mischmasch von Chinesisch und Englisch zusammen getuschelt. Von Berührungsängsten keine Spur. Paula wird es fast schon ein wenig zu viel. Im Allgemeinen geben sich gerade Chinesinnen extrem schüchtern. Lachen nur hinter vorgehaltener Hand, damit man die vermeintliche Zahnspange nicht sieht. Nun steht ein Teenie hüpfend vor Paula und wild mit den Armen fuchtelnd: „Ich bin ja sooo schüchtern; Wie heißt du? Wie lange lebst du schon in China? Wie alt bist du? Gefällt dir Ninghai?" Klar, extrem schüchtern. Und prompt wird Paula mit einem Milchshake bestochen, um noch mehr Zeit mit ihr verbringen zu können. Weniger gut kommt Paula bei Kleinkindern an. Es kam schon öfter vor, dass wenn chinesische Zwerge Paula erblickten, sofort zu weinen begannen und zu ihrer Mama auf den Arm wollten. Darf ich vorstellen: Meine Tochter Paula! Die bringt sogar Kinder zum Weinen... Arme Paula!

Am Abend wollen wir in einem Restaurant in der Einkaufspassage essen gehen. Die Lokalitäten liegen üblicherweise im obersten Stockwerk und kurz vor der Hauptessenszeit müssen sämtliche Angestellte vor dem Essenstempel Spalier stehen, um sich die täglichen Parolen des Chefs anzuhören: „Heute nur zufriedene Gäste! Wir schaffen das"! keine Ahnung, was sie zu hören bekommen. Fakt ist, wir laufen an den aufgestellten Mitarbeitern vorbei und deren Köpfe folgen alle in unserer Laufrichtung und der Küchenchef hat ungeteilte Nichtaufmerksamkeit.

Nach dem Essen gehen wir noch ein wenig einkaufen im Wu-Mart für einen gemütlichen Videoabend mit der ganzen Familie. Ich erstehe ein paar Gemüsekräcker, die aussehen wie Hundekuchen, und suche nach Erfrischungsgetränken. Irgendwie werde ich nur schwer fündig: „Rio" in Dosen mit Joghurt und Wodka-Geschmack. Also ich weiß nicht so recht...

Am nächsten Morgen besuchen wir per „DIDI" die Altstadt. Didis sind Taxen, die man per WECHAT bestellen und gleich bezahlen kann. Eben den Standort und das Ziel eingeben und in nicht einmal zwei Minuten wird man abgeholt, nicht ohne vorher das Kennzeichen und die Autofarbe zu kennen. Sehr praktisch! Auch dass Markus` Kollegin „Feng" uns vorher alle Adressen auf Chinesisch geschickt hat. So kommen wir auch ohne Sprachkenntnisse zurecht. Und reden muss man mit dem Fahrer dann auch nicht mehr, was dieser schade findet...

Die Altstadt ist traumhaft schön mit grauen Häusern und wird von kleinen Bächen durchflossen, in denen Koi-

Karpfen schwimmen, für diese man Futter kaufen kann. Alles ziemlich touristisch erschlossen. Das hatte ich nicht so erwartet, aber es stört auch nicht wirklich. Wir finden sogar ein Café, wo man KAFFEE trinken kann. Wir sind selig und als die Kinder noch mit der hauseigenen Katze spielen dürfen, ist der Nachmittag perfekt. Plötzlich bringt die Besitzerin noch eine Tasche, wo freudig fünf Katzenbabys uns entgegenmiauen. Ich habe selten so etwas Niedliches gesehen. Klar, dass wir nun noch länger bleiben. Die Katzenmutter ist sichtlich genervt von Ihren Blagen und hat offensichtlich kein Problem damit, dass wir uns nun um die Kleinen kümmern. „Wo ist denn der Katzenvater?" wollen unsere Kinder wissen. Dass die ganze Arbeit an der Katzenmutter hängen bleibt, wollen unsere Kinder so gar nicht einsehen. „I don't know"... ist nicht die Antwort, die sich die Kinder vorgestellt haben. Rabenvater!

Sophias Herz schlägt immer noch für Pferde und dank Feng besuchen wir einen Reitstall, der an einem Nobelhotel angekoppelt ist, was mitten in den Bergen liegt, damit sich der gestresste Stadtmensch in der Natur erholen kann. Man kann daher für mehrere Hundert Euro ein Häuschen inmitten des Waldes buchen. Solche Preise kommen für uns nicht in Frage und wir sind erstaunt, wie voll die Hotellobby ist, wo reiche Chinesen auf teuren Sofas mit den schmutzigen Schuhen auf Selbigen lümmeln. Wir stehen verunsichert in einer Ecke und setzen uns erst nach Aufforderung. Ein Shuttle bringt uns zum Reitstall, der zunächst wenig Ähnlichkeit mit einem Stall hat. Die Wände sind strahlend weiß und auf dem anthrazitfarbenen Steinfußboden liegt kein Strohhalm. Es riecht nicht einmal nach Pferd, sondern nach Zitronen. Die Pferde stehen einzeln in ihren Boxen, ohne Blickkontakt zu ihren Genossen. Artgerecht ist das so sicherlich nicht. Freundlich werden wir von einer englischsprechenden Dame im traditionellen chinesischen Kleid begrüßt. Der Trainer würde die Pferde schon für die Kinder satteln. Wir müssen gar nicht helfen? Das kenne ich so aus meiner aktiven Reiterzeit nicht. Da durfte ich selbst putzen und satteln, um schon einmal auf Tuchfühlung zu gehen. Bestechungsmöhren waren auch gerne genommen. Also warten wir nicht, bis uns das „Sportgerät" vorgeführt wird, sondern stiefeln in die Box, um zu helfen. Das löst Verwunderung aus. Das Pferd steht halb dösend mit dem Gesicht zur Wand. Eindeutiger kann ein Pferd es einem kaum mitteilen, dass jetzt ein ganz schlechter Zeitpunkt zum Arbeiten ist. Ich bespaße das Pferd von vorne und der Coach sattelt routiniert derzeit das Pony. Er zollt mir Respekt, denn „Kleine Sieben" mag keine Reiter und beißt für gewöhnlich. Paula reitet nun auf „kleine Sieben", bzw. die Beiden schlurfen über den durchnässten Sandplatz. Sophia hat mehr Glück; ihr Pferd ist deutlich lauffreudiger und fängt munter zu traben an. Beide Kinder oder besser: beide Pferde sind an der Longe und die Reiter versuchen mit Schmatzgeräuschen ihre Ponys zu motivieren. Ich stehe mit auf dem Platz und gebe (bestimmt) nervige Anweisungen, wie „Hände tiefer", „Hacken runter". Die Trainer sprechen kein Englisch und nehmen mich einfach hin. Ich bekomme auch Lust zu reiten und melde mich spontan auch zu einer Stunde an. „Kleine Sieben" hat also immer noch keinen Feierabend und bekommt ungefragt die Longe abgebunden und ich lasse mich auf dem verwunderten Pferd nieder, welches so viel Gewicht bestimmt nicht gewohnt ist. Das Glück der Pferde ist bekanntlich der Reiter auf der Erde. Ich habe Herzklopfen, nach so vielen Jahren in einem Westernsattel, wo ich doch nur englische Sättel gewohnt war und wir nicht einmal die gleiche Sprache sprechen.... Aber Reiten ist wie Fahrradfahren und „Kleine Sieben" ist zu Paulas Ärgernis nun erstaunlich munter. Nur angaloppieren schaffe ich nicht. Ich versuche es mit allen

Mitteln: alle Hilfen gebe ich, verspreche Möhren und Rückenmassagen; nichts wirkt. „Kleine Sieben" will nicht! Der Trainer gibt mir ein Zeichen, dass ich absteigen soll. Er will mir zeigen, wie das geht. Mittlerweile haben wir Zuschauer, was mich zusätzlich unter Druck setzt. Mein Coach steigt auf und wie aus dem Nichts galoppiert das Pferd brav an. Der Trainer springt vom Pferd ab und reicht mir lächelnd die Zügel. Mit schweißnassen Händen steige ich wieder auf das Pony, was sofort loslaufen will. Keine zwei Sekunden später galoppieren wir einigermaßen ansehnlich über den Sandplatz. Ich bin erleichtert, ein bisschen stolz und mir zittern die Knie, als ich nach einer knappen halben Stunde wieder absteige. Der Trainer möchte mir noch mehr zeigen, aber er sieht auch, dass Pony und Reiter sehr verschwitzt sind und will den Racker so nass in seine Box stellen, was ich natürlich ganz anders sehe. Ich möchte ihn mit Stroh trockenreiben, würde sogar mein T-Shirt nehmen. Mein Anliegen wird verstanden und ich darf das Pony zusammen mit den Kindern duschen. Alle sind glücklich und es gibt natürlich reichlich Möhren und die versprochenen Streicheleinheiten für nun „müde Sieben".

Am Eingang stehen schon die nächsten Reitgäste: Ein dicker Junge in Designerklamotten. Aber ich finde es schon einmal gut, dass er Sport machen möchte. Vermutlich denkt er, dass nur das Pferd sich bewegen muss. Wir werden alle am nächsten Tag fürchterlichen Muskelkater haben. Und das ist völlig in Ordnung so.

Nach den sportlichen Strapazen möchten wir Wellness haben und suchen in der Einkaufspassage nach einer Möglichkeit zur Gesichtsmassage. Paula ist begeistert, Sophia mag es nicht, wenn fremde Menschen ihr im Gesicht herumfummeln. Ein Beautystudio ist schnell gefunden und eine einsame Mitarbeiterin freut sich über uns. Privatsphäre haben wir nicht; alle vorübergehenden Passanten können uns zusehen. Egal! Paula ist als erstes dran und fragt nach dem Preis auf Chinesisch. Die Kosmetikerin freut diese Sprachkenntnisse ungemein und sie gibt sich viel Mühe. Sogar eine Tuchmaske bekommen wir, nur die Kopfnüsse als Massageeffekt hätte sie sich wirklich sparen können. Aber für umgerechnet 2,50 Euro darf man nicht nörgeln. Auch das Straßenfood ist hier sehr günstig. Für 60 Cent werden in einem mobilen Ofen aus Teigrohlingen, Frühlingszwiebeln und Speck leckere Fladen gebacken. Daran könnte ich mich gewöhnen! Wirklich gut!

Es ist Regenzeit in China und wir fahren zunächst einmal nach Shanghai zurück. Der Regen bringt zunächst einmal Kälte, was mein Jahreszeitenempfinden erheblich durcheinanderbringt. Mir ist gerade nach Grünkohl und warmen Socken. Der Wasserhahn, der in unserer Abwesenheit eigentlich repariert werden sollte, tröpfelt fröhlich vor sich hin. Zwar war der Onkel von Lingling schon da, kann ihn aber nicht wieder reparieren. „Der muss neu!" ist sein Urteil. Ich nerve weiter die Vermieterin, die verspricht, dass der Onkel das Objekt für unser Bad besorgen wird. Zwei Wochen später liegt zumindest der Hahn vor unserer Tür und drei Tage später wird er tatsächlich eingebaut. Dass die hilfreichen Markierungen für Warm- und Kaltwasser vertauscht worden sind, ist nicht so schlimm. Immerhin standen die Chancen ja 50/50, dass es funktionieren könnte und die Armatur tropft nicht mehr. Hoffentlich ist nun erst einmal Ruhe!

Es regnet weiter... Was tun?! Erst Automuseum in Shanghai und dann IKEA, damit Jeder auf seine Kosten kommt. Wir schlendern durch IKEA und es kommen Gefühle der Vertrautheit in mir hoch. Paula ist verliebt in die Pflanzenabteilung und fragt die Blumen, wer denn als nächstes bei ihr im Zimmer sterben möchte. Ich stehe unschlüssig zwischen Personenwaagen namens „Tonne" und Löffelsets namens „Schmatze" herum und habe überhaupt nicht das Bedürfnis etwas zu kaufen. Mein Mann macht sich Sorgen, denn das gab es bisher bei mir noch nie. Aber am Ausgang packen wir unsere Tiefkühltasche mit Lachs und Räucherlachs voll. So ein bisschen Heimat muss manchmal eben sein! Und so habe ich doch noch mein Einkaufserlebnis!

Die Temperaturen steigen so langsam an und es hat den Anschein, dass wir zeitweise im Dampfbad leben. Sehr gewöhnungsbedürftig dieser Wechsel zwischen Regen und Hitze. Wir planen trotzdem mit unseren chinesischen Freunden einen Ausflug nach Suzhou, um dessen Altstadt und eine Pagode anzuschauen. Schade ist, dass durch die Kulturrevolution viele Gebäude abgerissen oder schlicht und ergreifend verfallen sind. Somit sind die meisten Gebäude rekonstruiert, aber immerhin: die Pagode stammt aus den 50er Jahren.

Um in die Altstadt zu kommen, müssen wir einen Health Code von Suzhou vorweisen, den wir natürlich nicht haben. Krampfhaft versuchen wir ihn hochzuladen und scheitern, trotz Hilfe unserer Freunde. Nach einer gefühlten Ewigkeit winkt uns der Wachposten aus Mitleid trotzdem durch. Mancher Einheimischer muss gar nichts vorzeigen und ich fühle mich ein wenig diskriminiert.

Ich tröste mich mit der niedlichen Altstadt, die wieder von vielen Flüssen durchzogen ist, die man über Bogenbrücken überqueren kann. Unsere Freunde laden uns zum Mittagessen in ein regionales Restaurant ein. Hier in Suzhou liebt man eher süß-sauer, in Shanghai und Ninghai isst man eher salzig bis scharf. Wir überlassen Mirabella und Tian die Auswahl der Speisen, da wir das meiste gar nicht kennen. Es wird uns ein buntes Potpourri aus den unterschiedlichsten Spezialitäten auf dem Tisch mit Drehscheibe präsentiert. Am ungewöhnlichsten fand ich Rinderpansen. Die

Konsistenz ist so gar nicht meins, aber ich probiere tapfer alles und konzentriere mich mehr auf Gemüse und süßsauren Fisch. Paula äußert, dass der Reiskuchen irgendwie nach Handtuch schmeckt und erntet einen bitterbösen Blick von mir.

Die Parkanlage der Pagode ist so ganz nach meinem Geschmack. Überall Felsen und Mauern, die mit runden Maueröffnungen versehen sind. Es laufen auch Einheimische in traditioneller Kleidung und Fächer durch den Park und haben offenbar ein Fotoshooting. Ich möchte mir auch unbedingt chinesische Kleidung anschaffen. Bisher hat nur Sophia ein hellblaues Seidenkleid, was sie voller Stolz trägt und viele Komplimente dafür, gerade von Einheimischen, bekommt.

Der Tag vergeht viel zu schnell und wir fahren voller Eindrücke wieder zurück nach Shanghai. Zum Abschied schenkt Tian uns eine Kiste mit chinesischem Weißbier und wir versprechen, dass wir dieses alle zusammen bei unserem nächsten Treffen kosten werden. Freizeitaktivitäten planen wir immer im Wechsel, wobei wir oft zu uns nach Hause einladen. Tian und Tochter Manling essen gerne die deutsche Küche, bei Mirabella weiß ich das nicht so genau.

Bisher waren wir bei unseren chinesischen Freunden noch nie daheim. Dies ist nicht ungewöhnlich, wie wir von unserem Freund Joe erfahren, der schon über 16 Jahren in China lebt. Bisher wurde er nur einmal zu Chinesen eingeladen, was er aber dankend abgelehnt hat, da die Platzverhältnisse meistens begrenzt sind und er auf gar keinen Fall stören wollte. Die Kinder hingegen haben es da schon einfacher: Paula übernachtet ab und zu bei Manling und wird sogar mit deutschem Müsli verwöhnt, was die Familie extra besorgt hat. (Manling freut das auch sehr. Sonst gibt es nämlich ständig nur Reissuppe oder Süßkartoffeln zum Frühstück). So lernt sie auch die chinesischen Großeltern kennen und ich bin fast ein wenig neidisch, da ich ältere Leute extrem spannend finde. Manlings Opa ist chinesisch durch und durch und singt den ganzen Tag, was die Enkeltochter ziemlich nervig findet, gerade wenn sie Hausaufgaben machen muss. Gerne isst Manling auch bei uns. Todesmutig hat sie Tomaten mit Schafskäse probiert und auch Kartoffeln mit Kräuterquark und Räucherlachs liebt sie.

Unsere Kinder haben mittlerweile auch Kontakt zu einem chinesischen Ehepaar in unserem Compound. Diese haben einen Bobtail, den die Kinder manchmal Gassi führen dürfen. Wobei der Hund die Kinder wohl eher durch das Wohngebiet zerrt. Die Besitzer des Hundes „Loki", Min und Aku, sind ungeheuer kinderlieb und lassen unsere Kids auch in ihre Wohnung. Auch helfen sie Paula, Kleinigkeiten im Internet zu bestellen. Was mich ein wenig irritiert, dass Min und Aku ständig den Kindern Geschenke machen und zum Teil auch sehr teure. Da kostet ein Tee schon einmal über 30 Euro und auch eine Flasche Whisky hat Paula für uns schon einmal mitgebracht. Und in China gilt: Kein Geschenk ohne Gegengeschenk. Ich habe keine Ahnung, wie ich mich revanchieren könnte... Paula malt inzwischen mit Aquarellfarben und auch Akryl und plant, ein schönes Bild auf Leinwand zu gestalten. Ob das wohl gut ankommt?!

Als nächstes Highlight für unsere Sommerferien reisen wir in das ca. 170 Kilometer entfernte „Hangzhou", was berühmt für seinen West Lake ist. Dieser ist irgendwie eine Mischung zwischen dem Maschsee in Hannover und Steinhuder Meer. Ich fühle mich sofort zu Hause. Das Ufer zieren unendlich viele Lotuspflanzen, die rosa Blüten hervorbringen und gerne als Porträt-Hintergrund auserkoren werden. Auch hübsche Pagoden dienen als Fotomotiv oder die Kombination aus Pagode und Lotus zusammen.

Über den West Lake fahren Ausflugsschiffe im asiatischen Stil, mit viel dunklem Holz, Ornamenten und geschnitzten goldenen Drachen. Hier kann man alte Filme drehen. Auf dem Schiff spielen oft Chinesinnen Guzheng-Musik, die ja auch typisch für deutsche chinesische Restaurants sind. Wer den See nicht zu Fuß umrunden will, kann sich die zwölf Kilometer auch in diversen „Golf Caddys" kutschieren lassen, im Hopp on- und Hopp off-Prinzip. Aber natürlich muss man hierbei auch wieder einen grünen Gesundheitscode vorweisen.

Ich habe mich oft gefragt, wo sind eigentlich die ganzen alten Menschen in China? Nun weiß ich es: In Hangzhou. Was in den USA Florida ist, ist in China Hangzhou! Mein Mann überredet mich, in den frühen Morgenstunden (ich bin Langschläfer!), am See zu joggen und die Stille zu genießen. Es ist wirklich eine besondere Atmosphäre, wenn das Wasser noch im Nebel liegt und so langsam der Tag beginnt. Aber Ruhe?! Nicht im Geringsten. Alles über 70+ ist auf den Beinen. Ein Chor singt chinesische Volkslieder, alte Meister bringen jungen Männern Tai-Chi bei, ältere Herren malen mit Wasser und riesigen Pinseln chinesische Weisheiten auf den Boden und wir versuchen uns irgendwie durch die Leute durchzumogeln, ohne zu stören. Andere machen Übungen mit Schwertern und es gibt diverse Damengrüppchen, die zu chinesischer Musik Line-Dance darbieten. Am schönsten fand ich eine Damenriege, die zu Wiener-Walzer-Musik getanzt hat. Aber natürlich auch im asiatischen Stil und als Line-Dance. Ich nötige meinen Mann, zu der Musik mit mir Wiener Walzer zu tanzen, und das in verschwitzten Joggingklamotten. Mir und den Damen gefällt das und wir winken uns fröhlich zu, als wir Langnasen weiterjoggen.

Wieder zurück im Hotel freuen wir uns auf ein großartiges Frühstück. Viel chinesisches Essen, aber auch Wurst, Baguette und Kuchen sind im Angebot. Nur Käse suchen wir vergebens... In Paris müsste man sein; aber das ist auch kein Problem! Paris liegt nicht in Frankreich, sondern in Tianducheng und das liegt auf dem Rückweg nach Shanghai. Ein ganzer Straßenzug in Tianducheng wird durch französische Architektur geziert. Prachtvolle weiße Mehrfamilienhäuser mit viel Liebe zum Detail, auf der rechten und der linken Seite. In der Mitte unendlich viele Brunnen und Steinfiguren, aber auch aufwendig angelegte Gärtchen mit Buxbaum-Hecken können wir bestaunen. Die Krönung ist allerdings ein hundert Meter hoher Eifelturm am Ende der Straße, unter dem Händler Obst, Spielzeug und Kleintiere verkaufen. Baguette und Käse wären mir lieber....

Wieder in Shanghai zurück, stellen wir fest, dass „unsere" Katze Molly nicht mehr bei uns im Garten wohnt, sondern sich bei einer anderen Familie fünf Häuser weiter durchfrisst. Die Familie möchte die Katze aber gar nicht haben, unsere Mädels aber dafür umso mehr.... Freundin Julia leiht eine Transportbox aus und die Kinder bringen unseren Ausreißer wieder zu uns. Einen Abend leistet Molly uns wieder Gesellschaft auf der Terrasse bei Wasser und Thunfisch; am nächsten Morgen sitzt sie wieder bei der anderen Familie auf dem Fußabtreter. Katzen soll mal Jemand verstehen...

In diesem Sinne:

Habt noch eine schöne Restwoche! Bis bald! Eure vier Shanghainesen!

Der Urlaub meines Mannes ist schon wieder zu Ende und ich versuche, den Alltag wieder einzuläuten, was unseren Kindern so gar nicht zusagt. Es gibt also nun wieder lästige Termine beim Kieferorthopäden und Hausarbeit muss erledigt werden. Missmutig räumt Paula den Geschirrspüler aus und verkriecht sich sofort wieder in ihrem Zimmer, bevor ich mir die nächste ungeliebte Aufgabe für sie ausdenke.

Aus Sophias Kinderzimmer kommt ein Aufschrei: Eine Ameisenstraße schlängelt sich durch ihr Zimmer und trägt wie im Zeichentrickfilm Reis-Pops auf dem Rücken spazieren. Ich kann mich eigentlich nur bei den Ameisen bedanken; ein guter erzieherischer Effekt, ich hätte es nicht besser einfädeln können. Wer nicht aufräumt, hat Ungeziefer im Zimmer. Wir reinigen das Zimmer mit Essigwasser und mir fällt das Bücherregal von Sophia auf dem Flur ins Auge. Auch dieses sieht traurig aus und ich nötige sie, auch hier für Ordnung zu sorgen.

Ihre Wutanfälle gehen mir auf die Nerven und ich versuche, es aus der Sicht eines professionellen Sozialarbeiters zu sehen: „Sophia, wo ist denn Dein Problem?" „Ich will nicht aufräumen!" Ich kann es so verstehen... Aber wer fragt eigentlich mich, ob ich auf das tägliche Kochen und ständige Wäschewaschen Lust habe?! Aber ich habe mir das ja auch schließlich so ausgesucht, wird argumentiert. Nicht schlecht für eine

Neunjährige. Es nützt aber nichts, sie muss nun mit mir zusammen ihr Chaos ordnen und in dem Zuge misten wir gründlich aus. Mal sehen, wie lange die Ordnung anhält.

Sophia ist für eine Woche mit Markus in Ninghai, damit ich Muße für meinen Schreibtisch bekomme. Paula findet das Leben „zu zweit" gar nicht übel, beschäftigt mich aber auch gut. Da plane ich einen gemeinsamen Spaziergang zum Supermarkt, als wir ältere Damen vor dem Laden sitzen sehen, die Gemüse aus dem heimischen Garten anbieten. Paula nötigt mich, etwas einzukaufen. Die älteren Herrschaften haben es aber auch schwer, da der Gemüsemarkt, wo sie vorher ihre Waren angeboten haben, abgerissen wurde und nicht für alle Platz in den neuen Räumlichkeiten herrscht. Nur passt das, was die Omas anbieten, so gar nicht zu meinen Abendessensplänen. Ich gebe mich spontan, indem ich meine Pläne umschmeiße. Wir „wollen" Spinat kaufen. Freudig zeigt Paula auf das Gemüse ihrer Begierde, die Marktfrau zaubert eine Tüte hervor und schaufelt schnatternd die ganzen Blätter in diese. Nun haben wir einen Müllsack voll mit Grünzeug und ich denke an unsere Meerschweinchen. Die hätten ihre Freude daran. Aber wir, besser ich muss nun überlegen, was wir damit anstellen können. Paula ist selig, die Omi auch. Sie wiegt unsere Beute nun an einer mobilen Waage und ich bekomme Beklemmungen, da ich gar kein Bargeld dabeihabe. Heutzutage sind Rentner in China aber sehr modern: sie zückt ihr Handy aus der Tasche und ich soll ihr umgerechnet 68 Cent überweisen. Ich finde das ziemlich wenig, aber sie scheint mehr als zufrieden. Ob sie wirklich von den paar Kröten leben muss oder ist es nur ein Hobby? Wir wissen es nicht.

Zu Hause ärger ich mich, dass ich eine geschlagene halbe Stunde den Spinat putzen muss und Paula derweil eine Freundin besucht. So kann man sich auch vor der Arbeit drücken. Es soll Spinat-Lasagne geben mit

Schafskäse. Ich bin kurz davor, die Lasagne zu schichten, als ich feststelle, dass kleine Käfer in der Lasagne Verpackung ihr Dasein fristen. Habe ich etwa auch einen unaufgeräumten Küchenschrank? Seufzend räume und wische ich den Schrank aus, sortiere alles neu und fahre mit dem Rad wieder zum Supermarkt, wo die Oma mich winkend begrüßt. Sie hält mir Auberginen entgegen... Ich möchte aber nur schnell neue Teigwaren erwerben, um das Abendessen endlich in den Ofen zu bekommen.

Auf dem Rückweg fahre ich fast gegen eine Kehrmaschine, obwohl diese in Dauerschleife Musik spielt. War ich doch so in Gedanken... Der arme Mensch, der sich Tag für Tag die gleiche Melodie anhören muss; vielleicht für Menschen wie mich oder dass er nicht einschläft.

Am nächsten Tag ist Paula sehr gelangweilt. Ihre Freundinnen sind zum größten Teil im Urlaub und ihre Freundin aus dem Compound darf nicht ohne Erwachsenenbegleitung die Hauptstraße überqueren. Muss ich aber auch nicht verstehen. Die Mutter selbst (alleinerziehend) flog aber schon auf Geschäftsreise nach Deutschland und hat ihre Kinder mit deren neuen Ayi allein gelassen. Anscheinend wurde aber nicht abgesprochen, dass die Ayi auch mal einen freien Tag braucht. Ärgerlich ist, wenn man sich dann zusätzlich in Deutschland beim Fahrradfahren den Fuß bricht und nicht nach Hause kommen kann. Natürlich helfen wir in solchen Notfällen und nehmen die Kinder sogar mit Magen-Darmgrippe.

Letzte Woche schrieb ich die Mutter mal an, ob unsere Kinder denn eine Nacht bei ihr übernachten können, damit Markus und ich das Nachtleben Shanghais genießen können. Als sie drei Tage nicht geantwortet hatte, kam von mir nur ein freundliches „hat sich erledigt". Darauf reagierte sie dann sofort, dass sie gerade völlig im Stress sei und sich freue, dass wir eine andere

Möglichkeit gefunden hätten. Was soll ich dazu sagen?! Wenn ich selbst nicht sofort auf ihre Bitten reagiere, ruft sie spätestens fünf Minuten später an... Leider nimmt der Egoismus wohl auch in China zu. Manche Leute grüßen kaum, können sich aber sofort an mich erinnern, wenn sie etwas brauchen... Wieder ein Lernprozess für mich, aber ich nehme es mittlerweile nicht mehr übel. Es gehören immer zwei dazu: Der Eine, der es probiert, und der Andere, der sich ausnutzen lässt.

Ich komme vom Thema ab: Paula langweilt sich. Und wir beschließen, uns eine Rückenmassage zu gönnen. Für umgerechnet 30 Euro werden wir in ein Zimmer mit Liegen geführt. Über Geschmack lässt sich ja bekanntlich streiten; es ist alles sehr angerüscht. Harald Glööckler hätte seine Freude daran. Da ich immer noch Rückenprobleme habe, schreibe ich in meinen Übersetzer, dass es keine zu harte Massage werden soll. Die Ayi nickt verständnisvoll und ich lege mich zuversichtlich in Bauchlage. Zunächst fühlt sich noch alles gut an, bis sie die Verhärtungen im Brustwirbelbereich findet... Entspannung sieht anders aus. Immerhin verspreche ich mir Linderung und bin zufrieden. Aber momentan ist sie noch nicht fertig und ich soll mich wieder hinlegen. Zum Abschluss werde ich mit einem PFERDESTRIEGEL gebürstet. Ich bin der festen Überzeugung, dass mein Rücken keine Haut mehr besitzt. (Vielleicht kommt das auch daher, da ich am Vortag „Das Schweigen der Lämmer" in der Videothek geschaut habe, wo so ein Psycho seinen Opfern die Haut abzieht, um sich Kleider daraus zu nähen. Vielleicht ist er jetzt zu einer Chinesin mutiert?) Diese Nacht schlafe ich definitiv NICHT auf dem Rücken. Paula ist da cleverer und sagt ständig: „Nein!" Ich muss noch viel lernen.

Meine Bodylotion ist leer, (ja, mein ramponierter Rücken braucht viel Pflege) und ich beschließe, mir Nachschub zu beschaffen. Nicht so einfach, wenn man die Schrift nicht lesen kann. Gerade Pflegemittel sind häufig mit Bleiche versehen. Je weißer die Haut, umso besser und „wertvoller" der Mensch, lasse ich mich aufklären. Wie bitte?! Was hat die Wertigkeit eines Menschen mit seiner Hautfarbe zu tun? Ich fühle mich „wertvoll" genug und kaufe ein Präparat ohne Bleiche, was die Verkäuferin schulterzuckend hinnimmt. Kürzlich habe ich ein Ehepaar kennengelernt, wo der Ehemann aus Äthiopien stammt. Wie er hier wohl eingestuft wird? Und lassen die Chinesen ihre Ungunst den armen Mann spüren? Das werde ich noch herausfinden, hoffe ich. Ich jedenfalls finde die Beiden supernett und auf jeden Fall wertvoll.

Auch weitere Einkäufe gestalten sich schwierig. Natürlich gibt es für Kleidung „Decathlon" und ich bin froh, dass es dort auch für uns große Menschenkinder Kleidung zu kaufen gibt. Aber wer möchte bitte nur in Sportkleidung sein Dasein fristen?! Der Schneidermarkt ist uns mittlerweile gut bekannt und wir alle haben uns dort schon diverse Klamotten herstellen lassen. Wer nun aber denkt, dass wir etwas ganz Exklusives erstanden haben, der täuscht sich: Meine handgefertigten Schuhe sind zwar die perfekte Kopie meiner alten Schuhe, aber so unbequem, dass ich sie nicht tragen kann. Markus' Oberhemden sind entweder spätestens nach der fünften Wäsche (Schonwaschgang) eingelaufen oder es fallen sämtliche Knöpfe ab. Anscheinend wurde alles mit schneller Nadel gefertigt und der komplizierte Aufbau eines Schuhs ist hier auch nicht Standard. Um etwas Positives zu berichten: Meine Brille passt mir noch und die Gläser sind auch noch nicht herausgefallen…. Ich warte…

Die Kinder erfreuen sich weiter ihrer Ferien und ich sollte längst wieder am Schreibtisch sitzen. Aus der Küche kommt ein Schluchzen: Sophia ist ohne Schuhe in der Küche herumgesprungen und dabei umgeknickt.

Kind mit Eiswürfeln für den Fuß und Keksen für die Seele auf das Sofa gehievt. Meine Konzentration ist dahin. Der Fuß wird dick und wird blau. Dem Fahrer haben wir heute frei gegeben und so fahren wir mit dem Taxi in die Notaufnahme ins Krankenhaus. Der englischsprechende Arzt hängt mich sprachlich völlig ab. Zumindest verstehe ich irgendwas von Röntgenbild und es stellt sich heraus, dass Sophia sich ein Stück vom Mittelfußknochen abgebrochen hat. Kein Gips, das würde auch so heilen und wir sollen in einer Woche wiederkommen. Ich sehe meine Klausur in weite Ferne rücken. Eine besorgte Freundin fragt, ob ich mein Studium nicht aussetzen könnte. Ich wirke ziemlich gestresst. Eigentlich müsste ich nach drei Wochen Urlaub sehr ausgeruht sein, bin es aber irgendwie doch nicht. Es ist schwierig, unsere wilde Sophia zur Ruhe zu bewegen. Ich nötige sie zum Briefeschreiben und „Malen nach Zahlen". Inzwischen wäscht die fünfte Maschine Wäsche und auf dem Herd schmort im Wok Rindergulasch. Die Geschirrspülmaschine sagt keinen Ton mehr und ich wasche mit der Hand ab. Ein Abfluss ist verstopft und ich versuche ihn zu reinigen. Gegen den Geruch gieße ich eine Flasche „Abflussfrei" hinterher. Nun tropft es aus dem Abwasserschlauch. Ach ja; Ich vergaß: Neue Woche, neue Probleme.

Paula fühlt sich vernachlässigt, obwohl ich ihr Übernachtungsbesuch erlaube und die Kinder verwöhne. Wir fahren gemeinsam auf einen Basar und mein Kind ist wieder glücklich. Sie erblickt einen Handarbeitsstand, wo fleißige Hände Wolltiere für einen guten Zweck gehäkelt haben. Natürlich unterstützen wir auch dies und Paula möchte sich gleich für weitere Handarbeiten anmelden, was ich sehr schön finde. Sie hat ein großes Herz und wir kaufen auch Häkeltiere. Was soll ich damit nur anfangen?! Kulinarisch hat der Markt Steak, Kartoffeln, Pizza und Pommes zu bieten. Dieser ist eindeutig für Langnasen ausgerichtet und diese tummeln sich auch in Massen auf dem Gelände. Ich entdecke einen Stand, der französische Oliven anbietet, und denke an unseren letzten Frankreichurlaub zurück. Die Preise sind unverschämt, aber nun habe ich zumindest einmal „Frankreich to go"!

Wieder daheim fängt Paula sofort an, für den nächsten Basar zu häkeln. Natürlich ist sie auch per WeChat vernetzt und nun werden sich gegenseitig Häkeltiere gezeigt. Das Ausgangs-Wolllager muss den Standort wechseln und somit ist Paula einen ganzen Tag verschwunden, um Wolle von A nach B zu transportieren. Ich nötige sie aber, mit dem Fahrer zu fahren, was sie sehr uncool findet. Aber mit vierzehn Jahren, in einer fremden Stadt, ohne Sprachkenntnissen wird sie sich damit abfinden müssen. Wie ich sie einschätze, wird sie den Fahrer auch noch zum Kistenschleppen eingeteilt haben und das bei über 30 Grad.

Am nächsten Morgen sind die Kinder völlig aufgeregt. Lingling hatte einen Unfall mit ihrem Motorroller und hat nun einen aufgeschürften Arm und eine dicke Beule am Kopf. Sie steht mit einem Kühlkissen am Bügelbrett; will aber unter keinen Umständen nach Hause. Chinesische Sturheit hat einen Namen: Lingling. Ich befrage sie mit dem Übersetzer, was passiert ist, und frage sie, ob sie Kopfschmerzen hat. So richtig eingehen will sie darauf nicht, sie findet nur, dass die Beule am Kopf hässlich aussieht. Es liegt mir fast auf der Zunge zu sagen: „Bis du heiratest, ist alles wieder gut!" Lasse es aber, da der Übersetzer doch große Fehlerquellen birgt und sie bestimmt diese deutschen Sprichwörter nicht kennt und sie überdies dann auch oft nerven. Mich zumindestens. Auch frage ich nicht, warum sie keinen Sturzhelm trägt. Sie bekommt eine Schmerztablette spendiert und ich schicke sie nach Hause. Ich ernte ein schüchternes Lächeln und ein: „I love you!"

Nach dem Schreck mache ich einen Spaziergang durch den nahegelegenen Park und laufe über eine „Zickzack-Brücke". Die haben in China Tradition, da die Chinesen glauben, dass böse Geister diese Brücken nicht überqueren können. Ebenso gibt es in alten Häusern im Eingangsbereich immer eine Stufe, die man übersteigen muss, wenn man ins Haus möchte. Zunächst dachte ich, dies sei gegen Hochwasser; es erfüllt aber den gleichen Zweck: Schutz gegen Geister. Ob die „Zickzack- Brücken" und Stufen auch gegen das Finanzamt oder Schuldeneintreiber wirksam sind? Wer weiß...

In diesem Sinne, lasst es Euch gut gehen und nehmt Euch in acht vor Schuldeneintreibern und Finanzbeamten.

Eure vier Shanghainesen

Es wird Zeit, sich ein wenig mit dem Studium auseinanderzusetzen, daher lerne ich seit Tagen für „Supervision, Intervision und Coaching". Das Modul macht Spaß und ich wollte eigentlich in zwei Tagen die Klausur ablegen, so der Plan.

Natürlich kommt es immer anders als gewollt: Um mich zu motivieren, gönne ich mir zum Lernen einen Pfefferminz-Bonbon und man ahnt es schon, dass sich solche Leckereien NICHT mit meinem Gold-Inlay verstehen... Das Inlay klebt nun freudestrahlend an der Süßigkeit und ich hingegen strahle wenig zurück. Für Zahnarztbesuche habe ich nun wirklich keinen „Nerv", aber der Zahn will versorgt werden, was er mir netterweise nun pochend mitteilt. Er ist so etwas von vital, was ich gerade nicht bin. Durch den WeChat-Kontakt zu der hier ansässigen deutschen Zahnärztin erfahre ich, dass diese noch in Deutschland festhänge, aber Ende August wieder zurückkäme. So lange wollen der Zahn und ich aber nicht warten und so vereinbaren wir am nächsten Tag einen Termin bei der chinesischen Kollegin.

Nachdem ich den Anamnesebogen ausgefüllt habe, (warum muss die Schrift so verdammt klein sein?!) und meine Körpertemperatur gemessen wurde, darf ich auf dem Behandlungsstuhl Platz nehmen. Die Zahnärztin bewundert mein Gold-Inlay, was schon 25 Jahre alt ist, empfiehlt mir aber eine Kompositfüllung, da der Randschluss zwischen Inlay und Zahn nicht mehr so gut sei. Um es direkt zu sagen: Es klafft ein unüberwindbarer Graben! Ist sie Geologin? Ich gebe mich geschlagen und stimme einer neuen Füllung zähneknirschend zu. Da ich so ein Sensibelchen bin, bestehe ich auf einer Betäubungsspritze, die sie mir auch bereitwillig in den Unterkiefer zimmert. Nun soll ich warten, bis die Betäubung einsetzt. Meine Wange wird taub, aber Zunge, Lippe, Zahnfleisch und Zahn sind hellwach. Als ich dies vorsichtig bemängle, werde ich darauf hingewiesen, dass sie ja nicht meine Zunge oder Lippe behandeln wolle und diese deswegen ausgeschlossen habe. Meine Berufsschulzeit als Zahnmedizinische Fachangestellte liegt zwar Dekaden zurück, aber ich erinnere mich an den Nervus Mandibularis, der angeblich im Unterkiefer vom aufsteigenden Ast bis zum Eckzahn verläuft und mit einer Depot-Anästhesie schlafen gelegt werden kann, inkl. halber Zunge und Lippe. Mein Fehler?

Dafür ist aber mein Fuß eingeschlafen und mein linkes Ohr ist taub, was ich aber nicht kundtue; die Zahnärztin ist schon nervös genug. Ihr erster Tag?

Umschulung Schlachter? I don't know... ich denke über ein Ohrpiercing nach...

Ich bekomme die nächste Dröhnung in Spritzenform und die Information, dass es nun aber genug sei; mit der Menge Anästhetikum könne man halb Shanghai betäuben. Vermutlich versaue ich gerade ihre Mittagspause, aber was soll ich machen? Es ist natürlich klar, dass mein Zahn immer noch nicht schlafen will und vermutlich wie ein trotziges Kind mit verschränkten Armen in meinem Mund thront. Die Ärztin versucht es mit einer intraligamentären Anästhesie: Ein Betäubungsversuch direkt am Zahn, zwischen Zahn und Zahnfleisch. Die mitdenkende Assistenz würde nun das überlaufende, scheußlich schmeckende Betäubungsmittel am Rand vorsichtig wegsaugen.... Meine schaut in der Gegend herum und saugt meinen Zopf in der großen Absaugkanüle ein. Anfänger! Schön, dann eben heute nochmal Haare waschen.

Mittlerweile sind nun vier Mitarbeiter im Raum und es ist reichlich voll. Vielleicht wollen sie ein Schlaflied für meinen lebhaften Zahn singen?! Mir ist alles egal und die Ärztin dröhnt nun mit ihrem Rosenbohrer auf meinen Nerven herum. Jedes Mal, wenn sie das Winkelstück wechselt, schlägt sie mit diesem gegen meine Schneidezähne. Kundenakquise? Grobmotoriker sollten nicht unbedingt Zahnarzt werden. Wer nun denkt, sie brauche einfach eine Brille, liegt falsch. Die hat sie bereits. Endlich schichtet sie in einer langen Stunde eine einflächige!!! Füllung. Vielleicht sollte ich ihr mein Skript über Zeitmanagement überlassen. Nachdem sie die Okklusion überprüft hat und den halben Zahn wieder weggeschliffen hat, scheint sie nicht zufrieden zu sein: Der Zahn wird wieder mit Gel angeraut und neu geschichtet. In meinem Mund purzeln die Watterollen umher, die eigentlich vor Ort für Trockenheit sorgen wollten. Es liegt mir fast „auf der Zunge" zu sagen, dass das Personal heutzutage auch nicht mehr das ist, was es mal war. Aber zum Glück habe ich ja den Mund voll. Bin ich zu kritisch? Irgendwann ist aber auch diese Behandlung zu Ende, ich bedanke mich höflich und flüchte zu Starbucks. Kaffee trinken kann ich ja, da ich ja völlig unbetäubt bin.

Ich ordere einen Cappuccino, die Kassiererin schaut missmutig und sagt zu ihrem Mitarbeiter: „Für den Ausländer einen Cappuccino"! So viel Chinesisch verstehe ich dann doch noch. Zumindest diverse Schimpfwörter und Ausländer. Dem Mitarbeiter ist das furchtbar unangenehm und er wünscht mir einen schönen Tag, als er mir mein Getränk überreicht. Nun ja. Ich rede ja auch über „DIE Chinesen" und bin nicht nachtragend.

Zwischen dem Starbucks-Gebäude und dem Zahnarzthochhaus befindet sich eine überdachte Auffahrt. In der Mitte ebendieser ein langgestreckter Brunnen mit einem bronzenen Pferd inklusive nacktem Reiter, der das Horn bläst. Hinter ihm eine Reh-Herde, auch in Bronze. Geschafft lasse ich mich auf dem Brunnenrand nieder und sofort werde ich vom Wachpersonal zum Aufstehen aufgefordert. Das Reinigungspersonal wischt den Marmorboden und ich möchte nur eins: Nach Hause!

Meine Klausur verschiebe ich, denn ab nächster Woche bin ich Ferienbetreuer in der Deutschen Schule Shanghai. Ich freue mich, da ich bisher nur in der Grundschule gearbeitet habe. Nun gebe ich Kreativkurse in der Sekundarstufe. Das fühlt sich wie Urlaub an, da man alles wirklich nur einmal erklären muss, zudem ist es deutlich ruhiger im Raum. So verbringe ich Stunden zwischen Traumfängern und Silberschmuck und bin erstaunt über die Kreativität der Jugendlichen. Zwischendurch lausche ich den wirklich interessanten Gesprächen über Lehrer, bis die Gespräche plötzlich aufhören. Den Kids ist bewusst geworden, dass ja ich auch noch im Raum bin.

„Ob ich denn auch Lehrer sei"? werde ich gefragt. Allgemeine Erleichterung macht sich breit, als ich dies verneine. Die Zeit mit den Großen vergeht viel zu schnell. Mein nächster Kurs ist nun wieder in der Grundschule, wo gerade Erstklässler den Fußboden und die Tafel mit Händedesinfektionsmittel einreiben. Nun, ja. Nun ist immerhin alles desinfiziert.

Wieder zu Hause trötet Sophia mir die Ohren voll, mit einem chinesischen Blasinstrument namens Hu lu si. Eigentlich ein Geschenk von Ming an Paula, die hat es aber leider weitervererbt. Wie soll ich da lernen?!

Inzwischen ist die Note für mein Workbook in „Psychologie" online. Da ich die Aufgabenstellung falsch gedeutet habe und anstatt 3000 Zeichen kurzerhand 6000 Zeichen pro Aufgabe geschrieben habe, ist das Ergebnis nicht so überragend... Ich bin durchgefallen und eine glatte fünf grinst mir rot unterlegt entgegen. Und das, wo ich mich im Workbook über die Wirkung von Farben so ausgelassen habe. Aber vielleicht hat die Farbe „rot" doch nichts mit Wärme oder Liebe zu tun, sondern mit Warnung. Im Chatraum treffe ich auf andere Studenten, den es ähnlich geht. Die Aufgabenstellung ist ungünstig formuliert und ich melde dies meinem Tutor. Im Skript ändert sich aber nichts; es wird weiter schlechte Noten hageln. Nicht mehr mein Problem.

Die Tutorin ist aber nett und macht mir Mut. Leider korrigiert sie nicht selbst, sondern hat diese Aufgabe abgegeben. Ich überarbeite unter Zeitdruck das Workbook, bevor im September neue Aufgaben kommen und ich komplett von vorne anfangen müsste. So viel hat sie mir zumindest verraten und gibt auch Tipps, welche Bücher ich zitieren könnte. Das hilft ungemein, auch wenn diese nicht online in der Bibliothek verfügbar sind. Durch ein gutes Netzwerk bekomme ich von

Leidensgenossen die Bücher per PDF. Facebook sei Dank.

Mittlerweile ist der Kontakt zu der Tutorin schon freundschaftlich. Sie erzählt mir, dass sie gerade eine Zahn-OP hinter sich habe und sich hinlegen müsse, weil sie noch nicht fit sei. Nun schreiben wir die nächste Stunde über Zahnbehandlungen ... Und ich merke, wie sehr mir meine Arbeit manchmal fehlt. In diesem Bereich kenne ich mich zumindest gut aus. Am nächsten Tag schreibt sie mich an, weil sie noch Fragen hat. Lustig... Demnächst erstelle ich bestimmt noch Kostenvoranschläge.

Ansonsten genießen wir noch die letzten heißen Sommertage im Pool. Chinesen können nicht schwimmen, wie wir feststellen. Sie schwimmen im Compound-Pool wie Korken umher. Unser Fahrer ist verwundert, dass wir alle schwimmen können... Sophia geht sogar mit Gips ins Wasser und ist schneller als wir alle zusammen.

Ich freue mich gerade „tierisch" über eine Tierarztsendung im Internet, da wir ja sonst kein Fernsehen schauen und schaue mir bei Sekt und Oliven an, wie ein Hengst kastriert wird. Meinem Mann verursacht das körperliche Schmerzen und ich frage mich, warum Männer immer so empfindlich sein müssen... In der entscheidenden Situation schwenkt die Kamera eh weg... Nun ja, er verlässt das heimische Sofa.

Das Wetter wird langsam schlechter und es regnet ab und zu. Aber das Leben geht weiter. Eine Oma fährt mit dem Fahrrad auf der Autobahn in der entgegengesetzten Richtung. Das stört aber Niemanden. Immerhin hat sie Gummistiefel an, damit sie keine nassen Füße bekommt. Wie vorsorglich!

Meine Ayi gibt mir weiter Rätsel auf: Ständig entschuldigt sie sich, dass sie nicht zur Arbeit kommen kann. Heute war ihr Roller nicht aufgeladen, da kann man ja mal von der Arbeit fernbleiben! Ich frage mich, wie meine ehemaligen Chefs wohl reagiert hätten, bei so einer Entschuldigung. Würde mich wirklich interessieren!

Da ich meine Gedanken gerne mal über ein paar Tage sortiere, geht es nun leider etwas unerfreulich weiter:

Nach ein paar hektischen Tagen kommt hier endlich ein Update von uns an. Vorweg: Es geht uns allen gut!

Aber nun der Reihe nach:

Sophias Gips ist nun ab, der Fuß muss noch geschont werden, was natürlich sehr schwer fällt. Der Fuß war so ramponiert und wund durch den Gips, dass ich ihn nun täglich gegen den Juckreiz mit Heilsalbe behandle.

Paula hatte einen grippalen Infekt mit Fieber, was durch einen Darminfekt mit Durchfall zustande kam. Im United Family Hospital wurde Blut abgenommen und Paula gründlich untersucht. Hohe Entzündungswerte im Blut, aber der Durchfall war der „Wegweiser". Drei Tage Bettruhe und Schonkost. Kind mault; will zur Schule. Am vierten Tag ist sie fieberfrei und ich lasse sie zähneknirschend ziehen. Am Nachmittag kam das Fieber aber zurück und so haben wir sie wieder ins Bett gesteckt. Am Wochenende ist das Fieber wieder sehr hoch, so dass Markus wieder mit ihr ins Krankenhaus fährt. Erneute Blutuntersuchung. Die Entzündungswerte sind verheerend. Und auch zwei weitere Werte im Blut geben Anlass zur Annahme, dass das Herz sehr geschwächt ist. Paula ist schlapp, hat Rückenschmerzen (wir dachten vom vielen Liegen) und die Beine tun ihr weh... EKG etc. werden angefertigt und ein Herzultraschall. Nach dem Corona-Test bleiben Paula und Markus gleich da. Verdacht auf Myokarditis. (Herzmuskelentzündung). Kann als Folge eines grippalen Infekts auftreten, ist aber schwierig zu diagnostizieren, da die Symptome eher harmlos sind. Ärzte und Personal sind sehr bemüht,

Krankenhaus ist neu, europäisches Essen inklusive, was Paula kaum anrührt. Zwei Kilo hat sie schon verloren.

Ich soll einen Bewertungsbogen ausfüllen, ob die Krankenschwester freundlich war und gelächelt hat. Immer oder nur manchmal? Oder gar hämisch? Ich habe keine Zeit für so einen Kinderkram.

Der Oberarzt ist besorgt. Zwar gibt es eine Kardiologin, die ein Herzultraschall anfertigt, aber es gäbe noch eine Kinderklinik in Shanghai, die auch extra einen Kinderkardiologen hat, der auch englisch spricht. Dort wären wir besser aufgehoben. Wir sind besorgt, telefonieren mit der Notfallhotline von Markus` Firma, die auf solche Notfälle spezialisiert ist. Zunächst muss geklärt werden, wer die Kosten trägt und ob die andere Klinik überhaupt Vertragspartner ist. Wir sind hundemüde... es dauert alles so lange und wir erwägen, nach Deutschland zu fliegen. Der Arzt im United Hospital macht aber Mut und so stimmen wir der Verlegung zu. Markus und Paula fahren im Krankentransport mit Blaulicht. Eine Nurse aus dem Krankenhaus soll als Dolmetscher dienen und fährt mit. Der Fahrer fährt wie eine besengte Sau und die Nurse kotzt die ganze Zeit, was Paula und Markus lustig finden. Der Transport kostet umgerechnet auch nur 40 Euro und ich hätte wohl noch wegen der Nurse runtergehandelt... Nun ja. Gut, dass ich nicht dabei war. Sich übergebende Menschen animieren mich immer zum Mitmachen. Ich packe inzwischen die Taschen neu, da ich Markus ablösen und dann bei Paula bleiben will. Aber Pustekuchen! Ich habe keinen Corvit 19 Test und der braucht 24 Stunden. Nächste Runde also für Markus, der gerne mal duschen würde.

Die Nurse kennt sich im chinesischen Kinderkrankenhaus aber gar nicht aus und so kurven wir zwei!!! Stunden zwischen Aufnahme, Stationen und Kasse. In China muss man erst bezahlen, bevor überhaupt etwas passiert. Manchmal glaube ich,

Menschen sind nur freundlich zu Kreditkarten und nicht zu Menschen...

Paula hat nur ein offenes OP-Hemdchen an und wird im Rollstuhl geschoben, der zwei platte Reifen hat. Markus schiebt Paula, da das Krankenhaus eine Baustelle ist. Fehlende Beschilderung macht es nicht besser. Die Nurse und ich tragen das Gepäck. Sie ist sichtlich gestresst und sagt ständig: „sorry,sorry...". Ich denke erst, dass wir auf einem Bahnhof sind, so voll ist es hier. Plärrende Kinder, schreiende Erwachsene, volle, wenig vertrauenserweckende Aufzüge. Paula weint, fühlt sich nackt und wird beobachtet. Die Stationsschwingtür ist abgeschlossen. Davor sitzen Angehörige mit Lunchpaketen und telefonieren aufgeregt. Endlich wird die Tür aufgeschlossen. Wir werden weder erwartet noch freut man sich, da wir kein Chinesisch sprechen. Markus bekommt hektische Flecken am Hals, ich muss mal.... Paula sagt, dass sie HIER nicht bleiben wird. Sie habe kein Vertrauen! Ich frage mit dem Handy nach einem Glas Wasser für Paula, was erneute 30 Minuten dauert. Markus soll etwas unterschreiben, was rein chinesisch ist. Er wird lauter, die Chinesen, die sich um uns scharen, werden noch kleiner. Die Stationsärztin verdreht die Augen. Halbgötter in Weiß behandelt man nicht so. Schon gar nicht als Ausländer. Sie findet uns völlig blöde und lässt es uns auch spüren. Wir warten weiter. Vor Markus haben die Weißkittel nun Angst. Ich werde zur Seite gezogen. Ein junger Arzt verspricht, den Text dem Handy ins Englische zu übersetzen. Mittlerweile stehe ich in einem Pulk von 10 Weißkitteln. Ich soll es aber abschreiben, da die Schriftzeichen kein anderer schreiben kann. Ich werde genau beobachtet. Von der Grammatik her macht das keinen Sinn; ich soll schreiben, dass der Arzt entscheidet, aber ich die Verantwortung für die Behandlung habe. Ich will die Grammatikfehler korrigieren, darf es aber nicht. Nun gut, verstehen die ja eh nicht. Ist mir auch egal, Hauptsache es geht mal weiter hier.

Dieser Teil des Krankenhauses ist sehr alt. Vielleicht 80 Jahre und seitdem auch nie wieder etwas gemacht. Ich suche und finde eine Toilette. Immer dem Geruch nach. Das Klo steht vor Dreck. Personal ohne Ende, aber keiner zuständig. Keine Seife, kein Papier. Auf dem Flur erbricht sich jemand in eine Plastiktüte.

Nach ewigen Zeiten kommen Markus und Paula auf ihr Zimmer. Die anderen Patienten schlafen in Zimmern mit sechs Betten, die dazugehörigen Elternteile (es darf nur einer rein) schlafen auf dem blanken Boden. Markus' Nachlager ist eine Pritsche mit Kunstleder. Modell: „Parkbank". Verwundert holt mich unser Fahrer wieder ab. Ich sollte doch dableiben. Er versteht das nicht. Ich auch nicht. Ich fühle mich irgendwie schuldig.

Dass kein Mensch englisch spricht, muss ich nicht extra erwähnen. Was aber interessant ist, es gibt weder Seife, Toilettenpapier noch irgendetwas auf dem Zimmer. Also nochmal los und einkaufen. Zu essen gibt es auch nichts, das bringen doch die Angehörigen. Warum wir das denn nicht wissen?!

Nach dem schlechten ersten Eindruck überrascht aber der Kardiologe. Er spricht englisch und untersucht routiniert mit modernen Gerätschaften. Paula bekommt alle 30 Minuten eine Infusion und es geht ihr am nächsten Morgen viel besser. Er entschuldigt sich, dass es kein Essen mehr gab. Essenszeit wäre vorbei und außerdem wäre es ja chinesisches Essen. Er ist erstaunt, dass meine Zwei sagen, dass sie chinesisches Essen lieben. Er dachte, Paula isst nur Pizza und Burger. So hat Jeder seine Vorurteile.

Sophia wurde die ganze Zeit liebevoll von unserer Freundin Julia versorgt. Die Beiden haben Pasta und Limo selbstgemacht und endlich kann ich sie abholen. Mister Zhan ist auch müde, hat sich Sorgen gemacht und muss ins Bett. Ich werde auch noch mit Nudeln versorgt und Julia brät am Abend Schnitzel für Markus zum Frühstück. Joe bietet uns seinen Fahrer an, damit wir noch flexibler sind. Julia nimmt sogar ihr Telefon mit ins Bett, falls ich reden will... Es ist einfach schön, solche Freunde zu haben.

Heute Morgen wurde noch ein Röntgenbild von Paula gemacht. Markus wich ihr nicht von der Seite. Aber nanu? Keine Röntgenschürze für Paula? Nachdem Markus auf den Fehler aufmerksam gemacht hatte, hat der Röntgenassistent ihr einen Hut! aufgesetzt. Wieder Zonk! Genervt bindet er dem Kind die gewünschte Röntgenschürze um.

Ich warte derweilen mit Käsewürfeln und Weintrauben, Joghurt, Sushi, Käsebrot und Schnitzeln vor der Station. Eine Dame kommt mir entgegen in einem schwarzen T-Shirt. Aufdruck: „Sick". Na, hoffentlich nicht.

Die Röntgenauswertung klingt positiv. Wenn es gut läuft, die Herzwerte und Entzündungswerte wieder normal sind, darf Paula wieder nach Hause. Regelmäßige Blutuntersuchungen sind aber nötig und Medikamente dann oral. Gott sei Dank.

So viel zu dem Update. Brecht Euch nicht den Fuß und bleibt mit Fieber besser länger zu Hause! Das haben wir zumindest gerade gelernt!

Beste Grüße aus Shanghai.

Eure vier Shanghainesen.

Paula und Markus sind aus dem Krankenhaus wieder zurück. Fünf Tage hat der Aufenthalt gedauert, aber zum Glück war die Behandlung erfolgreich. So ein Krankenhausbesuch ist auf jeden Fall eine Erfahrung (worauf wir aber gerne verzichtet hätten). Aber letztendlich kann dies sich keiner aussuchen und wir haben das Beste daraus gemacht.

Das Essen im chinesischen Kinderkrankenhaus war schon sehr speziell und wurde in Metallnäpfen serviert, die ich von unseren Katzen als Futternapf her schon kannte. Die Speisen sahen dem Katzenfutter auch sehr ähnlich. Hm. Arztvisiten wurden auch im großen Stil abgehalten. Zehn Weißkittel stehen um Paulas Bett. „Wer denn nun der Arzt sei?" fragt mein Mann interessiert mit Hilfe der Übersetzer-App.

„Natürlich alle!" wird freudestrahlend geantwortet. Markus ist skeptisch; die sehen alle aus wie Erstsemester und das Krankenhaus ist schließlich Universitätsklinik. Paula soll Blut abgenommen werden. Leider verhalten sie sich auch wie Erstsemester und das arme Kind wird völlig zerstochen.

Nachdem einige ihr Glück versucht haben, wird ein Telefon gezückt und eine erfahrene Krankenschwester betritt den Raum. Gekonnt und ohne Schmerzen zapft sie Paula eine Einwegspritze voll Blut ab und verschwindet wieder. Betretenes Schweigen bei den Ärzten. Na, ja. Sie sind ja noch klein...

Auf dem Flur riecht es nach Räucherstäbchen. Zur Desinfektion? Alles ist möglich... Mein Göttergatte schlurft zu Starbucks, um sich aufzumuntern. Auf dem Rückweg kauft er im Supermarkt zwei Flaschen Bier und Knabberkram für den Fernsehabend. Das Internet funktioniert erstaunlich gut und so ist er frohen Mutes, nachher YouTube schauen zu können.

Nur noch mal zur Zusammenfassung: Mein Mann liegt mit Paula auf der kardiologischen Kinderstation,

Paulas Bett ist mit Kinderbettwäsche bezogen. Die Flurtür ist abgeschlossen.... Und lässt sich von der Nachtschwester mit Chips und Bier erwischen. Wobei gilt: Ist der Ruf erst `mal ruiniert, lebt sich`s gänzlich ungeniert. So ein bisschen peinlich ist es ihm dann doch und das zweite Bier verschwindet wieder in der Tasche. Immer diese biertrinkenden Langnasen!!!

Wieder zu Hause versuchen wir, den Alltag einkehren zu lassen. Paula ist für die nächsten vier Wochen krankgeschrieben, soll nicht zur Schule gehen und sich auch sonst nicht aufregen. Sophias neue Mathelehrerin ist sehr eifrig und schreibt jede Stunde einen Kurztest, was Sophia natürlich so gar nicht gefällt. „Wozu braucht man Mathe überhaupt?" mault sie. Ich gebe mich diplomatisch: „Wenn du einen Kuchen hast und du hast zwölf Gäste, dann musst Du doch ausrechnen können, wieviel Kuchen Jeder bekommt?!" Sophia sieht das völlig anders: „Jeder nimmt sich so viel, wie er will....". Na, schön. 1:0 für Sophia. Paula ist noch ziemlich schlapp, weshalb ich sie in die Badewanne setze und ihr die Haare wasche. Erinnert uns irgendwie an früher, wie wir Beide feststellen. Nur mit dem Unterschied, dass Paula früher geheult hat, wenn ich ihr die Haare gewaschen habe. Heute genießt sie es und es freut mich auch, dass sie diese Intimität mit 14 Jahren noch zulässt. Haare kämmen und föhnen ist sogar inklusive. Vor zehn Jahren war das Geschrei noch so groß, dass ich dachte, dass unsere Nachbarn bestimmt bald das Jugendamt anrufen, weil ich die Kinder schlachte oder mit kochendem Wasser übergieße.

Später habe ich sogar gehofft, dass das Jugendamt endlich zur Unterstützung kommt; sollen die doch die Kinder baden! Aber irgendwie haben wir das alles auch allein überstanden.

Für das Studium lese ich gerade Literatur über die ganzen Erziehungsfehler und ihre Spätfolgen. Aha! Es gibt Helikoptereltern. Ich glaube, dass ich ein Helikopterkind zu Hause habe: „Mama, das war jetzt schon dein zweiter Kaffee!" Das Kind ist unerbittlich und gönnt mir scheinbar gar nichts... Mich würde interessieren, wie sie wohl reagiert, wenn ich mir stattdessen eine Flasche Wein geöffnet hätte... Der Gedanke gefällt mir und ich bestelle mir gedanklich einen Joint bei Taobao (gibt es bestimmt) oder lasse mir sogar ein Tattoo stechen. Nur über das Motiv werde ich mir nicht einig. Gerade sind Weisheiten und Sprüche wohl sehr angesagt. Was würde wohl zu mir passen und welches Körperteil könnte ich wohl verschönern?! Vielleicht meine Stirn mit dem Aufdruck: „Aus Erfahrung gut!" oder vielleicht meinen Hintern: „Wo ich bin, da lass dich ruhig nieder..." Johann Gottfried Seume hätte mir diese Abwandlung bestimmt verziehen. Da ich aber nicht Johann Gottfried Seume bin, sollte ich mich nun wirklich wieder auf meine Literatur konzentrieren und nicht Tagträumen. Schade...

Paula bekommt nun auch meinen Alltag ein wenig mit. Heute ist es wie im Taubenschlag. Es sind viele Dinge liegen geblieben. Zunächst muss ich mich mit Paulas Klassenlehrer abstimmen, was und wieviel Paula zu Hause nachholen soll. Er unterrichtet Biologie und gerade wird „das Gehirn" mit diversen Nervenzellen und Reaktionszeiten durchgenommen. Ich sehe Paula und mich schon in Acrylfarben Synapsen malen und wie Nervengifte alles wieder zerstören. Meine Freude wird aber jäh getrübt: Der Lehrer meint, dass Paula mal ausspannen soll und unterbindet den Informationsfluss seitens der Schule. Spielverderber! Das Kind freut`s und eigentlich hat der Lehrer ja auch recht. Erst einmal muss sie wieder gesund werden und soll sich nicht zu sehr aufregen. Zudem das Bio-Thema erneut in Klasse 12 wiederholt würde und er auch keine Klausur schreiben ließe. Nun gut. Kein Bio für mich.

Dafür aber diverse andere Aufgaben, wie defekte Leuchtmittel in und um unser Haus, ein undichter Traps und leerer Kühlschrank sind zu versorgen. Die Vermieterin hat sich auch angekündigt und die Zeit läuft mir davon. Zwischendurch trudelt LingLing ein, der Metzger liefert und mir wird eine Stromrechnung vor die Tür gelegt, die ich nicht verstehe. Sophia ist zum Kindergeburtstag eingeladen und ich bestelle ein Geschenk im Internet, was ich gefühlte Ewigkeiten suchen muss. Paula ist erstaunt, was ich alles so mache. Vielleicht auch mal ganz gut, das Leben des anderen mitzubekommen.

Auf dem Weg zur Post stelle ich fest, dass sich die Baustelle, die vor zwei Wochen noch da war, verschwunden ist. Straße und Fassade sämtlicher Häuser sind neu und überall sehe ich Polizei. Der Bürgermeister kommt zu Besuch, werde ich aufgeklärt. Ach so! Dann macht es natürlich auch Sinn, eben eine komplette Straße zu sanieren.

Wir hingegen haben nur kleinere Baustellen: Wir können den Fernseher nicht mehr ausstellen und der Compound-eigene Techniker schlägt auf. Zunächst werden die Batterien in der Fernbedienung verdächtigt, die habe ich aber bereits ausgetauscht. Ratlosigkeit auf allen Seiten. Der Techniker bietet freudestrahlend die chinesische Lösung: ich könne doch einfach den Stecker ziehen, dann wäre der Fernseher aus und ich hätte meine Ruhe.

Ich bräuchte dieselbige auch unbedingt und nicke zustimmend, um den Mann loszuwerden. „Tolle Idee! Danke! Einen schönen Tag noch!" Ich lasse mich erschöpft am Küchentisch nieder und trinke Kaffee. „Maaaaamaaaa!!! Das ist jetzt schon dein dritter Kaffee!" ertönt es von oben. Helikopter ist aufgewacht. „Ja, Kind! Kaffee ist ungesund..."

Es werden noch vier lange Wochen werden und ich werde so langsam gaga im Kopf.

Inzwischen kommt Sophia aus der Schule und hat Hausaufgaben auf. Es soll ein englisches „Pixibuch" laut gelesen werden. „The" macht Sophia doch noch ziemlich Schwierigkeiten und diverse andere Wörter ebenfalls. Die Lehrerin ist Muttersprachler und duldet keine Fehler. Das Wort „terrible" ist einfach nur schrecklich und unaussprechlich für sie. Ich denke an meine eigenen ersten Englischstunden zurück. „Terrible" war eine meiner ersten Vokabeln. Ja, die Lehrerin fand meine Leistung einfach „terrible" und ich die Lehrerin auch. Sie hat uns sogar englische Namen verpasst: Ich hieß „Sheila". Sehr nett für ein schielendes Kind. Meine beste Freundin hieß „Rosemary", ihre Haare waren feuerrot. Aber Mobbing gab es damals noch nicht, habe ich gerade gelernt. Zumindest das Wort war gänzlich unbekannt. Seltsam, dass solche Erinnerungen gerade in mir hochkommen. Man kann keine Ereignisse überschreiben, aber bessere Erlebnisse hinzufügen. Und das mache ich.

Gerade weil man sich von alten Dingen trennen sollte, verabschiedet sich mein siebenjähriger Tablet-PC. Der Monitor ist kohlrabenschwarz und er will nicht mehr hochladen. Ich rede mit Engelszungen und zeige ihm sogar den Mülleimer. „Da willst du doch nicht landen...oder"? Eine neue Hülle mit Kermit dem Frosch gab es auch noch, mit rosa Hintergrund. Nichts zu machen. Mausetot. Nun muss mein Studien-Tablet ran und ich muss alle Programme neu installieren.

Die Kinder freuen sich. „Mama telefoniert gleich mit Papa! Das schafft sie nie allein"! Denkste. Vielleicht hätte ich WeChat nicht installieren sollen, da diverse Nachrichten aufpoppen. Ob ich nicht Elternvertreter werden möchte, werde ich gefragt. „Äh, nein!" Die Pastorin möchte Paula einen Krankenbesuch abstatten.

Muss ich mir Sorgen machen? Aber so ein Pastor ist ja auch nur ein Mensch und hat einen Narren an Paula gefressen. Sogar ein Theologiestudium für Paula hat sie mir schon vorgeschlagen.

Ich hingegen ärgere Paula mit dem Gedanken, dass sie Chirurgin werden soll. (Sie kann kein Blut sehen). Sie selbst hat zum Glück noch wechselnde Wünsche. Vom Konditor bis zur Journalistin war schon alles dabei. Ich bin gespannt.

Inzwischen ist LingLing nach Hause gegangen. Zuvor hat sie die Waschmaschine mit diversen Putzlappen angestellt. Das soll sie eigentlich nicht und ich werde wieder bestätigt: In der Waschküche befindet sich ein Schaumteppich auf dem Boden, da LingLing viel zu viel Waschmittel benutzt hat. Viel hilft eben nicht immer viel. Das bekomme ich aber nicht vermittelt. Auch die Blumen soll sie nicht mehr gießen, da das Wohnzimmer nach der Bewässerung immer unter Wasser steht. Zum Glück ist der Boden gefliest und die Kinder haben für die Pflanzen Verbotsschilder gebastelt, was die Vermieterin gleich lachend fotografiert hat. Vermutlich sind Rechtschreibfehler drin. Egal! Wirkt!

Mein neuer Tablet-PC und ich sind schon Freunde geworden. Allerdings schafft das Gerät nicht, mich aus dem Bett zu bekommen. Die vorgegebene Weckmelodie ermutigt mich zum Weiterschlafen. Das muss ich noch ändern, ansonsten kommt Sophia zu spät zum Schulbus. Sie macht sich aber erstaunlich gut. Da Paula nun länger schläft, steht meine kleine Maus ganz allein auf und erledigt sogar noch Paulas Aufgaben gleich mit. Wenn alles gut klappt, ist der Geschirrspüler morgens um sieben Uhr schon ausgeräumt und der Müll rausgetragen. Kaffeekochen für mich kann Sophia auch schon, wenn da der Helikopter nicht wäre. Aber alles gut. Der erste Kaffee am Morgen wird mir von Herzen und von allen gegönnt.

In diesem Sinne: Lasst es Euch gut gehen und genießt den Kaffee, während die Heli-kinder noch in der Schule sind.

Gerade haben wir hier die „Golden Week" und alle Chinesen sind auf der Straße, Schiene oder im Flugzeug unterwegs, um nach Hause zu ihren Familien zu kommen. Wir allerdings sind in Shanghai, da die Schule die behördliche Anweisung hat, dass alle Schüler und Mitarbeiter der Schule in Shanghai bleiben sollen. Aber kein Problem. Wir sind gerne zu Hause, zudem muss Paula immer noch jede Woche im Krankenhaus ihre Blutwerte checken lassen.

Paula und ich waren seit Wochen nicht mehr in der Schule und ich frage mich, ob ich nicht zu vorsichtig bin. Bin ich vielleicht doch eine Helikoptermutter? Auf der anderen Seite, wenn Paula etwas Unvorhergesehenes passieren würde, könnte ich mir das nie verzeihen. Und so war es auch. Vor drei Wochen an einem Freitagabend hatte sie plötzlich Brustschmerzen. Markus war gerade auf dem Weg von Ninghai nach Shanghai. Nun gut. Kein Feierabend für ihn: Koffer abstellen und mit neu sortierten Koffern zum Krankenhaus. Sophia und ich bleiben daheim. Es ist 22 Uhr.

Paula bekam sogar ihr „altes" Zimmer und fühlt sich recht vertraut im United Hospital. Paulas Krankenschwester heißt „Moon", wie passend zum

Mondfest. Ob sie nun auch noch das passende Gesicht dazu hat, wissen wir nicht, da sie dasselbige hinter einem Mundschutz verbirgt. Jeden Morgen wird nun Blut abgenommen und gefragt, ob sie denn auch „Pipi" oder „Pou" gemacht hat. Selbst dieses wird akribisch abgemessen und mit der Getränkeeinnahme verglichen. Nun, wenn's denen Spaß macht...

Jeden Tag wird Paulas Herz von der steinalten Kardiologin mittels Ultraschall untersucht und täglich beantwortet Paula geduldig die immer wiederkehrenden Fragen: „ How long have you been living in Shanghai?" „Do you have siblings?" „Do you speak chinese?" Paula ist genervt, Markus belustigt. Ihn beunruhigt eher die Tatsache, ob die Kreditkarte denn auch noch weiterhin die vielen Arztrechnungen vorausfinanzieren kann. Außerdem müsste er sich dringend mal wieder seiner Arbeit widmen. Markus' deutscher Chef ist entspannt, er solle sich Zeit nehmen... Nun gut, eine Sorge weniger. Trotzdem lasse ich es mir nicht nehmen, ihn endlich ablösen zu können. Mister Zhan fährt mich zügig zum Krankenhaus, aber an der letzten Kreuzung rumpelt es mächtig, als uns ein rotes Auto in den Kofferraum fährt. Zum Glück ist es nur ein Kratzer im Lack, aber Zanni ist trotzdem ziemlich aufgeregt. Nervös telefoniert er mit der Autovermietung, der das Fahrzeug gehört, und lässt die Polizei antanzen. Verhandlungen mit der Autofahrerin, die lautstark kundtut, dass doch gar nichts passiert sei.

Passanten, die wirklich gar nichts gesehen haben können, mischen sich ein. Zanni wird immer aufgeregter, ich finde es spannend. Ich angle nach seinem Tee und den Zigaretten in der Mittelkonsole. So langsam entspannt er sich. Ein Ordnungshüter kommt auf einem Motorrad angefahren und schimpft, da die ganze Kreuzung blockiert ist. Die Menge murrt, als die Autos nun die Fahrbahn räumen und es nichts mehr zu schauen gibt. Die Unglücksfahrerin gibt uns umgerechnet 20 Euro (!) für die Reparatur und plötzlich ist der Spuk auch schon wieder vorbei.

Endlich im Krankenhaus angekommen, bin ich pünktlich zum Mittagessen in Paulas Zimmer und bekomme eine Schüssel Salat. Danach wieder Ultraschall bei „Oma". Ich habe ihr mindestens 30 Jahre altes Dienstfoto im Flur hängen gesehen, sage aber nichts. Oma duldet nämlich weder Fragen noch Kritik. Und Oma hat viiiieeel Zeit. „Do you speak chinese?" Paula verdreht die Augen und ich kann es ihr nicht verdenken. Als ich endlich auch einmal zu Wort komme, möchte ich unbedingt wissen, ob die Herzklappen denn nun auch noch richtig schließen. Ich jongliere mit einigen Fachbegriffen und Oma ist beeindruckt, dass ich weiß, wie ein Herz funktioniert. Paula schaut nun mich bitterböse an, da Oma in mir das perfekte Gesprächsopfer gefunden hat und die arme Paula weiter, mit nacktem Oberkörper und Ultraschallgel beschmiert, ausharren muss. Nun wird mir der Blutfluss auch noch mit blauen und roten Bildern vorgeführt, um mir das sauerstoffarme und sauerstoffreiche Blut zu präsentieren. Jedes Bild soll ich fotografieren. Für das Familienalbum? Ich bin irritiert. Später erfahre ich von Markus, dass „Oma" einfach nur Probleme hat, die Bilder abzuspeichern. Verdammte Technik.

Paula ist gut versorgt und häkelt mit Wolle Monster, Sushi und Kürbisse. Die Krankenschwestern sind ganz verliebt. Da ich hier gar nicht helfen kann, fahre ich wieder nach Hause zu Sophia. Die hat nämlich Hunger, wir gehen zusammen in einen chinesischen Imbiss und essen lecker Reis mit Shrimps. Sophia ist selig. Danach besichtigen wir einen neuen Supermarkt und bekommen zur Begrüßung vier Eier in einer Plastiktüte geschenkt. Die Besitzerin spricht englisch und nun bin ich die

„Glückselige". Sophia hätte sich eher Schokolade gewünscht und schmollt.

Ich freue mich über mein neues Mobiltelefon, was wir trotz der ganzen Aufgaben auch noch besorgen mussten. Nun ist alles neu und ich hoffe, dass jetzt ein wenig Ruhe einkehren wird. Mittlerweile versuche ich nebenbei, mich endlich auf die nächste Klausur vorzubereiten. Ich belege den „Alt Kurs" und sollte zeitnah abschließen. Aber nanu?! Bei der Klausuranmeldung poppt die Meldung auf, dass nur noch das NEUE Skript klausurrelevant sei. Ich habe „Puls" und melde meinen Unmut dem Prüfungsamt. Diese können mich aber beruhigen und so starte ich frohen Mutes meine Klausur. Es gibt natürlich wieder technische Probleme. Das Programm „GoToMeeting" ist nicht verfügbar und nach zwei Stunden werde ich aus dem Prozess wieder herausgeschmissen, ohne Ankündigung. So lasse ich mich aber nicht abspeisen und mache für „sofort" wieder einen Termin. Eine freundliche Inderin hat mit sämtlichen Programmen gar keine Schwierigkeiten und so starte ich mit 2,5 Stunden Verspätung meine Klausur mit knurrendem Magen. Als Nächstes werde ich bestimmt wieder eine Hausarbeit schreiben, so viel ist sicher.

Eine Freundin empfiehlt mir eine Fortbildung zur „Traumatherapie". Leider verpasse ich die Anmeldungsfrist. Schade! Aber so langsam bekomme ICH hier Traumata oder posttraumatische Belastungsstörungen, wenn es sich weiter so mit den Klausuren schleppt. Am Abend gehen mein Göttergatte und ich zur Feier des Tages Cocktails trinken. Nach zwei Drinks bekomme ich den glorreichen Einfall, Skateboard fahren zu wollen ... Direkt vor meiner Nase fahren ein Vater mit seiner Tochter sehr gut auf dem Board und ich frage einfach nach. Keine gute Idee. Wer kann denn auch ahnen, dass so ein Gerät einfach weiterfährt, ohne auf die fahrende Person zu warten?! Nun habe ich einen aufgeschlagenen Ellenbogen, Rückenschmerzen und einen spottenden Mann.

Aber immerhin können wir nun alle unsere Herbstferien einigermaßen genießen. Paula kann ja nicht wirklich viel machen und wird im Rollstuhl geschoben, damit sie sich nicht anstrengt. Sie wünscht sich „Animal Crossing" zum Spielen. Dieses Animationsspiel beschäftigt sich mit dem Leben auf einer einsamen Insel. Und da wir mittlerweile alle reif für dieselbige sind, kauft Markus das Spiel. Nun spielt meine Familie allein oder gemeinsam, angelt virtuelle Fische oder baut Gemüse an. Ich bin verwundert: Mein Mann trägt Blumen im Haar und sein Avatar sieht aus wie ein Kindergartenkind. Auch sein geringelter Badeanzug veranlasst mich nicht zur Entzückung. Irgendwie verstehe ich anscheinend den Sinn von Computerspielen nicht. Ich warte immer noch sehnsüchtig auf meine Bücherlieferung aus Deutschland, die ist seit Ewigkeiten im Zoll. So hat Jeder seine Probleme. Der eine mit gestreiften Badeanzügen, der andere mit Büchern.

Freunde von uns sind gerade in Deutschland und ich habe Blumen-, Katzen- und Briefkastendienst. Diese Aufgabe übernehme ich aber gerne, da die Beiden wirklich sehr nett sind und uns auch schon oft geholfen haben. Natürlich sprechen Beide chinesisch und haben wohl auch ihren Gärtner beauftragt, die drei Katzen mit Futter zu versorgen; und so treffe ich auf den verwunderten Gärtner, der mir durch deren Küchenfenster wild gestikulierend mitteilen will, dass ER die Tiere versorgt und nicht ich. Gestikulieren kann ich auch: ich zeige ihm, dass mit zu viel Futter die Katzen zu dick würden. Ob er mich verstanden hat? Ich weiß es nicht. Vielleicht denkt er nun, dass ich schwanger bin und gerne Katzenfutter esse. So entstehen Gerüchte...

Gerüchte zu streuen macht aber viel Spaß. Unser Freund ist Geschäftsführer bei einem Unternehmen für Heimwerkerbedarf und die Gerätschaften dafür. Natürlich sind seine Mitarbeiter immer sehr daran interessiert, wann er denn ins Büro kommt. Dafür gibt es wohl sogar eine Hotline durch seinen Fahrer, der alle informiert, damit sie auch „am Platz" sind, wenn der Chef eintrudelt.

Dieser macht sich aber einen Spaß daraus, sich morgens um sieben Uhr nicht ins Büro, sondern zum Tennisunterricht fahren zu lassen und das ganz spontan. Das ist die Freud des einen und das Leid des anderen. Wer nun aber denkt, in der Geschäftsführung würde nicht fleißig gearbeitet werden, liegt falsch. Die Wenigsten wissen, wie oft Führungskräfte bis spät in die Nacht hinein noch Telefonkonferenzen führen müssen und teilweise gar nicht schlafen können vor lauter Krisen. Daher sind kleine „Späße" ein schöner Ausgleich, wie ich finde.

So hat Jeder sein Tun. Wir hatten nun auch Elternabend per Videokonferenz und ich bin Elternvertreter geworden. Auf die Frage, wer denn das Amt übernehmen möchte, gab es erst einmal großes Schweigen auf allen Kanälen und zur Sicherheit wurde teilweise sogar das Empfangsbild auf „off" gestellt. So kommt man bzw. frau noch zu mehr Verantwortung. Aber es ist okay, denn ich habe einen guten Teampartner.

Kennenlernabende in „deutschen Restaurants" gab es auch schon und ich mag inzwischen irgendwie kein „gewollt" deutsches Essen mehr. Oder vielleicht esse ich einfach nicht gerne frittierte Schnitzel und kalte Pommes. Da koche ich lieber selbst. Metzger Edward liefert 1a Gulasch und wir werden demnächst zusammen kochen. Seine Fleisch- und Kartoffelsalate sind schon richtig gut. Nun will er sich an diversen Eintöpfen versuchen und verzweifelt gerade an „Soljanka". Auch wundert er sich, dass ich Maultaschen kenne. Wobei Soljanka auch nicht unbedingt aus Norddeutschland kommt.

Die Kinder haben unseren Fahrer gefragt, ob er denn deutsches Essen möge. Das habe er bisher noch nicht probiert. Auf die Frage, was aus seiner Sicht denn deutsches Essen sei, meinte er wie ganz selbstverständlich: KFC, Pizza und Hamburger. Auch Freundin Manling fragt uns nach einer Einladung zu Lasagne, der deutschen Freundschaft wegen. Ich stelle mir gerade die Frage, was ich denen als deutsches Essen vorsetzen kann. Vielleicht Grünkohl?! Das wäre allerdings sehr speziell, wobei Edward super Bregenwurst produziert. Ich warte auf Vorschläge!

Wir hingegen schlendern gerne durch offene Stände, um den Einheimischen in den Wok zu schauen. Buntes Gemüse wird liebevoll für jeden Gast zubereitet. An die hygienischen Zustände muss ich mich immer noch gewöhnen. Neulich stand eine Verkäuferin mit ihrem Nagelknipser direkt neben ihren Speisen und wollte mir etwas anbieten. Da bin ich schnell weitergegangen, bevor sie auch noch mit Pediküre anfängt. Oder vielleicht habe ich es einfach auch nicht richtig verstanden?! Essen und Kosmetik, quasi two in one?!

Unsere Katzen hingegen werden mit dem Futter immer wählerischer: Nassfutter ist angesagt. Und wenn es doch nur Trockenfutter gibt, können die Blicke schnell tötend werden. Anscheinend haben wir „Tom", „Molly" und „Hans" schon vergrault. „Hans" hatte Eigenschaften, die auch mein lieber Schwiegervater namens Hans hat. Der ist aber eigentlich nicht so mäkelig mit dem Essen. Nun leben aber immerhin „Fluffy" und „Marmorkuchen" recht friedlich auf unserer Terrasse. Mal schauen, wie lange noch. „Marmorkuchen" hat übrigens seinen Namen bekommen, da seine Körperform so ziemlich kastenförmig aussieht und das Fell einem Marmorkuchen gleicht.

In diesem Sinne: Einen goldenen Oktober wünschen Euch Eure vier Shanghainesen.

Das Freibad in unserem Compound ist nun seit zwei Wochen geschlossen und wir brauchen unbedingt eine Alternative. Joggen geht nicht immer, da Markus' Joggingschuhe echt hin sind und wir seit Wochen auf eine Lieferung aus Deutschland warten. Große Schuhe sind in China nicht einfach zu bekommen.

In einem nahegelegenen Hotel gibt es einen Fitness-Bereich mit Schwimmbad und Sauna. Der Jahresbeitrag ist gar nicht so hoch und so beschließen wir, einen Probetag zu vereinbaren. Das Ambiente ist mondän und gleichzeitig sachlich. Im Spind liegen ein Handtuch, zu kleine Badelatschen und eine Flasche Wasser bereit. Nett! In der Dusche gibt es Shampoo, Duschgel und Conditioner. Aber was ist was? Die Ayi hilft mir mit Gesten und freut sich, dass ihr Jemand Beachtung schenkt. Die anderen Gäste behandeln sie wie Luft und schmeißen ihr die nassen Handtücher vor die Füße. Man gibt sich reich und versnobt, was ich zum Kotzen finde.

Sehen und gesehen werden ist die Devise. Eine junge Chinesin posiert in einem gerüschten weißen Badeanzug. Will sie mit dem Ungetüm schwimmen gehen oder heiraten? Ihre langen Haare versteckt sie unter der farblich passenden Badekappe, nachdem sie sich ausgiebig geschminkt hat. Mir ist es gleich, ich suche den Pool und finde schließlich den Weg.

Zunächst muss ich durch einen schmalen Flur und plötzlich ergießt sich eine Zwangsdusche über mein Handtuch und mich. Ah, ich habe eine Lichtschranke übersehen; mein Fehler. Mein Handtuch und ich sind nass...

Der Pool misst immerhin 20 Meter, ist aber nur 1,20 Meter tief und wird von zwei Bademeistern bewacht, die gelangweilt auf ihren Hochstühlen sitzen und sich mit ihren Handys die Zeit vertreiben. Wer sollte in 1,20 Metern Tiefe denn auch ertrinken?! Wobei, es könnte sich auch um eine gesetzliche Vorschrift handeln, da ja so gut wie alles vorgeschrieben ist. Sinnfrei oder nicht, Vorschriften sind einzuhalten!

Fröhlich ziehen wir unsere Bahnen zwischen Kindern, die gerade Schwimmunterricht bekommen. Unglaublich, wie viel Equipment denn so ein Kind braucht: Taucheranzug, Schwimmbrille, Badekappe, Schwimmnudel, Schwimmbrett und ein gepolstertes Gestell, damit der Kopf schön oben bleibt. Ich habe irgendwie anders schwimmen gelernt... Na, ja. Ist ja auch schon über 40 Jahre her. Dieser Aufwand erinnert mich eher an „Therapieschwimmen" und ich habe meine Zweifel, ob das arme Kind so schwimmen lernen wird. Ein anderes Kind bekommt Einzelunterricht von einem taucheranzugbekleideten Schwimmlehrer, der immerhin nur mit einem Schwimmbrett seinen Schützling unterrichtet. Dieser ist aber nun sehr durch uns Langnasen abgelenkt und dokumentiert fingerzeigend unseren Schwimmstil.

Nun, ja. Es sind Ferien und diese Kinder sind bestimmt einfach nur glücklich, dass sie die Ferien nicht wie vieler ihrer Kollegen am Schreibtisch in diversen Lerngruppen verbringen müssen.

Ich verlasse den Pool mit meinem nassen Handtuch und werde auf dem Rückweg diesmal nicht zwangsgeduscht. Clevere Lichtschranke. Ich freue mich auf die Sauna und den Jacuzzi. Dieser Bereich ist eigentlich nur für Mitglieder ab 16 Jahren gedacht. Aber wo es Vorschriften gibt, gibt es selbstverständlich auch Ausnahmen. Im Jacuzzi bekommt ein Kindergartenkind von Oma Schwimmunterricht, die die Armbewegungen lautstark mit „Eins, zwei, eins, zwei" anfeuert. Im gleichen Jacuzzi sitzt die Mutter und filmt das ganze Spektakel mit ihrem Tablet. Der Boden vor dem Jacuzzi ist mit diversen Handtüchern, Badelatschen und Spielzeug dekoriert. Also dann heute kein Entspannungsbad für mich. Ich flüchte mich in die Sauna und durch die geschlossene Tür hört man Omas „Eins, zwei, eins, zwei"-Rufe auch nicht mehr so stark. Nach kurzer Zeit verlasse ich aber auch diesen Bereich und die freundliche Ayi gibt mir lächelnd ein trockenes Handtuch. Für heute habe ich genug gesehen und freue mich auf etwas ruhigere Zeiten, wenn die Kids wieder zur Schule oder in den Kindergarten gehen.

Um mich ein wenig mehr für Sport zu motivieren, habe ich mir eine neue Fitness-Uhr gegönnt. (Meine „Alte" hat sich natürlich zeitgleich mit den anderen technischen Gerätschaften verabschiedet. Ob sie sich abgesprochen haben?)

Nun bin ich also stolzer Uhrbesitzer und „muss" täglich drei Ringe auf dem Display zur Zufriedenheit der Uhr erarbeiten. Diese belatschert mich den ganzen Tag.... „Zeit für Bewegung!" sagt sie um 21 Uhr, als ich mich gerade auf dem Sofa niedergelassen habe. Ich frage mich, ob die Uhr einen eigenen Willen hat oder nicht doch meine Mutter oder gar die chinesische Regierung dahintersteckt. Na ja. Vielleicht werde ich so langsam schizophren... Das sollte man nie ausschließen. In der Nacht fristet die Uhr ihr Dasein in der Küche, an der

Ladestation. Nicht dass diese ihre guten Ratschläge mir nachts um drei kundtut. Da würde sie wohl mit ihrem Leben spielen. Denn gegen die Wand werfen ist auch eine Form von Bewegung, oder nicht?

Der Schulalltag hat uns wieder! Heute beenden wir unsere erste Woche nach den Ferien! Paula war sichtlich nervös; hatte sie doch nur drei Tage des bisherigen Schuljahres mitbekommen. Wird sie überhaupt noch den aktuellen Stoff verstehen? Die Lehrer verhielten sich völlig unterschiedlich mit ihren Ansprüchen. Paula war hinterher ziemlich k.o., aber zufrieden mit sich.

Sophia hingegen hätte gerne länger Ferien gehabt. Ich habe mich zu einem weiteren Tag „Schuldienst" überreden lassen. Mein Fazit ist positiv. Allerdings bin auch ich ziemlich geschafft und überfordert mit so vielen neuen Kindernamen. Interessant, welche Vornamen gerade bei Chinesen beliebt sind. Wer hätte denn auch mit „Werner" oder „Willy" rechnen können? Die Mädchennamen hingegen gefallen mir besser: „Mia" und „Mathilda" sind sehr angesagt.

Endlich bekomme ich auch mein bisher ausgelegtes Geld für die ganzen Materialien zurück, dachte ich zumindest. Aber die Abrechnung für das komplette Halbjahr ist verschwunden. Der Leiter der Abteilung ist sichtlich zerknirscht, verspricht aber zu suchen. Na, warten wir ab. Ich sollte doch Kopien für solche Fälle anfertigen, so mein Tagesfazit. Immerhin bekomme ich etwas über 100 Euro für die Materialien für die Ferienbetreuung ohne Probleme zurück.

Insgesamt ist die Freude über meine Rückkehr groß, und ich freue mich auch. Heute bin ich noch nicht wirklich als Schulbegleiter tätig, da viel Organisatorisches zwischen Schülern und Lehrern abgesprochen werden muss. Ich lerne trotzdem viel für mich, denn jeder Lehrer hat bekanntlich seinen eigenen Stil und ich freue mich über diverse „Gratisbeispiele".

Meine Freude wird heute aber noch getrübt, da unsere Ayi Lingling spontan gekündigt hat. Sie folgt ihrer Tante Lou in die Ferne und ich muss mir etwas einfallen lassen. Ich „locke" sie mit einem Abschiedsgeschenk und tatsächlich kommt sie heute und morgen noch einmal, um mich von unseren Bügelwäschebergen zu befreien. Durch eine Anfrage im Compound-Chat habe ich bereits einen vielversprechenden Kontakt zugespielt bekommen, um eine Nachfolge zu finden. Ich sollte mich eigentlich freuen, was mir so überhaupt nicht gelingen will. Bin ich etwa ein Gewohnheitstier und unflexibel? Was die Weitergabe des Haustürschlüssels angeht, irgendwie schon, befürchte ich.

Aber vielleicht werde ich ja auch positiv überrascht und die „Neue" kann eventuell Staub wischen. Wäre ja toll.

Der Abschied gestaltet sich emotionaler als gedacht. Lingling bringt Suppe, Dumplings und Sojamilch für uns mit. Auch ihre Nutzpflanzen, die sie nicht mitnehmen kann, hat sie mitgebracht. Nun bin ich stolzer Besitzer von Erdbeer- und Paprikapflanzen. Am Ende fängt sie fast ein wenig zu weinen an und umarmt mich. Wir machen noch ein Abschiedsfoto zusammen und nach einem „miss you" ist sie weg. Ich habe einen Kloß im Hals.

Unsere Katzen haben nun beschlossen, kein Trockenfutter mehr zu fressen, was sie auch lautstark kundtun. Wenn sie könnten, würden sie bestimmt auch noch mit Plakaten demonstrieren oder in die Gewerkschaft eintreten. Frei nach dem Motto: „Weg mit dem Dreck! Nassfutter für alle!"

Ich möchte diesem Wunsch ja gerne nachkommen, bevor mir die Samtpfoten die Augen auskratzen; aber leider ist momentan sämtliches Katzenfutter ausverkauft. Ich besorge Hundefutter und bin erleichtert, dass der Schwindel nicht auffliegt. Anscheinend können die Miezen genauso wenig die Schriftzeichen auf der Verpackung deuten wie ich. Vielleicht ist das Ganze auch von „führenden" Hunden empfohlen.... Wer soll das wissen?! Sophia hofft, dass die Katzen nun zu Hunden mutieren, denn einen Hund wünscht sie sich schon lange. Bisher ist aber noch kein Wunder in der Art passiert.

Mittlerweile ist nun auch schon wieder fast Wochenende und ich bin erneut in der Schule und habe Aufsicht auf dem Grundschulflur. Bisher wusste ich noch nicht, weswegen Flure denn beaufsichtigt werden müssen. Nun weiß ich es: Wenn man durch eine Glastür rennen will und „push" und „pull" verwechselt, gibt das Beulen. So auch in dem Fall eines Erstklässlers. Es scheppert mächtig, die Tür ist noch heile, das Kind nicht und brüllt. Der Knirps tut mir leid und ich versuche, ihn ein wenig zu beruhigen. Das Brüllen geht in ein Wimmern über und ich gehe mit ihm zur Erste Hilfe-Station, damit er ein Kühlkissen für seinen Kopf bekommt. Hoffentlich hat er keine Gehirnerschütterung. Ich könnte nun dem Pechvogel auf dem Weg zur Krankenstation noch viele Weisheiten mitgeben, wie etwa: „Es gibt zwei Wörter, die dir im Leben noch viele Türen öffnen werden: DRÜCKEN und ZIEHEN...", aber ich behalte es für mich, obwohl ich es gerade extrem lustig finde und mir auf die Zunge beißen muss. Spott braucht der Kleine gerade gar nicht.

Die Sekundarstufe „genießt" die Bundesjugendspiele. Paula ist aber freigestellt, die Glückliche, und darf den ganzen Tag im Bett gammeln und mit dem Handy spielen. (Ihre größte Angst war, dass es regnen könnte und sie doch zur Schule müsste). Ich bin fast ein wenig neidisch... Ihre Mitschülerin, die eine Knie-OP hatte, darf an diesem Tag den Weitsprung-Sandkasten betreuen und harken, die Arme! Offiziell übt Paula natürlich den ganzen Tag für diverse Klassenarbeiten, die nun nach den Ferien ins Haus stehen. Mitschreiben muss sie alle; wie diese aber gewertet werden, bleibt abzuwarten. Die Lehrerschaft reagiert völlig unterschiedlich. Die Einen packen sie in Watte, die Anderen fordern sie wie immer. Ich bin gespannt, wie die Klausuren ausfallen werden. Paula schreibt nur „sehr gut" oder „gut" bisher. Ein „befriedigend" ist dann schon ein kleines Drama und ich werde sie viel trösten müssen. Aber ich komme vom Thema ab: Bundesjugendspiele!

Was habe ich das als Kind früher gehasst!!! So unnötig und nervend! Meine größte Angst am Abendgymnasium am Anfang war, dass es dort wohl auch Bundesjugendspiele geben könnte. Dem war aber zum Glück nicht so. Warum auch?! Und wie soll das auch heißen? Bundesaltenspiele? Seniorenspiele? Jugend forscht? Wobei man am Kolleg tatsächlich „Sport" als Unterrichtsfach wählen konnte, was schwierig wurde, wenn man tatsächlich verletzt war. Na ein Glück, dass ich am Abendgymnasium unterwegs war.

Gerade erreicht mich eine Nachricht von Sandra, die sich um unser letztes Meerschweinchen liebevoll kümmert. Der lebt dort wirklich im Paradies in einer großen Herde zwischen anderen Schweinchen und Kaninchen. Der Kleine quiekt nicht mehr. Böse Zungen könnten nun behaupten „ein Mann ein Wort, eine Frau ein Wörterbuch...", weil er einfach mal schweigt. Hoffentlich ist dem so. Sandra wird ihn beim Tierarzt vorstellen und hoffentlich können wir ihn nächstes Jahr wieder nach Hause holen.

In diesem Sinne schweige ich dann auch mal, zumindest für heute. Viele liebe Grüße aus dem verregneten Shanghai, Urda

Tja, unser Meerschweinchen hat ein vergrößertes Herz und wird nun Herzmedikamente brauchen. Aber das kommt bei „Männern im besten Alter" schon einmal vor. Wir sind erst einmal froh, dass es dem Racker so weit gut geht. Wir müssen abwarten.

Abwarten durften auch unsere Freunde. Sie sind aus Deutschland wieder in Shanghai zurück und verbrachten zunächst eine Woche in einem Quarantäne-Hotel und danach eine Woche im Hausarrest im eigenen Haus. Da das Hotelessen nur mäßig ist, schickte ich unseren Fahrer mit einem Care-Paket vorbei. Denn ohne Kaffee, Schokolade und Obst kann das Leben doch ziemlich hart sein. Die nächste Woche dann zumindest in den eigenen vier Wänden, aber mit elektronischer Türüberwachung und Warnschildern an deren Haustür.

Die beiden schlugen sich aber tapfer und sind nun zum Glück wieder „auf freiem Fuß".

So hat Jeder sein Tun und seine Schwierigkeiten…

Seit ein paar Tagen haben wir nun eine neue Ay-i namens „Tscha". Und da jeder chinesischer Name eine Bedeutung hat, hat sie ihn mir gleich übersetzt. Tscha= heiß. Vielleicht kann sie ja auch mit bloßen Handflächen bügeln, wer kann das wissen?! Sie wirkt sehr freundlich und kann sogar ein wenig Englisch sprechen, was mich hoch erfreut. Allerdingst wischt sie auch zunächst den Boden und fegt erst hinterher. Diese Angewohnheit konnte ich bisher keiner Ay-i abgewöhnen und ich denke, dass auch diese ihren eigenen Kopf haben wird. Oder kann ich mich nicht durchsetzen?

Grundschullehrer an der Schule haben hier eigene Konzepte, um sich durchzusetzen oder sich zumindest Gehör zu verschaffen. Mitten im Unterricht ruft der Lehrer: „Achtung, Achtung!!!" Und die Zweitklässler antworten im Chor: „Eine Ansage!" Es ist mucksmäuschenstill und ich bin beeindruckt. Ein bisschen Grinsen muss ich aber auch. Was ist denn das für eine Methode?!

Dieses Erlebnis verfolgt mich noch die nächsten Stunden und ich lächle still in mich hinein. Das Lachen wird mir aber noch vergehen: Meine „Kreativ-AG" mit 13 Kindern hört mir überhaupt nicht zu und zudem bin ich heiser. Insgeheim wünsche ich mir eine Trillerpfeife... Was also tun? Ich versuche mein Glück und rufe: „Achtung, Achtung!" Umgehend bekomme ich Aufmerksamkeit und ein fröhliches: „Eine Ansage!" zurückgebrüllt. Ich grinse wie ein Honigkuchenpferd und muss mich beherrschen, nicht alle fünf Minuten „Achtung, Achtung" zu rufen. Geniales Tool!

Mein Tag wird sogar noch besser, als ich nach Hause komme und ein Paket für MICH! Vor der Haustür liegt. Es handelt sich um ein verspätetes Geburtstagsgeschenk von meiner ehemaligen Mathe-Lehrerin vom Abendgymnasium. Da ich immer noch auf meine Buchsendung aus Deutschland warte, freue ich mich sehr, dass unter anderem zwei Bücher aus diesem liebevollen Päckchen zum Vorschein kommen. Besonders der eine Titel des Buches klingt sehr vielversprechend: „Hättest Du geschwiegen". Hoffentlich bezieht meine ehemalige Lehrerin dies nicht auf mündliche Mitarbeit zu jener Zeit am Abendgymnasium... Aber die Note auf dem Zeugnis ist mit 13 Punkten mehr als versöhnlich. Daher gehe ich nicht von einer Anspielung aus. Wie sehr ich sie vermisse!

Endlich haben alle neuen Lehrer an der deutschen Schule in Shanghai ihre Quarantäne-Zeit beenden dürfen und nun gibt es ziemlich viele neue Gesichter zu begrüßen. Ich bin sehr positiv überrascht. Bisher sind alle sehr nett, die ich kennengelernt habe. Es macht mir unheimlich Spaß, mit ihnen ins Gespräch zu kommen und ihre ersten Eindrücke erzählt zu bekommen. Die einen kommen, andere müssen gehen. So ist das hier in Shanghai.

Dass mich das aber so unvorbereitet treffen wird, hätte ich nicht gedacht. Meine liebe, gute Freundin Julia wird nach über 18 Jahren Shanghai verlassen müssen. Durch die schwere wirtschaftliche Lage, Corona bedingt, sind sehr viele Menschen entlassen oder deren Verträge einfach nicht verlängert worden. Leider ist der Kelch auch nicht an Julias Ehemann vorbei gegangen. Und woher in diesen Zeiten einen neuen Job in China bekommen, wenn alle Firmen sparen müssen?

Ich bin unendlich traurig, da mir Beide sehr ans Herz gewachsen sind. Julia ist die „Mutter" des Compounds und ich kann mich noch sehr gut an ihre erste Nachricht an mich erinnern: „Meine Kaffeemaschine ist immer für dich da!"

Bestimmt habe ich 100 Liter Kaffee bei Julia getrunken und auch sonst war sie in jeder Lebenslage an meiner Seite. Ob ich etwas im Internet bestellen wollte, Trost oder/und Hilfe brauchte, Julia kümmerte sich.

Ich könnte an Julia mit Sicherheit noch 1000 gute Eigenschaften finden, unsere Tortenmeisterin, Küchenqueen und Engel auf zwei Beinen. Das werde ich ihr aber persönlich erzählen. Fakt ist: Julia werden viele Menschen hier schmerzlich vermissen!

Der Alltag geht aber weiter und ich koche Apfelkompott, was unsere Ayi „Tscha" sehr befremdlich findet. „Was ist das denn für eine komische Suppe, so ganz ohne Fleisch"? Gut, dass ich ihr nicht auch noch erzähle, dass es heute Abend Milchreis dazu geben wird; das wäre sicherlich zu viel für sie. Tscha gibt sich aber diplomatisch in einem deutsch/englisch Mix: „When I cooking is no lecker"! Vielleicht hat sie Sorge, dass ich sie auch noch zum Kochen einspannen werde. Ich mag ihre englischen Sätze und sie spricht besser Englisch als ich Chinesisch. Somit bleiben wir dabei. Tscha ist fleißig und schnell. Aber sie möchte mir ständig zeigen, wie emsig sie doch arbeitet. Wenn ich am Schreibtisch sitze und lerne, muss sie ausgerechnet dann unter dem Tisch putzen. Das ist mir immer ein wenig unangenehm. Mal schauen, ob ich ihr das noch abgewöhnen kann. Wenn Markus hingegen zu Hause ist, macht sie immer einen großen Bogen um ihn. Sie will ihn ja nicht stören...

Elternsprechtage stehen an, der Weihnachtsbasar muss organisiert werden und zusätzlich gibt es die Elternvertretersitzung in der Schule. Großes Thema: Das Kantinenessen soll nach den Sommerferien schlechter geworden sein. Das Essen sei oft kalt, ungewürzt oder zerkocht. Ebenso seien die Portionen kleiner geworden. Eine Elternvertreter-Mutter gibt an, dass der Koch doch verstorben sei. „Ob das wohl an dem Kantinenessen lag?" überlegt sich mein schlichtes Gemüt, ich bekomme Schluckauf bei dem Gedanken und ernte böse Blicke...

In Pudong gibt es den nächsten Corona-Fall und Markus beschließt, nicht mehr Zug zu fahren. Der bisher grüne Gesundheitscode könnte gelb werden, wenn er auf jemanden trifft, der die betroffene Person getroffen hat. Also kein Risiko, Markus fährt mit dem Auto und ich schwer beladen mit dem Fahrrad inkl. Bastelmaterial zur Schule. Auch in Ninghai sind die Menschen eher wieder vorsichtig mit Ausländern: Im Aufzug wird der

Mundschutz sofort wieder hochgezogen, als Markus ebendiesen betritt, und ein bestelltes Didi nimmt ihn erst gar nicht mit, sondern fährt schnell weg. Die Mitarbeiter und Wachposten, die am Werkstor zusammen mit Markus warten, schimpfen dem Didi hinterher und beschweren sich über den Fahrer und sein Verhalten bei der Zentrale.

Wir sind zur Abwechslung wieder einmal in Ninghai und besuchen „Pizza Hut". Das Restaurant ist nur mäßig besucht, trotzdem gibt es fünf Kellner, aber anscheinend nur einen Koch. Auf eine Dose Bier warten wir über 30 Minuten und alle Gäste werden vor uns bedient. Der Gast ist König, dies stimmt in unserem Fall heute so gar nicht. Aber vielleicht auf den dreijährigen Jungen am Nachbartisch? Seine Mutter ist sehr mit ihrem Telefon beschäftigt und der Kleine macht, was er will. Er zerrupft die Blumendekorationen auf den Nachbartischen und am Ende steht er sogar auf dem Esstisch. Befinden wir uns am südlichen Ende eines nördlich laufenden Maultieres in Form eines bockigen Kindes? Nun steht die Mutter doch noch auf, um mit einer gefüllten Gabel ihrem Spross durch die Wirtschaft hinterherzulaufen. Schließlich muss das Kind ja essen. An dem Tisch zu unserer Linken sitzt eine Dame und isst Salat... mit Latex-behandschuhten Händen. Irgendwie können das alle heute nur schwer aushalten. Wir zahlen, ohne gegessen zu haben. Der Bedienung ist das sehr unangenehm. Sie rennt uns mit einer Schachtel Salat durch die halbe Mall hinterher und entschuldigt sich. Wir wollen zu unserer Stammkneipe: „lazy cat", denn genauso fühlen wir uns gerade... Auf dem Weg zum Pub pinkelt ein Kind mitten auf den Fußweg. Irgendwie möchte ich nach Hause. Weg von der „Dorfprovinz" von 500 000 Einwohnern, wobei mein Heimatstädtchen Hannover die gleiche Einwohnerzahl misst. Kein gutes Omen??? Also dann wieder nach

Shanghai, wo es genauso anstrengend ist. Bin ich ein Jammerlappen...

Aber der Alltag geht weiter und der Elternchat quillt gerade über. Es sollen vom Klassenlehrer Eintrittsbänder für den Weihnachtsmarkt verteilt werden, wofür man sich vorher registrieren soll. Ich muss nicht erwähnen, dass das Registrieren gerne vergessen wurde und nun Chaos herrscht. Andere Kinder haben es vergessen, die Bänder zu Hause abzugeben, und haben nun panische Eltern, die ich dann auch in meiner Funktion als Elternvertreter beruhige... Auf meinem Schreibtisch liegt mein nächstes Skript: „Integration und Migration". Heute möchte ich Niemanden! integrieren, sondern möchte schlichtweg meine Ruhe oder ein Glas Prosecco oder Beides!

Auch gibt sich meine Kristallkugel auf Anfragen, ob es am Samstag am Basar-Tag regnet, gerade sehr schweigsam. Was Eltern denn so alles wissen wollen?! Zudem ist Paula mit den Nerven runter. Zu viele Klassenarbeiten müssen noch geschrieben werden und es ist schwierig, sie zu beruhigen. Das geht eigentlich auch nur, wenn ich selbst den Kopf frei bekomme. Der ist aber auch voll. Und damit meine ich nicht mit Prosecco.

Mein Schützling aus der Grundschule, den ich betreue, ist gerade auf dem Weg zurück nach Deutschland. Eigentlich ein idealer Zeitpunkt, um der Schule mitzuteilen, dass ich kürzertreten möchte. Die Schularbeit erfordert doch sehr viel Vor- und Nachbereitungsarbeit. Gerade in der Kreativ-AG. Vielleicht bin ich auch einfach nicht kreativ genug, um mir alles aus dem Ärmel zu schütteln... oder zu unerfahren. Ich befürchte, das wird ein schwieriges Gespräch werden. So ein Gratis-Praktikant ist doch „nice to have". Das möchte Niemand aufgeben. Aber ich finde, das sollten wir nach den Zeugnisferien mal ausprobieren.

Unsere Zeit hier in China ist nur noch begrenzt und es gibt noch einiges vorzubereiten. Unser Haus in Hannover wünscht gestrichen zu werden, die Dachrinne leckt, ein Fenstersturz will Suizid begehen und die Kinder müssen wieder bei der Schule angemeldet werden. Ob ich das alles online planen kann? Mit eben mal hinfliegen ist es ja gerade schlecht. Ich muss mir auch überlegen, ob ich weiter das Fernstudium betreibe oder „richtiger" Student werde. Wobei, wenn ich zu Hause arbeite, wird das so seine Tücken aufwerfen. Weil: Urda ist ja da und kümmert sich immer sooo gerne. Tut sie nicht, denken aber alle. Ich sehe mich schon zwischen den ganzen Handwerkern sitzen, die auch denken, dass ich immer Zeit für Gespräche habe.

Gerade sitze ich am Esstisch und werde von einem Marderhund durch die Terrassentür beobachtet. Er sitzt auf dem Fußabtreter und kratzt sich unentwegt. Mich juckt es irgendwie. Vermutlich ist ihm kalt. Hier bollert die Fußbodenheizung (ich freu mich schon auf die Rechnung) und ich trinke Kaffee. Das will der Kleine bestimmt auch. Aber immerhin frisst er nun das Katzenfutter und die Miezen sitzen eingeschüchtert auf dem Terrassentisch. Aber vielleicht macht man das hier so, was weiß denn ich?

Fakt ist, ich war immer noch nicht in Peking, da unsere Pläne Corona bedingt immer durchkreuzt wurden. Ich möchte da unbedingt hin; wenn nicht jetzt, wann dann? Unserem Fahrer habe ich schon gesagt, dass ich zur Not sogar laufen würde. Erst hat er gelacht, dann ist er blass geworden. Anscheinend sah ich sehr entschlossen aus. Oder er hatte einfach Angst, dass er mich fahren muss. (Ich würde Zug fahren... Aber mein Humor ist manchmal schwer zu durchschauen).

Wenn Peking nichts wird, möchte ich wenigstens Zeit für Shanghai und Umland haben. Es gibt noch so vieles zu entdecken und meine Freundin Ronja hat schon Pläne für uns. Sie ist Expertin und spricht perfekt chinesisch. Was will ich mehr?

In diesem Sinne: Macht es Euch schön! Habt eine besinnliche Adventszeit und passt auf Euch auf.

Eure vier Shanghainesen!

Advent, Advent, der Schreibtisch brennt.... Wer nun glaubt, dass ein Adventsgesteck auf dem Schreibtisch in Flammen aufgegangen ist, liegt falsch. Es handelt sich nur um eine Parodie auf die Schreibtischarbeit. Es gibt natürlich auch wieder im Dezember etliche Meetings, die bis spät in die Nacht andauern, und ich wünsche uns wirklich eine Mutter-Kind-Kur, gerne auch ohne Kinder...

Es gibt aber auch erfreuliche Ereignisse, wie z.B. den Weihnachtsmarkt in der Schule, wo wir tatsächlich einen Glühwein und diverse Lebkuchen kaufen konnten. Die Tanzgruppe der Schule sowie das Schulorchester gaben ihr Bestes, um die zahlreichen Besucher zu unterhalten. Ein Wurfstand bot Dosenwerfen an, wo man Dosen abwerfen darf, die mit diversen Fotos vom Lehrkörper, Sozialarbeiter und Schulleitung bestückt wurden. Die Kinder hatten sichtlich Spaß! Endlich hatten wir mal Zeit, unsere chinesischen Freunde Mirabella und Tian mal wieder zu treffen. Die sind nach einem Glühwein schon ein wenig „angeschickert" und nun noch herzlicher. Sehr süß! Sie wundern sich, dass Markus sich das Spektakel entgehen lässt. Der hat aber gerade andere Sorgen: Ein gebrochener Bauchnabel.

Eigentlich keine große Sache, aber durch das Ausrutschen auf nassem Untergrund war der Riss im Bauch nun größer geworden und verlangt Reparatur. Daher verbrachte Markus diesen Tag mit Untersuchungen im Krankenhaus. Nun muss noch die Krankenkasse mitspielen und dann kann das Ganze diese Woche hoffentlich noch behoben werden. Was uns ein wenig tröstet, dass unser Freund Fabian die gleiche Prozedur bereits hinter sich hat und mit dem Krankenhaus sehr zufrieden war. Hoffen wir also das Beste!

Obwohl sich Markus ja eigentlich schonen soll, zieht er trotzdem im Schwimmbad seine Bahnen. Es ist Wochenende und ich habe wenig Lust, schon morgens um sieben Uhr im Wasser zu sein. Schließlich bin ich Langschläfer! Das rächt sich gleich, da der Pool um zehn Uhr ziemlich voll ist. Ein chinesischer Mann spritzt mit Absicht Wasser, wenn Markus in der Nähe ist. Markus ist genervt davon und findet, dass der Mann aussieht wie ein zu groß geratendes Baby. Nanu? Mein Gatte in Lästerlaune? Eine neue Eigenschaft, die ich bisher nicht kannte. Ich gebe mich versöhnlich. Wer wie ein großes Baby im Erwachsenenalter aussieht, darf auch mal mit Wasser spritzen. Der Mann muss sich schließlich anpassen.

Ich versuche mich ein wenig abzulenken und kaufe mit Freundin Ronja zusammen einen Adventskranz. Durch ihre Sprachkenntnisse (sie hat Chinesisch studiert), ergeben sich für mich ganz neue Möglichkeiten. Trotzdem werde ich abgezockt: Als der Verkäufer den gewünschten Kranz in eine Tüte steckt, nimmt er eine Kerze vom Gesteck herunter, da das Ganze sonst nicht passen würde. Ich mutmaße, dass er dieselbige einfach gegen eine Kerze ohne Docht ausgetauscht hat. Ärgerlich!

Zum Glück habe ich zu Hause noch eine Kerze im gleichen Farbton und somit ist dieses Problem zumindest gelöst. Es wird doch viel in China gelogen und betrogen, wie ich von Ronja erfahre. Bisher ist mir das noch nicht so aufgefallen. Haben wir den Bogen beim Handeln überspannt? Angeblich sollen Chinesen nur ehrlich zu der eigenen Familie sein oder ggf. zu Studienkollegen. Ansonsten sollte man sehr aufpassen. Also ich weiß es auch nicht und werde die Wahrheit wohl auch nicht herausfinden können. Natürlich lieben Chinesen Fake-Marken und verkaufen diese dann auch gerne als Original an Langnasen. Aber das wissen wir bereits und legen sowieso nicht viel Wert auf Nobelmarken. YouTube schlägt mir heute „die Prinzen: Alles nur geklaut" vor. Was will mir YouTube damit sagen? Hätte das Potenzial zur Nationalhymne?

Der kürzlich gekaufte Rucksack von Sophia für die Schule ist natürlich auch schon wieder kaputt und somit bestelle ich das nächste Exemplar bei Baopals, meinem englischen Taobao. Mal sehen, wie lange dieses Exemplar diesmal den Schulalltag mitmacht. Natürlich schleicht sich auch wieder ein Fehler ein: Eigentlich sollte der Rucksack von einem Schriftzug geziert werden: „You can be anything"! Was bekommt Sophia? „You can be anykhing"...

Meine Schultage gestalten sich gerade als sehr lehrreich und interessant. Ich darf einem Grundschulvortrag über Kinderrechte beisitzen. Die Sozialarbeiterin hat viele Bilder dabei, damit die Kinder sich vorstellen können, wie Schule früher war. Dass die Kinder früher in der Schule sogar geschlagen wurden, ist für die Kinder sehr suspekt. Aber sie haben keine Scheu und fragen interessiert nach. Interessant ist es diese Woche auch für die neunten Klassen, die sich mit dem Welt-Aids-Tag beschäftigen. Da Paula und ihre Freunde an dem Projekt teilnehmen, ist meine Teilnahme ausgeschlossen.

Wieder zu Hause erzählt Paula aber unaufgefordert begeistert über Experimente mit präparierten Reagenzgläsern, die Aids simulieren sollten, und wie schnell sich durch zwei infizierte Gläser ein Virus ausbreiten kann. Auch über Gurken und Kondome werde ich aufgeklärt. Das war anscheinend ein sehr erfolgreicher Aufklärungstag, durch die Sozialarbeiter und Biolehrer. Ich bin gespannt, welche Projekte demnächst noch anstehen, und hoffe, dass ich mitarbeiten darf und kann.

Mich persönlich würde das Thema „Spielsucht" sehr interessieren. Hauptsache, es hat nicht zu viel mit Technik zu tun. Ich stehe nämlich gerade vor dem schuleigenen Kopierer und habe keine Ahnung davon. Dies ist aber vielleicht auch der Tatsache geschuldet, dass ich gefühlt nur einmal pro Jahr Malvorlagen für die AG kopiere. Es besteht also noch Hoffnung.

Die Hoffnung, dass unsere neu Ay-i bis zum Ende bei uns bleibt, hat sich zerschlagen. Es ist ihr dann doch zu stressig und sie schlägt mir eine Freundin vor. Tscha heißt übrigens doch nicht Tscha.... Vielleicht geht sie deshalb, weil ich nicht einmal ihren Vornamen sagen kann. Tja, Tscha! Was soll's... Ich bin trotzdem enttäuscht und flüchte mich in den Compound-Supermarkt. Heute bedient die Chefin selbst. Sie hat mir gemahlene Mandeln besorgt, die ich angefragt hatte. Da wir so gute Kunden sind, schenkt sie mir ein riesiges Stück Parmesankäse. Sie spricht gut Englisch und packt mir gleich noch weiteren Käse für eine eventuelle Pizza ein. Ich bekomme also Rezeptvorschläge gleich inklusive. Da soll jemand noch einmal sagen, Chinesen sind nicht nett... Aber wie das immer so ist. Hier gibt es viel Schatten, aber auch viel Licht.

Als weiteres Highlight bekommt der Compound einen eigenen Verkaufsautomaten für den Fall, dass der Laden geschlossen ist. Wer aber nun auf Getränkedosen oder Süßigkeiten tippt, wird jäh enttäuscht sein. Der Automat bietet (derzeit) nur Zahncreme und Frischhaltefolie an.

Markus' Bauchnabel-OP wurde in der Zwischenzeit genehmigt und durchgeführt, aber nicht ohne dass die Krankenkasse einen Rabatt von über 50% beim Krankenhaus ausgehandelt hat. Vermutlich können wir auch hier wieder eine Menge von den Chinesen lernen. Bisher habe ich nämlich noch nie um Rabatte beim Arzt gefeilscht. Vielleicht bekamen wir auch nur den Rabatt, da wir dieses Jahr schon so häufig im Krankenhaus gewesen sind. Gebrochener Fuß, Herzmuskelentzündung und Bauchnabelbruch sind auch wirklich genug für die nächsten Jahre.

Markus geht es mittlerweile schon ganz ordentlich. Er war allerdings diese Woche im Homeoffice. Ungewohnt für uns. Nächste Woche fahren wir dann alle nach Ninghai, da wir endlich Weihnachtsferien haben. Markus muss noch arbeiten, wir wollen die Mitarbeiter mit Weihnachtsplätzchen erfreuen. Zudem müssen wir auch noch nach Ningbo, um unsere Aufenthaltsgenehmigung verlängern zu lassen.

Es ist seltsam: Es hat tatsächlich über zwei Jahre gedauert, um manche Benimmregeln zu verstehen. Chinesen schreiben sich gerne E-Mails, auch wenn sie im selben Raum arbeiten. Ich muss aber zugeben, dass ich inzwischen irgendwie auch lieber schreibe, als zu reden oder zu telefonieren. Persönlich empfinde ich E-Mails entspannter, da ich mir die Zeit selbst einteilen kann, wann ich diese lese oder beantworte... Wobei man die Emotionen des Schreibers schlechter einschätzen kann.

Auch andere Phänomene kann ich nun viel besser verstehen. Wenn Europäer und Asiaten miteinander verhandeln, gehen die Deutschen davon aus, dass

Gesprächspartner einverstanden sind, wenn sie nichts weiter zum Thema sagen. Dem ist aber hier nicht so. Schweigt ein Chinese, so ist er gar nicht einverstanden. Wieder eine Floskel, die ich inzwischen angenommen habe. Vermutlich bekomme ich in Deutschland einen Kulturschock und muss deren Mentalität wieder neu erlernen. Das wird spannend werden. Auch vertrage ich kein deutsches Brot mehr... Eine sorgfältig aufgehobene Packung Pumpernickel aus Deutschland hat mir ziemliche Bauchschmerzen bereitet. Die chinesische Schärfe hingegen vertrage ich nun bestens. Verrückte Welt.

Wir verfolgen die Corona-Maßnahmen in Deutschland weiter mit Sorge. Wie wird Weihnachten für Euch werden? Vielleicht hat Jemand Lust mir zu erzählen?

Wir wünschen Euch einen schönen dritten Advent! Passt auf Euch auf und bleibt gesund.

Liebe Grüße, Eure vier Shanghainesen!

Vielen Dank für einen Einblick, wie Ihr Eure Feiertage verbracht habt. Ich glaube, dass Eure Antworten den deutschen Durchschnitt der Bevölkerung recht gut beschreiben:

Die Einen sind fast verärgert, dass ich überhaupt frage; frei nach dem Motto: „Hallo?! Wir haben gerade den Lock-down!!!" Die Anderen geben sich entspannt und feiern mit zugezogener Gardine, damit Niemand sieht, dass ausgelassen mit der kompletten Familie gefeiert wird.

Nun, was soll ich sagen. Natürlich freue ich mich immer über ehrliche Antworten und letztendlich muss Jeder selbst entscheiden, was er/sie macht. Fakt ist aber, dass wir bzw. ihr so die Fallzahlen nicht in den Griff bekommen werdet. Durch ein wenig Kontakt nach Deutschland haben wir nun auch die ersten Corona-Fälle im Freundeskreis. Und Corona scheint kein Spaziergang zu sein. Aber es steht mir nicht zu, zu urteilen, da ich weit weg bin und wenig persönliche Einblicke bekomme.

Hier in China gibt es nun einige Fälle in zwei Nordprovinzen und auch in Shanghai. Sofort wird dieser Bereich wieder abgeschirmt mit Straßensperren. Greencodes aus dem Bereich sind wieder rot und Kontakte zu diesen Personen werden automatisch gelb. Kontrolle total. Nun gilt wieder Maskenpflicht in allen öffentlichen Verkehrsmitteln und Gebäuden und es klappt erstaunlich gut.

Mit den Absperrungen muss man China zugutehalten, dass wir überwiegend in Compounds leben, die mit diversen Wachposten ausgestattet sind. Unser Qishi Compound hat allein 20 Mann und zusätzlich natürlich die Straßenreinigung und Müllabfuhr. Somit ist es ein leichtes, Gebiete schnell vom Rest zu isolieren. Wer in Europa hat schon so eine Personaldichte?! Und Compounds gibt es ja auch nicht. Ein Arbeitskollege von Markus in England berichtet von einem harten Lockdown. Alle sind zu Hause und das Haus sollte auch nur mit einem triftigen Grund verlassen werden. Alle setzen ihre Hoffnung auf eine baldige Impfung.

Auch in Deutschland hoffen viele darauf. Warten wir also mal ab, wann wen welche Impfung erreichen wird. Wie ich gehört habe, sind die Regelungen in den verschiedenen Bundesländern doch sehr unterschiedlich. Oder werfe ich dies mit den

Beschulungen der Kinder durcheinander? Nun, es ist so oder so mit Sicherheit ziemlich kräftezehrend. Hoffen wir weiterhin das Beste.

In China wurden die chinesischen Neujahrsferien vorgezogen und die Leute sind etwas enttäuscht, dass sie zum Neujahrsfest nicht in ihre Heimatprovinzen reisen können. Die deutsche Schule bleibt weiter geöffnet, aber mit strengeren Auflagen und Hygienevorschriften. Immerhin hatten wir ja gerade erst Weihnachtsferien.

Natürlich dürfen auch wir China nicht ohne weiteres verlassen und somit verbrachten wir Weihnachten und den Jahreswechsel auf Hainan in Sanya, die wir mit einer chinesischen Fluglinie erreicht haben. Dass das Bordpersonal ausschließlich chinesisch sprach, muss nicht extra erwähnt werden. Immerhin hatte dieses eine hübsche rosafarbene Uniform an und da ja Weihnachten war, zusätzlich ein Elchgeweih auf dem Kopf. Die Chef-Stewardess hatte noch einen glitzernden Prinzessinnen-Umhang um, um den die zahlreichen Kinder an Bord sie sicher beneidet haben. Voller Stolz ließ sie sich von ihren Kollegen mit dem Handy filmen.

Gerade angekommen, stellen wir fest, dass diese kleine Insel direkt vor China durchaus in den Wintermonaten bei Chinesen sehr beliebt ist. Bei meistens um die 27 Grad im Winter kann man von einem angenehmen Klima sprechen.

Gefühlt ist die halbe deutsche Schule vor Ort und wir treffen zwei Familien aus Paulas Klasse. Somit auch Mirabella und Tiang, die uns zu einer „echten" Peking-Ente einladen. Ein sehr fettiges Essen, was aber mit Gurke und Rettich in einen Wrap gehüllt wird. Die Begegnung mit unseren chinesischen Freunden ist immer sehr entspannt und auch sehr lehrreich. Wieder erfahren wir Dinge, die wir bisher nicht wussten. Der moderne Chinese kauft seine Lebensmittel nicht mehr im Supermarkt, sondern bestellt im Internet wirklich alles.

Für die Lieferung muss man nicht einmal zu Hause sein. Es gibt spezielle Schränke, wo die Lebensmittel in der Nähe des Hauses deponiert werden, und es gibt per WeChat einen Zugangscode hierfür. Auch wo sich der Fahrer mit dem Einkauf gerade befindet und wann er eintreffen wird, wird angezeigt. Nettes Tool! Manchmal wünsche ich mir das auch. Wobei es uns Langnasen auch einfacher gemacht wird: Der Laden des Vertrauens postet auch immer fleißig per WeChat, was gerade im Angebot ist. Bei Rückfragen werden Produkte und Preise direkt diskutiert und binnen weniger Stunden liefert ein Mofa 10 Liter Milch oder was das Herz gerade begehrt.

So richtig Einblick in ein chinesisches Familienleben werden wir aber wohl trotzdem auch weiterhin nicht bekommen. Selbst Chinesen unter sich besuchen sich nie gegenseitig zu Hause. Nur die engste Familie hat Zutritt. Paula darf aber bei ihrer Freundin Manling übernachten und natürlich auch umgekehrt. Die Familie besucht uns hingegen aber gerne und wünscht sich immer deutsches Essen. Tiang hat ja in Deutschland studiert und besitzt sogar einen deutschen Pass. Er war sogar kirchlich sehr engagiert, um mehr Einblicke zu bekommen. Er kennt das „Vater unser" immer noch auswendig und betont, wie sehr er die deutsche Gastfreundschaft immer genossen hat. In seiner deutschen Kirchengemeinde gab es wohl auch viele Studenten aus verschiedensten Nationen. Regelmäßig habe man sich getroffen und zusammen gekocht, um die landesüblichen Spezialitäten vorzustellen. Nun stellt sich die Frage, was Tiang seinen Gästen wohl serviert habe. Er antwortet knapp mit „Pizza" und lacht. Die chinesische Küche sei ihm zu kompliziert, zudem bekäme man in Deutschland nicht alle Zutaten. Die Befürchtung habe ich mittlerweile auch, dass wir viele Dinge, zurück in Hannover, wohl schmerzlich vermissen werden.

Aber ich komme vom Thema ab!

Es ist interessant, wie Chinesen ihren Urlaub verbringen. Wir haben uns mit Absicht in einem typisch chinesischen Hotel einquartiert und fühlen uns auch ziemlich wohl dort. Die Architektur ist auch sehr asiatisch und so posieren im Garten täglich chinesische Touristen in traditionellen Gewändern, die ein professionelles Fotoshooting gebucht haben. Fotos für die Daheimgebliebenen sind unglaublich wichtig und natürlich auch das Essen. Es gibt Pizza-Hut und Starbucks, aber ansonsten ist alles auf den chinesischen Gaumen ausgelegt. Bald haben wir sämtliche Restaurants im Umkreis ausprobiert.

Einige Gaststätten sind so beliebt, dass ausgeklügelte Wartesysteme nötig werden. Wir ziehen einen Bon mit einer fortlaufenden Nummer und es ertönt in regelmäßigen Abständen ein Tonsignal, was mir sehr vertraut vorkommt. Plötzlich erkenne ich den Klang wieder: Das heimische Bürgeramt in Deutschland hat die gleichen Bons und ebendiesen Klingelton. Da fühlt man sich doch gleich zu Hause. Gehen sie doch bitte zu Schalter 2! Nicht dass ich, zurück in Deutschland, dort etwas zu essen bestelle!?

Aber was habe ich im Fresstempel bestellt? Ich weiß es nicht... und die Bildchen der Speisekarte geben mir auch nicht wirklich Auskunft. Ist es ein gebratener Pfau? Ein Gänsehals oder gar ein Hammelhoden? Und will ich das wirklich wissen? Immerhin gibt es unter den Fotos kyrillische Zeichen. Ich verstehe aber kein Russisch und es ist weit und breit auch kein Russe zu sehen, der helfen könnte. Schade, denn ich verderbe mir den Magen, liege im Bett und schaue einen Tag lang bei bestem Internet „Schwarzwaldklinik". Länger als einen Tag hält auch kein Mensch diese alte Serie aus. Ein besserwisserischer Professor Brinkmann, anscheinend ohne Lehrstuhl an einer Universität, gibt zu jeder Lebenslage ungefragt seinen Senf dazu; faselt von einer Fuß-OP und hält dabei eine Röntgenaufnahme von einer Wirbelsäule hoch. So bekommt man in den 80er Jahren Vertrauen in die Ärzteschaft. Mich ereilt eine Spontangenesung! Ab heute esse ich nur noch Gemüse!

Aber auch das ist nicht immer zu erkennen. Aber sehr zu empfehlen: frittierte Lotuswurzel! Meine Chinesisch-Kenntnisse beschränken sich immer noch nur auf: „Hallo, auf Wiedersehen, gern geschehen, ja, nein, ein Bier bitte" und: „haben wir nicht..." Ich schäme mich wirklich sehr und esse die nächsten Tage nur Lotuswurzel und Blumenkohl. Selbst schuld.

Trotz der kyrillischen Schriftzeichen treffen wir kaum auf Russen. Nach ein wenig Recherche stellen wir fest, dass auch Russen auf Hainan gerne ihren Winterurlaub verbringen. Anscheinend braucht es kein Einreisevisum für diesen Ort, wobei in Zeiten der Pandemie die Vodka-Abteilung im Supermarkt traurig vor sich hin staubt. Vielleicht auch besser, als den Urlaub mit feierwütigen Russen zu verbringen. Oder sind wir nur am falschen Ort? Unsere „Fressmeile" erinnert an die Schinkenstraße auf Mallorca. Und diese ist ja nun auch nicht wirklich repräsentativ für die Schönheit Spaniens. Nachdem wir das „Weihnachts-Dinner" (mit Schneewittchen und lauter Musik) aus sicherer Ferne beäugt haben, geben wir nicht auf und buchen am nächsten Tag eine Bergtour in der Hoffnung auf ein wenig Ruhe.

Tja, was soll ich sagen: Die Bergtour entpuppt sich als Kaffeefahrt ohne Kaffee. Mit Reisebussen werden die Massen auf den Berg gekarrt und man kann ein Mittagessen dazubuchen. Es gibt Bushaltestellen im „hopp on und off" Prinzip. Zwischendurch kann man Treppen steigen und über eine Glasbrücke schreiten, mit gefühlt 1000 anderen Chinesen. Überall wird für die Daheimgebliebenen fotografiert. Die Aussicht auf das Meer ist aber sensationell schön, wobei der Blick auf einen Militärstützpunkt frei wird. Hier gilt: „Keine

Fotos!" Da sind die Wachposten sehr eigen und dulden auch keine Ausnahme. Das stört aber weiter nicht und ich bin eigentlich ganz froh, dass wir in der sengenden Hitze nicht so viel laufen müssen. Paulas Puls ist immer noch zu hoch und sie soll sich nicht zu sehr anstrengen.

Wieder zurück besuchen wir, wie es sich für einen chinesischen Urlauber gehört, sofort wieder ein Restaurant. Das Essen ist gut und das Restaurant gut besucht. Unfreiwillig bekommt man Einblicke vom Nachbartisch, wo ein Gast seine Zahnprothese in seinem Wasserglas badet. Am nächsten Morgen besuchen wir das Nachbarhotelgelände, wo es einen kleinen Zoo gibt. Für umgerechnet zwei Euro kann man dort Grünfutter erstehen und diverse Ziegen, Geflügel, ein Pferd und Meerschweinchen füttern. Auch fressen Koi-Karpfen gerne Grünzeug, wie wir feststellen. Ist das wirklich ein Zoo oder doch eine Speisekammer? Wir wissen es nicht, gehen aber einfach mal von einem Zoo aus. Die Kinder sind entzückt, nur die Puten finden sie hässlich. Paula ist wenig versöhnlich mit einem männlichen Puter, der gerade das Objekt seiner Begierde, eine Putendame, beeindrucken will. „Das wird nichts!... Mit dem Gesicht!"

Die Kinder haben ein neues Restaurant entdeckt und wir wollen dies unbedingt testen, ohne natürlich zu wissen, was uns erwartet. Ich komme zu spät und gerade kommt das Essen. Es sieht gut aus: Fleisch mit Gemüse und Soße. Es handelt sich um ein Restaurant für Froschspezialitäten. Nun ja. Wollte ich eigentlich nie essen. Aber bekanntlich sollte man ja niemals „nie" sagen.

Wieder zurück in Shanghai, hat uns der Alltag schnell wieder eingeholt. Alle unsere Kübelpflanzen rund um das Haus sind bei -9 Grad erfroren, was für hiesige Regionen sehr selten ist. Ich bin nun fast täglich in der Schule und bereite zu Hause die „Drogenpräventionstage" für den Jahrgang sieben mit vor. Ich darf den aktiven Part mit

„Rauschbrillen" vorbereiten, wo die Schülerschaft durch die Brillen ihren hoffentlich ersten Vollrausch erleben dürfen und dabei Aufgaben erledigen müssen. Auch viel Theorie müssen sie mit Hilfe des Internets erarbeiten. Zur Auflockerung und zur Stärkung der Klassengemeinschaft gibt es immer wieder kleine Spiele zwischendurch. Das haben wir alle auch bitter nötig, da das Thema doch ziemlich komplex für so junge Menschen ist, wie wir feststellen. Die Sozialarbeiterin hat zwei Gäste eingeladen, die ihre Drogengeschichte erzählen. Die beiden Männer sind Englisch-Muttersprachler, was die eine Klasse vor eine echte Herausforderung stellt und der Parallelklasse so gar keine Schwierigkeiten zu bereiten scheint. Die Klassen sind gänzlich unterschiedlich. Die einen sind noch ziemlich kindlich und unbedarft, die andere Klasse ist teilweise besser informiert als ich. Es stellt sich für uns die Frage, wann ist wohl ein gutes Alter, Jugendliche über dieses Thema vertraut zu machen. Anscheinend ist dies doch sehr individuell. Wir zumindest hängen nach je drei Tagen Drogenpräventionsarbeit so einigermaßen in den Seilen. Meine innere Stimme krächzt frei nach Westernhagen: „Keine Ahnung, keine Meinung, kein Konzept... keine Lust um aufzusteh`n". Werde ich je ein guter Sozialarbeiter werden, wenn ich tagsüber darüber informiere, dass jeder Mensch einen „Tank" besitzt, den er regelmäßig auffüllen muss... und zwar nicht mit Alkohol; und am Abend mir selbst eine halbe Flasche Wein reinknalle, damit ich schlafen kann?

Ich versuche mich abzulenken mit einem Podcast, der mir in einem Sozialarbeiterforum empfohlen wurde. Nun weiß ich, wie das Körpergewicht die Psyche beeinflussen kann und wie Psyche das Körpergewicht beeinflusst. Na, toll.

Zudem ärgere ich mich über mein nächstes Modul: „Medizin für Nicht-Mediziner". Meine Ausbildung in der

Zahnmedizin ist den Heinis an der Uni nicht medizinisch genug. Abgelehnt! Diese Woche wird meine letzte „Schulwoche" sein. Somit habe ich 400 Stunden ehrenamtlich abgeleistet. Es ist eigentlich ein wenig schade, da ich erst in den letzten Wochen so richtig gut unterwegs war. Auf der anderen Seite habe ich nun die Chance, mich mehr auf die Theorie einzustellen. Ich werde nächste Woche mit Markus tauschen. Ich fahre zum Lernen nach Ninghai und er bleibt dafür in Shanghai. Bin gespannt, wie ich vorankommen werde.

In einem Telefonat erkundigt sich meine 97-jährige Großmutter über mein Vorankommen an der Fernuniversität, inklusive Noten versteht sich. Am Ende unseres Gespräches fragt sie, warum ich denn nichts Seriöses studieren könne. Ach, Oma...

Paula versucht mich aufzumuntern und wir stellen fest, dass wir beide fleischfressende Pflanzen sehr aufregend finden. In Deutschland wollen wir uns unbedingt welche anschaffen und ich sehe uns die Pflanzen schon mit Mettbällchen vollstopfen. Paula versteht meinen Humor und stimmt sofort mit ein: „Ach, komm. Eingeladen macht nicht dick"!

Es häufen sich die Fragen, wann wir denn nun zurückkommen werden. Was soll ich sagen... Ich weiß es nicht genau. Fakt ist, dass Markus' Vertrag in Ninghai bis September gilt, sein Chef in Hannover ihn aber so schnell wie möglich zurückhaben möchte. Die Pandemie spielt sicherlich auch eine große Rolle für Entscheidungen. Die Wahrheit liegt vermutlich irgendwo dazwischen. Wir planen also den Sommer, damit die Kinder hoffentlich pünktlich zum neuen Schuljahr wieder durchstarten können.

China New Year steht vor der Tür und es ist wieder an der Zeit, sich mit roten Geldumschlägen bei seinen Mitarbeitern zu bedanken. Ich mag diese Tradition sehr. Wir warten also gespannt auf das Jahr des Ochsen und hoffen, dass wir nicht wie der Ochs vorm Scheunentor dastehen werden. Aber wie heißt es so schön: Neues Jahr, neues Glück!

In diesem Sinne: Alles Liebe, Eure vier Shanghainesen.

Leider gehen die Fallzahlen der Pandemie bei uns wieder hoch; Markus verzichtet auf das Zugfahren und lässt sich von dem armen Mister Zhan jede Woche nach Ninghai fahren und wieder abholen. 1200 Kilometer pro Woche stressen unseren Fahrer doch ziemlich, aber noch ist seine Laune gut. Auch wenn wir am Wochenende einen Ausflug machen wollen, müssen wir nun ganz genau schauen, ob es sich nun um eine „No-go-Area" handelt oder nicht.

Markus` Kollegen geben Tipps: Wenn man sein Handy ausstellt, ist man ja gar nicht überprüfbar... Na, ja. Ich weiß nicht. Dann meiden wir doch lieber den Bereich, bevor es Ärger gibt. Schließlich macht die Behörde diese Vorschriften nicht zum Spaß. Es gibt auch sonst noch viel zu entdecken: Wir besuchen eine Altstadt, die zwar sehr niedlich, aber leider nur für den Tourismus ausgelegt ist. Wir quetschen uns durch die engen Gassen an Souvenirläden und Fressmeilen vorbei. Etwas abgelegen finden wir ein Dumpling-Restaurant im chinesischen Stil. Es wird sogar englisch gesprochen, was wir erfreut zur Kenntnis nehmen. Die Teigtaschen sind entweder gefüllt mit Schweinemett oder einem

Hackfleisch-Fisch-Mix. Wir entscheiden uns für die Schweinefleisch-Variante und warten gespannt, bis unsere Dumplings in den Holzeinsätzen über dem Herd fertig gegart sind.

Die Gäste können in die Küche schauen, wo drei Chinesinnen geschickt die Teigtaschen herstellen. Wenn ich so den Mettberg betrachte, wird das wohl eine Tagesaufgabe werden. Fast habe ich ein schlechtes Gewissen... und setze mich wieder an den Esstisch. Kurze Zeit später kommen unsere Teigtaschen und nun stehen wir unter Beobachtung des Personals, wie wir uns mit den verfluchten Teiglingen herumschlagen. Sie sind durch den Wasserdampf kochend heiß und so groß, dass sie nicht komplett in den Mund passen. Wer dies doch probiert, wird feststellen, dass diese mit siedender Brühe gefüllt sind. Die englisch sprechende Bedienung hatte uns ja vorgewarnt...- aber wer nicht hören will, der muss halt fühlen. Trotzdem genießen wir dieses schmackhafte Essen sehr und ich kühle meinen Mund mit Wasser.

Nach diesem interessanten Mittagessen wollen wir weiterziehen. Doch vorher wäre ein Besuch des stillen Örtchens doch noch ratsam. An einem alten Haus erkenne ich den Schriftzug für „Toilette", der von einem Piktogramm untermalt wird. HIER bin ich richtig. Ich grüße die Toiletten-Ayi freundlich, verschwinde in der Kabine und bin ratlos. Natürlich hatte ich keine europäische Toilette erwartet, sondern eine keramische „Hockvariante", aber auch die fehlt gänzlich. Stattdessen sehe ich eine metallische Rinne, wo in regelmäßigen Abständen Wasser durchzieht. Ist das vielleicht der Abfluss für das Putzwasser und ich bin etwa falsch hier? Ich gehe zur nächsten Kabine und stelle fest, dass sich die Rinne durch den ganzen Raum mit den Kabinen zieht. Also mal angenommen: Wenn mein Nachbar nun etwas in die Rinne „fallen lässt" wird es auch zwischen meinen Füßen durchschwimmen. Ein befremdlicher Gedanke, daher beeile ich mich besser und verlasse die Toilette erleichtert wieder.

Die Kinder haben schon die nächste Überraschung entdeckt: Einen Essensstand, der aus Lotusmehl eine Art Knäckebrot herstellt. Durch einen sogenannten Extruder wird der Teig gepresst und durch die Wärme „extrudiert" dieser dann zu einem köstlichen Knäckebrot. Die Kinder sind begeistert, es riecht fantastisch und verkauft sich wie „geschnitten Brot".

Wieder zu Hause treffen wir auf unsere heimische Ayi „Tscha", die gar nicht glücklich aussieht. Sie zeigt verärgert auf unseren Staubsauger und macht die passenden Geräusche dazu." Wwwwhhhh, no power!" Ich zucke mit den Schultern. Mir ist klar, dass der Staubsauger nicht der beste am Markt ist. Aber für die paar Monate lohnt sich eine Neuanschaffung wirklich nicht mehr. Zudem liegen hier nur drei Teppiche im ganzen Haus und der Rest lässt sich hervorragend fegen. Das sieht „Tscha" als technikbegeisterte Ayi völlig anders. Sie zeigt mir ein Foto von einem Putzroboter. DEN will sie. Anscheinend habe ich wohl verzweifelt geguckt. Tscha lacht und steckt ihr Handy mit dem Putzroboter-Foto wieder ein. Zumindest für heute habe ich Ruhe.

Markus ist wieder in Ninghai und so kurz vor China Neujahr gibt es viele Festlichkeiten, denen er beiwohnen soll. Auch für seine Abteilung soll er sich etwas Nettes ausdenken. Sein Lieblingspub „Lazy Cat" findet keine Zustimmung, da das europäische Essen nicht schmecke und die Frauen ja keinen Alkohol trinken würden. Eine Badminton Competition zwischen den Teams wäre okay, aber wohl auch nur eine Notlösung.

Als mein Göttergatte nun ein norddeutsches Spiel namens „Bosseln" und danach Essengehen vorschlägt, sind alle ganz angetan von dem Gedanken.

Für alle „Nicht-Norddeutschen": Bosseln ist ein Freizeitsport, wo zwei Teams jeweils ihren Ball ins Ziel bringen müssen. Gespielt wird draußen in Wald und Flur. Oder in diesem Fall in Ninghai, um das Xizi Einkaufszentrum. Kommt der Ball vom Weg ab, ist das kein Problem. Wehe aber, man berührt den Ball des Gegners, dann gibt es einen Straf-Schnaps. Überhaupt wird in diesem Spiel viel getrunken. In diesem Fall dann zwei Flaschen Jägermeister, den das Team mit plattdeutschen Trinksprüchen tapfer konsumiert: „Ek drink dee dou!" Selbst die Frauen, die plötzlich kein Problem mehr mit Alkohol zu haben scheinen und quietschend dem Ball hinterherlaufen. Ein großer Spaß für alle, auch für die Zuschauer im Xizi Komplex.

Dann beim Abendessen geht es fröhlich weiter mit chinesischen Trinkspielen. Trinken gehört wohl auch ein wenig zur Machtdemonstration. Wenn ich Jemanden zum Trinken auffordere, ihm zuproste und er mir sagen würde, dass ich das Glas leerzutrinken habe auf „EX", dann würde ich dies als Nordlicht selbstverständlich tun. In China sind die Regeln etwas anders: Wer das Glas leertrinkt, ist der Unterlegene und der andere gewinnt. Auf der anderen Seite scheint es das Ziel sein, möglichst schnell betrunken zu werden. Ich verstehe die Regeln einfach nicht. Das nimmt uns hier aber niemand krumm.

Markus ist froh, wieder nach Shanghai ins Home-Office zu kommen, denn wir wollen tauschen, damit ich zum Lernen ein wenig Ruhe habe und er sich um die Kids kümmern kann. Ich unterziehe mich einem Corona-Schnelltest und Mister Zhan bringt mich nach Ninghai, wo ich noch kurz mit Markus Mittag esse, bevor er wieder nach Shanghai fährt. Es ist völlig ungewohnt für mich, so allein in Ninghai. Mein Mann versucht mich aufzumuntern: „Willkommen in Bad Ninghai!" Wobei die heißen Quellen hier bestimmt einen medizinischen Effekt hätten. Ich bleibe skeptisch und bekomme den einzigen Wohnungsschlüssel und Bargeld ausgehändigt, falls ich mein Telefon zum Bezahlen verlieren sollte. Den Müll könne ich nur zwischen 6-8 Uhr entsorgen, unter den strengen Blicken von „Müll-Opa", der die Mülleimer überwacht. Ah ja. Es muss alles geregelt und kontrolliert werden. Habe ich ganz vergessen.

Falls es mir doch langweilig werden würde, bekomme ich den Kontakt zu einem der zwei Ausländer in Ninghai. Eduard aus Albanien. Nett. Und schon ist mein Mann mit seinem Koffer im Auto verschwunden. Ich stehe planlos in der Tiefgarage und fühle mich verlassen. Die Alarmanalgen der Wegfahrsperren piepsen und ich gehe schnell wieder zum Aufzug, damit kein Ding von denen losheult und ich am Ende noch schuld daran bin.

Im Kühlschrank sieht es traurig aus: eine Tüte Milch, ein Stück Ingwer, Sojasoße und eine halbe Zwiebel. Ich muss also einkaufen und werde sofort von Mitkunden bemuttert. Dieses Shampoo sei ein super Angebot und wirklich sehr, sehr gut! Die freundliche, chinesische Dame zeigt auf ihre Haare, damit ich auch verstehe, für welchen Bereich des Körpers das Wundershampoo denn auch gemacht sei. Es hätte sich ja auch um Intimshampoo handeln können. Nicht auszudenken! Da ich tatsächlich Shampoo brauche, lasse ich mich überzeugen und die Mitkundin ist selig. Ist schon irgendwie süß. Alle sind wirklich sehr hilfsbereit. Ich finde tatsächlich auch ungezuckerten Joghurt und kaufe Unmengen von Erdbeeren, weil diese gerade Saison haben. Um mein „Singledasein" zu feiern, beschließe ich, heute allein essen zu gehen. Auch eine Premiere. Ich gehe zum Japaner und bekomme sogar ein Separee. Markus musste bisher immer am Tresen oder dem großen Gastraum sitzen. Ich fühle mich mindestens so wichtig wie einst der Kaiser von China, wo ich jetzt im Lotussitz neben meinem persönlichen Klingelknopf sitze. Die Bedienung spricht ein wenig englisch und ich mache ihr

Komplimente, da es wirklich schwer für sie ist und sie sich so sehr bemüht.

Zufrieden gehe ich wieder in „meine" Studentenbude. Verdammt! Es ist nach 20 Uhr und ich habe vergessen, den Müll rauszubringen. Aber morgen ist schließlich auch noch ein Tag!

Ich werde am nächsten Morgen wach durch den Autolärm und freue mich, dass es noch vor 8 Uhr ist. Zeit, den „Müll-Opa" zu besuchen. Vorbildlich habe ich den Müll sortiert und begrüße den älteren Herrn fast überschwänglich. Er ist sichtlich irritiert und mein Biomüll darf nicht in die Biotonne, da ja ein Plastikbeutel drum ist. Da bleibt er stur. Also gut: Kommt dann doch alles in die Restmülltonne. Opa hat Recht und ich meine Ruhe! Er raucht eine stinkende Sorte Zigaretten und schnipst nun den Stummel in die Altpapiertonne. Sofort muss ich wieder an die Brandmaßnahmen denken, die uns doch immer per Video am Aufzug vorgespielt werden. Hoffentlich setzt Opa nicht in dieser Woche das Haus in Brand, da ich doch nicht auf dem Sofa aus dem Fenster springen will...

Ich schreibe Markus über den Vorfall. Falls er von Opa in Brand gesetzt werden würde, müssten wir ihn danach noch ins Büro zerren. Denn wenn er bei der Arbeit ums Leben kommt, ist die Abfindung höher! „Das ist wahre Liebe!" mutmaßt er.

Zügig gehe ich wieder aus der Tiefgarage und lasse den Müllwärter auf seinem Stuhl mit Union Jack-Muster sitzen. Wieder in der Wohnung finde ich nur Instant-Kaffee... Also auf zu Star Bucks. Angeblich wurde die Welt in nur sieben Tagen erschaffen. Aber schaffe ich in nur einer Woche meine Klausurvorbereitungen? Wenn das hier so weiter geht, habe ich berechtigte Zweifel. Bei Star Bucks fühle ich mich auch nicht so wohl, da das Cafe jetzt in den Ferien völlig überlaufen ist und ich mich beobachtet fühle. Also Skript wieder eingepackt und auf zum nächsten Teegeschäft. Ich kaufe einen Rosenblättertee und Teefilter und eile zurück an den Küchentisch. Endlich kann ich starten. Die Stunden vergehen wie im Flug und nach zwölf Stunden wage ich mich an eine „Probeklausur": Ich soll nach deutscher und EU-Gesetzeslage einschätzen, ob Jemand asylberechtigt ist oder nicht! „Begründen Sie" fordert mich der PC auf und das nach nur sechs Fallbeispielen. „Abgelehnt! Alles abgelehnt! Aus Gründen der akuten Lustlosigkeit!" maule ich den PC an.

Ich mag nimmer! Im Kühlschrank steht nur Dosenbier, welches ich nicht mag. Prosecco oder Weißwein gibt es in Ninghai nicht zu kaufen. Ich kontakte Eduard, der sich tatsächlich noch an mich erinnern kann. Wir verabreden uns in der „Lazy Cat" auf ein Bier. Er freut sich sichtlich, kommt aber zu spät, da er noch bis 22 Uhr in seinem Englischkurs unterrichtet hat. Es ist unglaublich, dass selbst Dreijährige bis 22 Uhr in irgendwelchen Englischkursen sitzen. Die Eltern zahlen einen Haufen Geld dafür, auch wenn Eduard gar kein richtiger Lehrer ist. Er kommt ursprünglich aus dem Hotelgewerbe. Sein Englisch ist besser als meins, was aber auch keine Kunst ist. Aber ich bin mir nicht sicher, ob ich meine Kinder zu ihm in den Kurs schicken würde. Grammatik ist nicht so seins. Letztendlich ist es aber egal, es geht nur um das ausländische Gesicht, was die zahlenden Eltern sehen wollen, erklärt er mir. „Wo du herkommst, ist egal! Hauptsache Ausländer, aber nicht schwarz!" Interessant, aber ziemlich rassistisch, wie ich finde.

Wir verbringen einen lustigen Abend, Eduard liebt es zu erzählen und so erfahre ich viel über seine Kindheit, seine Familie in Albanien und wie man mit herumliegenden Handgranaten aus Kriegsverwicklungen fischt. Heute schockt mich eh nichts mehr. Nach mehr als nur einem Bier gehe ich wieder in meine Bude und fahre mit dem Aufzug. Im Aufzug rülpst mir ein Mann entgegen und telefoniert noch dabei. Ich frage mich, ob er auch das Freizügigkeitsabkommen unterschrieben hat. So ein bisschen vom Studium ist wohl dann doch noch hängengeblieben, wobei das Benehmen des Mannes so gar nichts mit dem Abkommen zu tun hat. Lustig ist es doch und ich mag das Wort: F-R-E-I-Z-Ü-G-I-G-K-E-I-T-S-A-B-K-O-M-M-E-N.

In diesem Sinne: Bleibt artig! Viele Grüße, Eure 4 Shanghainesen

Oh, welch Wunder: Die nächste Online-Klausur kann ich nach nur 15 Minuten starten! Auch den indischen Proctor verstehe ich gut und gehe das erste Mal entspannt in eine Klausur. Fazit zu meiner Lerneinheit in Ninghai: nachts lerne ich am besten und zudem kenne ich nun auch alle Nachbarn auf dem Flur. Dem Nachbarkind mache ich kleine Geschenke und werde nun auch aus der Ferne freudig begrüßt.

Wieder in Shanghai besuchen Markus und ich eine amerikanische Bar, um dem Alltagsstress ein wenig zu entfliehen. Am Nachbartisch wird tüchtig getrunken und es kommt, wie es kommen muss: Ein Gast hat eindeutig zu viel Bier konsumiert und schafft den Weg zur Toilette nicht mehr. Was soll ich sagen?! Den anderen Gästen ist das sehr unangenehm, sie entschuldigen sich überschwänglich und wir bekommen einen anderen Tisch in einer anderen Ecke der Bar.

Mein Mann ist „dauermüde", da er mit Sport seinem zu hohen Blutdruck entgegenarbeitet. Nun hat er sein Gewicht mit täglichen Radtouren und Schwimmeinheiten schon reichlich reduziert und der Blutdruck ist fast normal, was für ihn sehr ungewohnt ist. Als weitere Motivation will er seinen Bart erst wieder kürzen, wenn das Zielgewicht erreicht ist. Da mein Mann sehr stur ist, kümmert es ihn auch nicht wenig, dass er wie einst Jesus in meiner Kinderbibel aussieht. Und wer kann schon von sich behaupten, dass er mit Jesus im Bett liegen darf?

Ich hingegen bin beim Joggen so blöd umgeknickt, dass ich Sporteinheiten erst einmal an den Nagel hängen muss. Meine Fitnessuhr mault und ich überlege ernsthaft, ob ich diese nicht der Katze umbinden soll. Dann gäbe die Uhr hoffentlich ruhe und die Katze würde vielleicht nicht den ganzen Tag auf dem Fußabtreter dösen.

Meinem Knöchel geht es leider so schlecht, dass ich zum Arzt humpeln muss. Gerne vermeide ich Arztbesuche, da mir die passenden Vokabeln nie einfallen wollen und der amerikanische Arzt mich auch ansonsten sprachlich abhängt. Es hilft aber nichts! Durch die Angabe meiner Telefonnummer an der Rezeption sind meine sämtlichen Daten sofort verfügbar und diverse Untersuchungen werden angeordnet. Das Röntgenbild bestätigt auch, dass sich im Knöchel eine alte Ligatur gelöst haben muss, die mich nun bei jedem Schritt daran erinnert, dass ich vor 30 Jahren einmal eine Treppe heruntergesprungen bin, und mich piekst. Der Arzt findet meine Geschichte lustig und verschafft mir gleich einen OP-Termin für die nächste Woche, wo die Ligatur endoskopisch wieder fixiert werden soll. Die Krankenkasse muss dem „Schlachtplan" nur noch zustimmen. Macht sie natürlich nicht und schlägt mir stattdessen Krankengymnastik vor. Nach einigen Briefwechseln hat der Kostenträger dann aber doch ein Einsehen und alles soll seinen Gang gehen.

Ich versuche mich in der Wartezeit abzulenken und besuche zusammen mit Markus einen chinesischen Imbiss. Durch eine Übersetzungs-App können nun auch wir die Speisekarte lesen. Heute: „Wirbelsäulensuppe mit Seetang". Sind hier orthopädische Wochen bei „Lang zu"? Vielleicht sollte ich nach einer schmackhaften „Meniskus-suppe" fragen und entschließe mich doch zu „Reis mit Shrimps". Irgendwie denke ich ständig an den Operationstermin. Woran liegt das bloß?

Irgendwann hat auch diese Wartezeit ein Ende. Vielleicht ist es auch nicht unbedingt ratsam, vor solch einem Eingriff das Modul „Medizin1&2" in Angriff zu nehmen. Durch meine medizinischen Vorkenntnisse mache ich mir doppelt Stress, da ich dieses Modul besonders gut abschließen möchte. Eine neue Studentengruppe der Uni bestätigt mir auch, dass das Modul „nicht ohne" sein soll. Immerhin sind die 200 Seiten mit ausgedachten möglichen Klausurfragen nett gemeint, beruhigen mich aber überhaupt nicht.

Ich verschiebe zähneknirschend meine Lerneinheit und begebe mich ins Krankenhaus, wo eine chinesische Krankenschwester mit Kopftuch schon auf mich wartet. Ist sie Muslimin? Das finde ich sehr ungewöhnlich für China und spannend. Leider duldet sie keine Fragen und redet die ganze Zeit auf mich ein, was ich darf und nicht darf... Schade!

Sie führt mich in das Krankenzimmer und mir stockt der Atem: Es präsentiert sich ein „Himmelbett" mit einer halben Baugerüstkonstruktion stolz erklärt die Krankenschwester mir, dass es sich hier um das Orthopädiezimmer handele. Als sie mein entsetztes Gesicht sieht, räumt sie entschuldigend ein, dass wohl kein anderes Zimmer frei sei. Nun gut. Dann eben ein Baumarkt-Himmelbett, wo man den Patienten sogar aufhängen könne. Ich lasse mich auf das Bett plumpsen und warte auf das, was da kommen mag. Mir knurrt der Magen und trinken darf ich auch nichts mehr. Das Medizin-Skript liegt in der Tasche, aber weitere Highlights und Erkenntnisse erspare ich mir heute.

Die Tür fliegt auf und ich darf mit meinem OP-Hemd auf eine Liege umsteigen. Nun rolle ich ziemlich zügig und unsanft durch die Flure und werde zum OP-Saal gebracht. Der OP präsentiert sich pastellfarben und ist voll von lautstark diskutierendem Personal. Über dies hinaus wird wenig dezent europäische Musik abgespielt. Wo bin ich denn hier gelandet?! Diese Kulisse ist eindeutig zu viel für meine angespannten Nerven und ich kämpfe mit den Tränen. Die Anästhesistin streichelt meinen Arm und redet auf mich ein, dass ich doch in guten Händen sei. Nun betritt der amerikanische Chirurg den Saal und sorgt augenblicklich für Ruhe. Die Gespräche verstummen und die Musik wird leiser; mehr weiß ich nicht mehr, da man, ohne mit mir zu sprechen, bereits die Narkose eingeleitet hat. Ich erwache im Aufwachraum und die Krankenschwester ist hocherfreut. Sofort komme ich zurück in mein Himmelbett und ich verschlafe den Tag.

Später am Abend stellt sich die Nachtschwester vor: „Nina". Klar, sie heißt Nina... und ich „Karl-Heinz". Ich sage aber nichts, da diese kleine und zierliche Person mir gleich sympathisch ist. Sie versucht nun, dem nicht-operierten Bein einen Thrombosestrumpf anzuziehen und scheitert kläglich. Wie soll das auch funktionieren, wenn sie doch so klein und mein Bein so groß wie ein Baumstamm für sie ist. Ich beruhige die nun gestresste Tina und ziehe den Strumpf allein an. Sie ist beeindruckt. Ob ich Krankenschwester sei, werde ich gefragt. Ich verneine dies und ehe wir uns versehen, plaudern wir eine gefühlte Ewigkeit über Gemeinsamkeiten und Unterschiede in unserem Leben. Sie ist wirklich sehr lieb und ich zeige ihr Fotos auf meinem PC. Sie ist sehr interessiert und bedauert es fast, dass ich am nächsten Morgen schon wieder nach Hause darf.

Bevor ich aber wirklich heim darf, muss ich noch lernen, wie man sich Thrombosespritzen in den Bauch jagt. Die nächste Krankenschwester ist wenig diplomatisch und sagt, dass das nicht weh tun wird, bei so viel Fett. Trotzdem schmerzt der Bauch in der nächsten Woche stärker als mein Fuß. Anscheinend habe ich auch Bauchmuskeln.

Nun soll ich mich schonen und die Kinder und Markus kümmern sich rührend um mich. Wie von allein wandert die Schmutzwäsche zur Waschmaschine, der Geschirrspüler ist immer leer und auch der Müll wird ohne zu murren nach draußen getragen. YouTube spielt neuerdings Hits aus den späten 80er Jahren und Markus und ich werden so langsam nostalgisch. Entzückt schwelgen wir in Erinnerungen, wie jeder von uns am Samstag vor dem Kassettenrekorder lag, um den Wunschtitel bei der Hitparade aufzunehmen. Und wie ärgerlich es doch war, wenn der Moderator dann mitten im Aufnahmeprozess mit Verkehrsmeldungen alles versaut hat.

Paula kann das Problem kaum nachvollziehen. Ein Leben jenseits von YouTube? Tja, früher hatte man eben andere Probleme: „Mammut weggelaufen..." mutmaßt sie. Von wem hat sie diesen Hang zur Ironie nur?

Die nächsten Tage verbringe ich mit einem Eisbeutel auf dem Sofa. Mittlerweile mutiert mein Fuß zum „Eisbein" und zu lernen, schaffe ich irgendwie auch nicht. Ständig fallen mir so halb liegend die Augen zu. Ich brauche unbedingt eine Aufmunterung und fahre zum Stoffmarkt, um mir neue Leggins und zwei Sommerkleider schneidern zu lassen. Schöne Stoffe sind schnell gefunden und ich lasse mir meine „Schätze" nach Hause liefern, da mich das Laufen doch noch ziemlich anstrengt. Ein paar Tage später liegen tatsächlich zwei Pakete vor der Tür und ich freue mich wirklich sehr. Die Freude ist aber nur von kurzer Dauer: Ein Kleid ist viel zu klein, das andere ist viel zu groß. Die Leggins haben nach nur einem Tragetag ein Loch. Gerade habe ich wenig Lust, schon wieder zum Stoffmarkt zu fahren. Ich bestelle mir im Internet eine schlichte Männer-Leggins in der Größe XXXXL. Am nächsten Tag bekomme ich die Leggins prompt geliefert. Ein Männertraum in Strumpfhosen! Mit Eingriff!

Es nützt also nichts, ich muss wieder zum Stoffmarkt und es wird mir hoch und heilig Nachbesserung versprochen. Ich bin gespannt.

Wieder zu Hause werde ich von Paula beschult, wie man sich einen Bubble-Tea per App bestellt. Es geht wirklich sehr einfach, wenn ich doch chinesisch lesen könnte. Unsere Ayi Tscha hilft auch diesmal und nun können wir auf der elektronischen Landkarte verfolgen, wo das Mofa mit dem Tee steckt. Er hat genaue Zeitvorgaben und ich habe nun ein schlechtes Gewissen. Wie kann ein Kurier ein Getränk nur so schnell liefern? Bei Nichteinhaltung droht ihm eine schlechte Bewertung. Aber auch hier werde ich aufgeklärt, wie man eine positive Bewertung verfasst und sogar ein Trinkgeld dalassen kann. Und schon wieder etwas gelernt.

Tscha ist immer noch bei uns. Damit hatte ich wirklich nicht gerechnet. Fast jede Woche erzählt sie mir, dass ihr Mann es nicht wolle, dass sie so viel arbeitet. Ich habe anscheinend nicht verstanden, dass es ein wöchentliches Ritual zwischen uns ist. Sie möchte sich einfach ein bisschen unterhalten und wissen, dass sie gebraucht wird. An einem Tag hatte Markus frischen Bambus gekauft und keine Ahnung, wie man diesen denn nun zubereitet. Tscha war fast selig, ihm erklären zu können, dass Bambus nur kurz gekocht würde und man dann das Wasser mit den Bitterstoffen wegschütten solle. Anschließend will sie mir noch zu meinem versierten Mann gratulieren. „Ein Mann, der Hausarbeit erledigt, ist gut!" Findet sie. Da kann ich nur zustimmen. Wobei mein Mann noch viele andere gute Eigenschaften hat, nur so am Rande.

Nun ist Tscha also weiter bei uns und wischt unter dem Schreibtisch, während ich an dem Selbigen sitze. Die Zeit rennt und ich weiß immer noch nicht genau, wann wir zurück nach Deutschland kommen werden. Eigentlich waren die Sommerferien ja fest eingeplant und Markus` burnoutgeplagter Chef freute sich unendlich auf Unterstützung. Schade, dass der Dienstvertrag für China aber bis zum 1. Oktober gilt und die Firma und Markus sich finanziell nicht einigen können. Also dann doch bis Oktober in Shanghai. Vermutlich.

Wenn ich mir aber die Coronazahlen in Europa und die jeweilige Stimmung in den Ländern so anschaue, ist das vielleicht keine schlechte Idee. Bisher erreichten mich immer positiv gestimmte Mails von Freunden, die immer zuversichtlich schrieben, dass „das" alles zu schaffen wäre. Langsam sind auch die größten Optimisten sichtlich angestrengt, was ich gut verstehen kann. Die Impfungen zögen sich schleppend und belasten mit großer Unsicherheit wegen unbekannter Nebenwirkungen. Meine Anfrage, ob unsere Freunde (Biologin und Arzt) uns zu der chinesischen Impfvariante raten würden, wurden zunächst verneint, nun aber doch zugeraten, da die weitere Impfwelle in Deutschland auf sich warten ließe. Das werden wir also weiter beobachten. Seit einer guten Woche dürfen sich auch Ausländer in China impfen lassen. Eine Freundin in Hannover hat sich sogar für den Impfdienst in den Zentren einteilen lassen, um das Ganze zu unterstützen. Ich finde es großartig von ihr.

Umso schwerer fällt es mir, dass ich aus der Ferne gerade gar nichts machen kann. Ich hätte mich zum Impfdienst auch gerne gemeldet, wobei ich nicht weiß, ob meine Ausbildung für diesen Job überhaupt ausreichend wäre. Aber ist ja gerade auch nur Spekulation, da ich ja nicht vor Ort bin. So lese ich weiter fleißig Mails, wo Lehrerfreunde mir von ihren Schwierigkeiten berichten. Von Distanz- Schule und die Schwierigkeit, dass nicht alle Kinder dem Unterricht richtig folgen können.

Auf telefonische Nachfragen von der Lehrkraft, wo denn z.B. die Hausaufgaben blieben, gab es schon bittere Tränen seitens der Eltern, die sichtlich am Ende ihre Kräfte angelangt sind. Wie aber helfen, wenn es zu wenig Hausaufgabenbetreuung gibt bzw. wo man sich doch gar nicht treffen darf? Sehr, sehr schwierig. Kollegen von Markus nehmen an Telefonkonferenzen gar nicht mehr teil, da sie ihre Kleinkinder betreuen müssen. Die Notgruppen in den Kitas sind gerade auch ziemlich belastet, da die Kinder ja nicht geimpft werden können.

Die Tochter einer weiteren Freundin ist auch an Corona erkrankt und das völlig ohne Symptome. Wie kann man es ohne Schnelltest auch einordnen, ob Jemand nun erkrankt ist oder nicht? Fragen über Fragen. Fakt ist, dass dieser Alptraum Folgen haben wird. Gesundheitlich, seelisch, finanziell und selbst gute Freundschaften geraten ins Schwanken, da die Meinungen zu Corona recht verschieden sind. In England gibt es nächtliche Ausgangssperren und es ist nur eine Frage der Zeit, bis es auch in Deutschland so weit sein wird. Wir müssen also weiter abwarten und weiter vorsichtig sein.

Nichtsdestotrotz wünschen wir Euch schöne Ostertage mit vielen bunten Eiern oder einer Flasche

Eierlikör! Passt weiter gut auf Euch auf und bleibt gesund!

Eure vier Shanghainesen.

Die Zeit fliegt nur so dahin und wir müssen uns wirklich beeilen, unsere „To-do-Liste" in den nächsten fünf Monaten noch abzuarbeiten. Spontan fahren wir für ein Wochenende nach Nanjing, die Hauptstadt der ostchinesischen Provinz Jiangsu. Da unser Ziel auch nur 300 Kilometer von Shanghai entfernt liegt, fahren wir mit dem Zug, was Mister Zhan sehr freut. Er hatte wohl schon leichte Panik, uns dorthin chauffieren zu müssen. So hat er drei Tage frei und wir planen, die vielen erhaltenen Denkmäler der Stadt allein zu erkunden. Ein frommer Plan, wie sich herausstellen sollte.

Eigentlich sind wir im „Didi-fahren" geübt. Aber in Nanjing funktioniert das System irgendwie anders. Natürlich ist es auch auf Chinesisch, daher verstehen wir auch nicht, dass es sich um gutgemeinte Fahrgemeinschaften handelt. Anscheinend bestellen wir ein Fahrzeug nur für EINE Person und nicht für die ganze Familie. Zwar kommt das gewünschte Gefährt recht zügig, aber mit einem ratlosen Fahrer, der noch weitere Fahrgäste einsammeln will und nicht weiß, wie er uns das mitteilen soll. Wir geben uns ahnungslos und er fährt uns kopfkratzend zum Zielort. So weit so gut, wenn wir Glück haben. Andere Fahrer haben Angst vor schlechten Bewertungen der anderen Fahrgäste und lassen uns stehen. So vergeht unser Wochenende mit viel Wartezeit am Straßenrand und wir flüchten uns in ein Starbucks-Café, damit sich mein immer noch geschwollener Fuß etwas erholen kann. Das Café erinnert mich an ein Loft und ich möchte am liebsten einziehen; gedanklich habe ich unsere Möbel schon verteilt. Da stört es mich auch nicht, dass eine Mitarbeiterin sich in einen Schrank(!) setzt und scheinbar Pause macht. Ich bin ja flexibel!

Am nächsten Tag plane ich, früh aufzustehen, damit auch dieser Tag nicht einfach verpufft. Das Zimmermädchen hat den gleichen Plan wie wir und marschiert einfach ins Zimmer. Ich stehe noch im Bad, mit der Zahnbürste im Mund, das stört die Hausdame aber wenig. Eigentlich bin ich ja unkompliziert, aber duschen möchte ich (meistens) allein und bitte sie freundlich per Sprach-App mich doch einfach später zu besuchen. Beleidigt rauscht sie aus dem Zimmer und knallt die Tür zu.

Irgendwie erreichen wir später unser Ziel, die Stadtmauer, die sich mächtig durch die Landschaft zieht. Es sind viele Touristen mit uns unterwegs und stapfen tapfer über die unwegsame Mauer. Wer auf der Stadtmauer einen Kinderwagen schieben will, hat wirklich schlechte Karten. Aber vermutlich wurde die schöne Stadtmauer auch nicht für Buggys und Co. gebaut. Mein Fuß freut sich zudem wenig, außerdem ist es ziemlich kalt heute. Die Laune der Kinder ist ebenso auf dem Gefrierpunkt, bis plötzlich auf der Mauer ein Kostümverleih auftaucht. Dort kann frau sich für ein paar Rmb traditionelle chinesische Gewänder ausleihen, um über die Stadtmauer zu schreiten!

Ich schreite aber eher wenig, sondern muss aufpassen, dass ich mich nicht aufs Mett lege. Immerhin sehe ich wie eine hübsche Chinesin aus, selbst die Haare sind traditionell hergerichtet. Nur sprechen kann ich nicht. Vielleicht sollte ich ein Schweigegelübde ablegen.

Paula steht mir optisch in nichts nach und freut sich über ihr rotes Outfit, was einen schönen Kontrast zu ihren blonden Haaren bietet. Sophia mag sich nicht verkleiden, mutiert aber zum Hobbyfotografen für Paula, die nun auch für zahlreiche fotowütige Touristen posiert. Für meine Person wird sich eher wenig interessiert, was aber völlig okay ist. Dafür wollen nun viele Fotos von und mit Markus machen, da er ja noch größer als ich ist.

Am Abend verschlägt es uns in ein „Vergnügungsviertel" mit diversen Bars. Wir landen in einem Bistro namens „Commune", wo wir mit den Kindern leckeren Salat essen. Nach dem Essen verabschieden sich die Kinder ins Hotel und das ist irgendwie auch gut so. Plötzlich ist die Kneipe rappelvoll und ebenso schnell steigt der Alkoholspiegel. Die Theke ist eigentlich keine Theke, sondern erinnert an gläserne Kühlschränke im Tankstellen-Shop. Auch hier gibt es Jack Daniels in Familiengröße, der mit Eistee am Tisch vermischt wird. In Metallkörben schleppen die Gäste ihre Getränke zu ihren Gruppentischen.

Die Toiletten bieten ein trauriges Bild, aber eine keifende Ayi versucht mit einem Wischmopp zwischen den kotzenden Gästen für Ordnung zu sorgen. Als Männlein und Weiblein zusammen in der Toilettenkabine verschwinden wollen, wird sie richtig ärgerlich und geht dazwischen. Schließlich ist das hier ein anständiges Klo! Sie rollt mit den Augen und gestikuliert mir, dass die Gäste ja noch soooo jung sind. Und Anstand muss sein. Spaßbremse!

Mein Mann wartet inzwischen an unserem Tisch und schaut dem Treiben auf der Gasse draußen zu. Nanu? Was ist denn das? Ein Clan von Kindern verkauft Rosen. Wir schätzen sie auf ca. elf Jahre. Sie sind aber gut gekleidet und keinesfalls unterernährt. Trotzdem berühren mich solche Situationen immer sehr und für den Rest des Abends dreht es sich nur noch um dieses Thema.

Eigentlich wäre ein soziales Projekt für China genau unser Wunsch. Aber wie auf soziale Missstände hinweisen, ohne Schwierigkeiten zu bekommen? Da müssen wir noch ein wenig Spazieren-denken...

Nach der Feierei wollen wir den nächsten Tag wieder mehr der Kultur widmen. In Nanjing gibt es eine Gedenkstätte für die Opfer des Massakers der Japaner in Nanjing. Eigentlich liegen mir Kriegsdenkmäler nicht unbedingt, da mich diese immer ziemlich triggern. Aber schlimmer als Verdun kann das hier auch nicht werden und zum Glück habe ich recht. Es stapeln sich keine Schädel, sondern das Ganze erinnert eher an eine moderne Kunstausstellung. Zwar ist die Hintergrundmusik eher tragisch und alles ist in schwarz-weiß gehalten, aber schließlich sind wir auch nicht im Disneyland, was den Kindern bestimmt lieber wäre. Der mitfühlende Besucher kann weiße Blumen kaufen und diese an dem Gedenkstein der getöteten Chinesen ablegen. Helfer sammeln die Blumen wieder ein, um sie erneut zu verkaufen.

Die Ausstellung besticht durch viele Fotos und Schriften und diese sogar auf Englisch! Ich bin hocherfreut. Weniger glücklich macht mich die Art der Formulierungen: „Grausame Japaner schlachten hilflose Chinesen". Kein Wort darüber, wie viele Japaner ihr Leben gelassen haben. Kriege sind immer furchtbar und es soll auch nicht vergessen werden, aber muss der Hass auf die Japaner so geschürt werden?! Ich bin ein wenig ratlos und auch unzufrieden über diese Formulierungen.

Da tröstet mich auch nicht die angrenzende John Raabe-Ausstellung; dieser ist quasi der Oskar Schindler Chinas und hat 200 000 Chinesen gerettet. Zudem ist er ein Deutscher. Nun ja. Immer ein schwieriges Thema. Nach Schulbesuchen von KZ`s habe ich mich immer sehr schuldig gefühlt und oft meine Großeltern angerufen, um zu erfahren, dass sie nichts von den Judenverfolgungen wussten. Ich habe ihnen geglaubt, da ich ihnen glauben WOLLTE.

Aus Sympathie den Japanern gegenüber essen wir heute Abend beim Japaner Sushi und befassen uns lieber mit der Gegenwart. China als Trainingslabor für geistige Offenheit.

Viel zu schnell ist dieser Kurzurlaub auch schon wieder zu Ende und wir haben lange noch nicht alles gesehen. Beim nächsten Mal nehmen wir lieber die U-Bahn. Aber immerhin bekommen wir ein Taxi, welches uns das Hotel organisiert hat. Leider ist der Kofferraum viel zu klein für zwei Koffer und so fahren wir mit einem offenen Kofferraumdeckel über die Stadtautobahnen von Nanjing zum Bahnhof, wo uns der Zug wieder pünktlich nach Shanghai bringt.

Wieder Zuhause erwartet uns der Alltag mit seinen Tücken. Tscha lacht über meine zarten Gurken- und Auberginenpflanzen. Auch zu unseren Tomaten hat sie wenig Vertrauen. Die wird sich noch wundern… und wenn ich gekaufte Tomaten für ein Foto in den Strauch setze!

Mittlerweile haben wir hier „Gräbertag". An diesem bringen die Angehörigen Essen und Blumen an die Grabstelle, um mit den Toten gemeinsam zu essen und oder ihnen die Ehre zu erweisen. Mich erstaunt dieser Brauch und vorsichtig beobachten wir den Friedhof, der zum Glück fast menschenleer ist. Dies ist der Uhrzeit geschuldet, da sich anscheinend zum Mittagessen verabredet wurde, wir aber am Nachmittag da waren. Später erfahre ich von einer Freundin, dass auf den Gräbern nicht nur die Namen der Toten aufgeführt sind, sondern auch niedergeschrieben steht, wer die Grabstelle finanziert hat. Und wieder etwas gelernt.

Ich bin ziemlich glücklich, dass kurz vor unserem Wohngebiet ein Bäcker sich angesiedelt hat, der nun auch internationale Produkte im Regal hat. Von Milka-Schokolade bis Gouda ist alles da, was das Ausländerherz begehrt. Aber nanu? Ein älterer Chinese steht etwas verloren mit einer leeren Ketchup-Flasche vor dem Regal. Was ist sein Problem? Ah, er hat eine gebrauchte Verpackung von „Kraft", aber im Regal steht nur Ware von „Heinz". Da er chinesische Schriftzeichen vergeblich sucht, ist er so hilflos wie ich sonst immer mit einheimischen Produkten. Da mir eigentlich immer auch von Chinesen bei solchen Schwierigkeiten geholfen wird, ist es für mich selbstverständlich, dass ICH heute mal helfe. Ein gutes Gefühl...

Am nächsten Tag bin ich wieder der „Nichtwissende" und muss zur Kontrolle meines Fußes ins Krankenhaus. Ich sitze wartend im Sprechzimmer und übe schon einmal mit meinen Lernzetteln für die nächste Klausur. Heute muss ich lange warten und so nutze ich die Zeit ein wenig. Endlich kommt der behandelnde Arzt und widmet sich meinem Fuß. Aber nicht ohne nachzufragen, was ich denn mit meinen Lernzetteln gerade übe. Da kommt mir die rettende Idee: Warum dem erfahrenen Arzt nicht das Modul Medizin 1&2 aufdrücken?! Das würde die Chance auf eine gute Note erheblich erhöhen. Ich müsste ihn noch ein wenig umfrisieren...- meine kriminellen Gedanken arbeiten auf Hochtouren. Natürlich werde ich aber enttäuscht: Der Chirurg behauptet doch tatsächlich, dass sein Studium so lange zurückliege und er gar nichts mehr wisse... Hallo? Wie operiert er denn dann? Mit Lehrbuch neben dem OP-Tisch? Auf diese Frage bekomme ich nur ein schallendes Lachen zur Antwort, aber ein Versuch war es wert.

Also muss ich mich doch allein durch die dreistündige Klausur kämpfen. Ich hätte gern einen Telefonjoker. Ob sich mein Hausarzt in Deutschland wohl freut, wenn ich ihn anrufe? Weniger erfreut ist der Procter in Indien, der meine Prüfung überwachen soll. Für die Prüfung ist nur ein Bildschirm zugelassen, ich aber besitze zwei. Der eine Bildschirm gehört zu meinem Tablet, der andere Bildschirm ist deutlich größer und thront auf meinem Schreibtisch. Bisher hatten meine indischen Betreuer nie ein Problem mit meiner Konstruktion; ich musste den kleinen Monitor einfach mit einem Tuch abdecken. Heute ist aber alles wieder anders und so versuche ich der Technik Herr zu werden. Markus hilft mir telefonisch, da sich die Tastatur aufgehängt hat. Der Proctor will, dass ich den PC herunterfahre und gibt mir einen Code, damit ich zurück in die Sitzung komme. Ich bin genervt, habe wenig Vertrauen in den ganzen Prozess und habe leider Recht: Ich komme nicht mehr zurück in die Prüfung und einen neuen Termin buchen kann ich auch nicht. Ich schreibe an das Prüfungsamt und klage mein Leid in der Hoffnung, dass ich nun nicht einen Fehlversuch habe. Die werden das Ganze nun prüfen und ich soll geduldig sein... Klar, das liegt mir ja auch so. Mittlerweile habe ich Kopfschmerzen und bin auch sonst völlig k.o. Zeit für ein Schläfchen auf dem Sofa.

Am Nachmittag habe ich mich wieder etwas gesammelt und versuche, einen neuen Termin zu buchen. Ich habe keine Lust mehr auf den Medizin-Kack! Wozu soll ich Ordnungsnummern für Krankenhausleistungen bitte wissen müssen? Es hat aber auch sein Gutes: Ich kenne nun sämtliche Wirkungsspektren zur Medikation von Hypertonie und Depressionen. Lange Rede, kurzer Sinn: Wie durch ein Wunder bekomme ich einen Spontantermin zur Prüfung und kann sofort anfangen. Natürlich werden keine Ordnungsnummern abgefragt, Hypertonie ist auch kein Thema. So langsam bekomme ich Depressionen hier und es geht mir tierisch auf den Sa.. ähäm... das limbische System.

Ich versuche mich ein wenig mit YouTube abzulenken, aber die ständige Werbung nervt: „Kaufen Sie Maggi-Fix für Omelette! Nun auch für Rührei!" Ich kann nicht mehr und nötige meinen Mann zu einem Ausflug in unsere Lieblingsbar. Ein Didi ist schnell bestellt und wir können uns ein wenig in der Kneipe entspannen. Leider haben wir nicht bedacht, dass gerade Urlaubszeit in China ist und dementsprechend viele Menschen am naheliegenden Bahnhof ankommen und AUCH Didi fahren wollen. So gestaltet sich die Rückfahrt nach Hause etwas komplizierter. Die Didi-APP ist gnadenlos ehrlich: „Vor Ihnen warten noch 440 weitere Fahrgäste!" Was machen die hier? Haben die kein Zuhause? Zwischen den Menschenmassen quetschen sich Taxen hindurch und ich wittere meine Chance auf ein Taxi. Der Preis ist acht Mal so hoch wie sonst üblich. Angebot und Nachfrage! Der Fahrer fährt wie eine besengte Sau und so schnell waren wir noch nie Zuhause. Vermutlich will er wieder schnell zurück zum Bahnhof, um noch heute steinreich zu werden. Es sei ihm gegönnt.

Da nun auch für uns ein wenig Reisezeit ansteht, schaffen wir es, nach zwei coronabedingten Fehlversuchen nach Beijing zu reisen. Wir haben uns in ein traditionelles chinesisches Hotel eingebucht, das über 200 Jahre alt ist, und sind ganz entzückt von dem niedlichen Gebäude mit seiner Ausstattung. Die Hotelzimmer sind winzig klein, aber mit vielen typischen Dekorationen und Seidentüchern über den Betten ausgestattet. So habe ich mir China eigentlich immer vorgestellt und war fast ein wenig über das moderne Shanghai enttäuscht. Selbst das Personal ist traditionell gekleidet und spricht sogar Englisch. Das Hotel liegt in einem sehr alten Stadtviertel, wo anscheinend die Zeit stehengeblieben ist. Es gibt viele winzige, graue Backsteinhäuser und Gassen, wo kaum ein Auto durchpasst. Autos dürfen diesen Bereich auch nur mit einer speziellen Genehmigung passieren und so fahren die Anwohner nur winzige Autos oder sehr alte Fahrräder. Wir sind entzückt! Vor den Häusern stehen Kübel mit Nutzpflanzen, die von den vielen älteren Bewohnern liebevoll gepflegt werden. Anscheinend zieht es die jüngere Generation wohl eher in moderne Behausungen. Es tut mir so unendlich leid, dass gerade in Shanghai diese niedlichen Gebäude aus dem Stadtbild auf Nimmerwiedersehen verschwinden.

Aber seit unserem Beijing-Urlaub kann ich die Gründe besser verstehen: Da die Gebäude sehr alt sind, hat kein Haus eine eigene Toilette oder gar ein Badezimmer. Alle paar Meter gibt es öffentliche Toiletten, wobei der Begriff Toilette schon sehr freundlich formuliert ist. Es handelt sich um einen gefliesten Raum, wo drei Stahlbecken im Boden eingelassen wurden. Trennwände sucht frau hier vergebens; also kein stilles Örtchen, sondern Begegnungsstätte mit den eigenen Nachbarn im Viertel. Da kann ich den Wunsch nach einem eigenen Bad und Privatsphäre völlig nachvollziehen. Unser Hotelzimmer hat aber Toilette und Dusche. Nachrüsten ist also durchaus möglich, ist aber wohl auch eine finanzielle Frage.

Unsere „neuen Nachbarn" im Viertel sind nicht unbedingt Ausländern zugewandt. Sie beäugen uns eher misstrauisch und im hoteleigenen Frühstücksraum werden die Kinder und Markus von einem älteren Herrn angestarrt und mit Rotzgeräuschen angefeindet. Als Markus aber zurückschaut und sich kräftig räuspert und Geräusche von sich gibt, ist augenblicklich Ruhe. Ich habe aber Verständnis, dass Ausländer Unbehagen gerade bei der älteren Generation auslösen können. Schließlich haben die Chinesen in der Vergangenheit gerade mit Japanern und auch Engländern seit dem Opiumkrieg nicht die besten Erfahrungen gemacht.

Beijing ist wirklich sehr traditionell, mit seinen Gebäuden und Menschen. Auch Neubauten werden den alten Gebäuden im Stil angepasst, was ich sehr schön finde. Vielleicht ist Beijing für China wie für uns Deutsche Bayern. Mich wundert aber, dass sämtliche Beschilderungen auch auf Englisch übersetzt wurden. Das haben wir in Shanghai nur vereinzelt.

Es gibt hier viel zu entdecken. Wir besuchen schöne Parkanlagen, wo Koi-Karpfen in riesigen Seen umherschwimmen und die vielen älteren Menschen spazieren gehen, oder auf den zahlreichen Parkbänken sitzen. Auch versammeln sich Gruppen in den Pagoden am Wasser, um gemeinsam chinesische Volkslieder zu singen. Sie singen wunderschön, sogar ohne Notenblätter und sind sehr vergnügt dabei. Ich kann es natürlich nicht sagen, ob es sich um Volkslieder handelt. Vielleicht sind es auch politische Parolen, die voller Überzeugung vorgetragen werden. Aber manchmal ist es auch gut, Dinge einfach nicht zu wissen.

Da die Stadt für viele Autos nicht ausgelegt ist, fahren wir mit dem gut ausgebauten U-Bahnnetz. Selbst der Ticketverkauf gestaltet sich als sehr ausländerfreundlich und äußerst preiswert. Wir wollen zum Platz des Himmlischen Friedens und natürlich auch zur Verbotenen Stadt. Um zu dem Platz des ach so himmlischen Friedens zu gelangen, müssen wir durch diverse Sicherheitskontrollen. Green Code und Gepäckdurchleuchtung sind nur das geringste Übel. Hier bestehen auch Passkontrolle und unangenehme Frageminuten nach dem Grund der Reise nach Peking sowie nach dem Arbeitsverhältnis. Der Platz des Friedens wirkt mit den großen Gebäuden ringsherum eher einschüchternd auf mich. Auch die riesigen Lautsprecher alle 50 Meter empfinde ich als Bedrohung. Wie viele Menschen hier wohl Platz finden würden? Und wie viele Ausschreitungen gab es hier schon, die gar nicht dokumentiert wurden? Es gibt unglaublich viele Tabuthemen, auf die es keine Antworten gibt. Aus Höflichkeit werden unsere Fragen IMMER beantwortet. Aber manchmal passen die Antworten so gar nicht zu den Fragen. Auch habe ich bisher vermieden zu fragen, wie es sich hier mit der Justiz verhält. Ob es Sozialarbeiter gibt, die forensisch tätig sind, um Menschen wieder in die Gesellschaft einzugliedern? Vermutlich nicht, da es offiziell ja keine Kriminalität gibt. Diese Fragen beschäftigen mich sehr und das Internet hält sich auch bedeckt. Die Zahlen der Todeshinrichtungen sind nur Spekulation und sehr widersprüchlich. Angeblich bekommt niemand etwas davon mit, auf der anderen Seite gibt es Artikel, wo die besagten Gesetzesbrecher in Stadien vorgeführt werden, um vor Nachahmung abzuschrecken. Die Wahrheit werde ich nicht herausfinden können.

Aber ich komme vom Thema ab: Der Platz des Himmlischen Friedens war nicht so meins, also auf zum nächsten Ziel: Die Verbotene Stadt. Allein das Wort „Verboten" klingt in meinen Ohren schon sehr vielversprechend. Wir nähern uns mit weiteren Kontrollen und Fragen dem Objekt der Begierde, wie gefühlte Tausende andere Touristen. Leider bekommt man kein Ticket, ohne sich vorher online angemeldet zu haben. Immerhin sind wir schon ganz dicht vor der Verbotenen Stadt. Ob vielleicht Rufen hilft?! „Hallo, Herr Kaiser!" Zum Glück kann ich mich noch beherrschen und suche meinen persönlichen Thron, wenn ich schon nicht in den Thronsaal des Kaisers darf. Ich suche also das stille Örtchen und werde schnell fündig, da es wenig königlich riecht. Aber so ist das nun einmal, wenn so viele Menschen gleichzeitig auf den Thron wollen, dann gibt's nun mal Stunk.

Im Hotel kann uns mit der Buchung der verbotenen Stadt leider auch niemand weiterhelfen. Wir sind zwar nun vorgemerkt, bekommen aber doch keine Antwort. Egal! Wir besuchen die chinesische Mauer und lassen uns von einer netten Chinesin dorthin chauffieren, die uns das Hotel empfohlen hat. Die Dame ist ein wahrer Goldschatz und wir verbringen eine perfekte Zeit auf der sehr unwegsamen Mauer. Diese kann man mit einem Sessellift erreichen und mit einer Sommerrodelbahn wieder verlassen, was die Kinder natürlich großartig finden. Nach dem Mauerbesuch speisen wir gemütlich in einem Restaurant für Dumplings. Und das waren bisher die besten Dumplings, die wir in China gegessen haben.

Wenn uns „Herr Kaiser" nun nicht empfangen will, schauen wir uns wenigstens den Himmelsaltar an. Das Gebäude liegt in einem großzügig angelegten Park und ich bin fast ein wenig ärgerlich, da mein Fuß noch keine weiten Distanzen zurücklegen mag. Das Gebäude des Himmelsaltars erinnert mich an einen Stoffüberzieher für die Kaffeekanne meiner Oma, wenngleich natürlich um Dimensionen größer. Betreten darf man das Gebäude nicht, aber vielleicht auch verständlich bei den Menschenmassen, die sich das alles anschauen wollen.

Beijing ist die Stadt der Fahrräder, die man sich sogar ausleihen kann. Wer die passende App hat und der Sprache mächtig ist, wird keine Probleme haben. Problematisch wird es nur, wenn man sich mehrere Drahtesel ausleihen möchte. Die App geht selbstverständlich davon aus, dass jeder Handybesitzer sich nur ein Fahrrad leihen möchte. Da unsere Telefone untereinander aber gekoppelt sind (ohne Konto kein Handy), müssen wir uns mit Hilfe der netten Empfangsdame im Hotel durchmogeln. Und tatsächlich haben wir nun vier (zu kleine) Fahrräder und fahren durch das wunderschöne Peking. Wir besuchen einen beeindruckenden Flohmarkt, wo wir Porzellan und Schmuck bewundern können. Auch Antiquitäten können erworben werden, wobei unser Reiseführer davon abrät.

Zwar handele es sich vielleicht sogar um Originale, die aber nicht unbedingt rechtmäßig erworben wurden und somit China nicht verlassen sollten. Lieber keinen Ärger riskieren ist also angesagt. Unsere vor dem Flohmarkt abgestellten Fahrräder haben schon neue Mieter gefunden und somit machen wir erst einmal Pause in einem Restaurant. Es ist immer ein wenig schwierig. Was eben funktioniert hat, klappt nun gerade nicht. Also keine Fahrräder für uns, aber ein Didi. Die Kinder haben Lust auf Eiscreme und diskutieren im Auto ihre Lieblingssorten. Der Name „Spaghetti-Eis" fällt relativ häufig und da der chinesische Didi-Fahrer sehr an unserer Unterhaltung interessiert scheint, mutmaßt er, dass wir Italiener sind.

Beijing ist meine neue Lieblingsstadt in China und ich bin verliebt in die vielen Fahrräder! Daher beende ich meine Zeilen heute mit einem Zitat aus einem Liedtext von Katie Melua: (auch wenn Katie diese Liebeserklärung auf einen Menschen bezieht und die Zahlen mittlerweile nicht mehr aktuell sind)

There are six billion people in the world
More or less
And it make me feel quite
small
But you`re the one I love the
most of all.
There are nine million
bicycles in Beijing
That`s a fact
And you know
that I will love you
till I die

Wieder zurück in Shanghai muss die letzte Ferienwoche für die Kinder gut geplant werden. Zunächst stehen noch Kontrolluntersuchungen für Paulas Herz an. Nach einem Belastungs-EKG und diversen anderen Tests wird eine vollständige Genesung attestiert, was uns alle wahnsinnig freut. Paulas Kondition ist natürlich miserabel, aber sie ist hochmotiviert und probiert sich sofort in Yoga und Jogging.

Die Schulbibliothek hat in den Ferien leider geschlossen und die Kinder gieren nach Büchern. Eine Nachbarin zieht gerade um und bietet im Compound-Chat diverse deutsche Jugendbücher an. Paula macht sich sofort auf den Weg und kommt mit fetter Beute wieder. Unter anderem mit einem Ernährungsratgeber: „Fett weg ab 40". Was will sie denn damit anfangen?! Vielleicht ein potenzielles Muttertagsgeschenk für mich? Lassen wir uns mal überraschen.

Als nächstes stellt sich die Frage, was ich meinem Gatten zum Geburtstag schenken kann. Es ist ja schön, wenn Jemand keine Wünsche offen hat-macht die Sache aber nicht einfacher. In Beijing kaufe ich besonders schöne Essstäbchen und eine Espressotasse mit Mao Tse-tung- Motiv. Wenn der das wüsste, dass sein Gesicht nun Kaffeetassen verschönert, würde er sich bestimmt im Grabe umdrehen. Da er aber bereits seit 45 Jahren die

Radieschen von unten anschaut, hoffe ich mal, dass das okay für ihn ist.

Da ich seit Monaten vergeblich versuche, mit einem buddhistischen Mönch ins Gespräch zu kommen, hilft mir ein guter Zufall: unsere Vermieterin. Durch den anstehenden Umzug habe ich nun wieder ein wenig mehr Kontakt zu ihr und erzähle ihr von meinem Wunsch, mehr über den Buddhismus zu erfahren. Unsere Vermieterin ist eine sehr moderne Chinesin, hat ein Tattoo, fährt einen Sportwagen, spielt Tennis usw. Wer kann denn ahnen, dass sie tiefreligiös ist? Für mich hat sich das immer ausgeschlossen, was ja eigentlich auch völliger Nonsens ist. Aber auch ich habe meine Vorurteile...

Lange Rede, kurzer Sinn: Cherry ist mit den Mönchen eines Tempels bestens befreundet und erzählt mir, dass es sogar möglich ist, im Tempel zusammen mit den Mönchen Mittag zu essen. „Ob ich mir das vorstellen könne?" werde ich gefragt. Eine bessere Möglichkeit kann ich mir gar nicht vorstellen und natürlich nehme ich ihr Angebot dankend an und wir planen einen Besuch nach Markus' Geburtstag, quasi als nachträgliches Geschenk für ihn. Eigentlich bin ich davon ausgegangen, dass wir mit gefühlt 1000 weiteren Chinesen ein einfaches Mittagessen bekommen werden sowie danach ein paar Minuten Zeit haben, ein paar Fragen stellen zu dürfen. Selten lag ich mit meiner Vermutung so falsch. Cherry hat uns freundlicherweise mit dem Auto abgeholt, da das Kloster sich zwar noch in Shanghai befindet, aber so abgelegen, dass es schwierig zu finden sei. Zudem möchte sie uns als Dolmetscher unterstützen, was ich sehr lieb finde.

Am Kloster angekommen, erfahren wir beiläufig, dass wir die ersten Ausländer überhaupt seien, die den Tempel besuchen. Wir überqueren eine Brücke und werden schon von einem Mönch namens Long De in einem hellbraunen Gewand empfangen. Er ist das Oberhaupt des Tempels, etwa 40 Jahre alt und hat einen extrem kurzen Haarschnitt. Ein weiterer junger Mönch begrüßt uns, indem er seine Hände vor seiner Brust zusammenführt und eine leichte Verbeugung andeutet. Er hat den gleichen Haarschnitt, sein Gesicht ziert aber ein Wangenbart und er trägt ein dunkelblaues Gewand. Sofort frage ich nach der Bewandtnis der Kleiderfarbe. Das sei eine reine Geschmacksfrage, werde ich aufgeklärt und habe nichts mit dem Rang innerhalb des Hauses zu tun. Wir schreiten durch einen hübsch angelegten Garten mit vielen kleinen Bäumen und einem Teich, wo sich Koi-Karpfen tummeln.

Wir betreten einen vertäfelten Raum, den ein großes Aquarium, ein runder Esstisch und ein riesiger „Schreibtisch" ziert. An den Wänden befinden sich allerhand Bilder und in Regalen stehen kleine Teetassen. Long De setzt sich an den nussbraunen Schreibtisch und beginnt sofort, Wasser in einem Kocher zu erwärmen. Wir sitzen alle in einer Reihe vor dem Schreibtisch und sind ein wenig erschlagen von den vielen Eindrücken. Auf dem Schreibtisch stehen diverse Schalen, Kannen und Süßigkeiten, die für unsere Teezeremonie bereitstehen. Zunächst werden unsere Teetassen mit heißem Wasser übergossen und das mitten auf dem „Schreibtisch". Aber was ist das? Das Wasser verschwindet augenblicklich in den Verzierungen der Schreibtischplatte. Wir sind sichtlich verdutzt, was Long De erstaunt. Wissen wir denn nicht, dass sich unter der Platte ein Abfluss befindet? Als nächstes erwärmt der Gastgeber die Teekanne mit kochendem Wasser und übergießt den losen Tee ebenso damit. Der erste Aufguss des Tees verschwindet ganz nach chinesischem Brauch im Abfluss, da der Tee ja erst einmal gewaschen werden muss. Den zweiten Aufguss dürfen wir aber genießen. Es versteht sich, dass ein echter Chinese seinen Tee nicht mit Zucker, Honig oder gar Milch verschandelt. Long De zeigt auf die Regale mit den Teetassen. Besucher, die den Tempel häufig besuchen, besitzen hier ihre eigene Teetasse. Ein netter Brauch, wie ich finde. Auf dem Schreibtisch steht ein honigfarbener Aschenbecher. „Dürfen Mönche rauchen?" frage ich. Der Aschenbecher dient aber nur als Tischmülleimer oder für Gäste, die rauchen wollen.

Wir erfahren allerhand Neues für uns. Mönche trinken keinen Alkohol und rauchen auch nicht. Das weltliche Leben hat so gar keine Bedeutung, scheint es. Zwar arbeitet jeder Mönch im Kloster, bekommt aber keinen Lohn, nicht einmal ein Taschengeld. Der Tempel finanziert das Leben der Mönche und der Tempel trägt sich ausschließlich aus Spenden, werden wir informiert. Unsere Kirchensteuer löst allgemeines Unverständnis aus. Rings um das Koster sind viele Bauern ansässig, die den Tempel mit frischen Lebensmitteln versorgen. Dies tun sie aus Dankbarkeit. Zunächst war die Bauernschaft sehr arm, ist nun aber durch Landverkauf zu Vermögen gekommen. Es ist bestimmt eine gute Frage, ob das kontinuierliche Beten der Landwirte nun den Reichtum gebracht hat oder doch die Regierung, die den Acker als Baufläche dringend braucht. Das frage ich aber besser nicht.

Sophia möchte wissen, warum Mönche denn ihre Haare so kurz tragen. Die Mönche sind begeistert von Sophias klugen Frage und antworten, dass man sich nicht von äußeren Einflüssen ablenken lassen soll und dass sich viele Menschen über ihre Frisur definieren. Im Glauben sei es nicht wichtig, wie man aussehe, sondern dass man Gutes tut. Selbst die weiblichen Geistlichen tragen ihre Haare so kurz, aber natürlich wohnen diese in einem separaten Kloster, so wie es sich gehört.

Ich frage völlig unverblümt, da die drei anwesenden Mönche sehr jung sind, ob sie ein weltliches Leben nicht manchmal vermissen. Ein Leben mit Alkohol, Autos, Frauen und Diskotheken. Allgemeine Erheiterung mittlerweile am runden Esstisch, da wir auf das Mittagessen warten. Wenn sie es vermissen würden, dann wären sie in einem Kloster natürlich falsch. Aber natürlich gibt es Geistliche, die mit solch einem Leben nicht zurechtkämen und das Kloster wieder verlassen würden. Überhaupt scheint es verschiedene Wege zum Klosterleben zu geben. Mancher Mönch würde von seinen Eltern geschickt werden, Andere entscheiden sich selbst für dieses interessante Leben, was ab 16 Jahren im Kloster möglich sein kann. Es kann aber auch vorkommen, dass ein Weltlicher sogar schon Familie habe und sich erst später für diese Lebensform entscheidet. Alles ist freiwillig, auch wann man beten möchte. Ich bin sehr erstaunt. Durch mein Studium habe ich mich bisher nur mit dem Islam, dem Christentum und dem Judentum beschäftigt. Dort sind die Regeln anscheinend deutlich strenger für den, der nur für seinen Glauben leben möchte. Krzysztof Charamsa wurde seit seinem Coming-out sofort aus dem Vatikan suspendiert. Im Buddhismus darf man anscheinend ein bisheriges Leben haben. Wobei ich selbstverständlich nicht weiter nachbohre, wie es sich mit der Sexualität eines Mönches so verhält, obwohl es mich sehr interessieren würde.

Besser doch meine Fragen mehr auf den Glauben fokussieren. Ich erzähle von der Beichte bei Katholiken und dass der Priester unter Schweigepflicht stünde. Selbst wenn der Beichtende ein Verbrechen begangen hätte, dürfte der Priester nicht zur Polizei gehen, aber natürlich auf denjenigen einreden, sich zu stellen. Ein Beichtgeheimnis gäbe es im Buddhismus nicht, da die Gläubigen dies mit der zuständigen Gottheit im Gebet klären könnten. Wer sich aber mit Lebensfragen an einen Priester wenden würde, bekäme natürlich Rat. Bei kriminellen Problemen bestünde aber die Bürgerpflicht, dies der Polizei mitzuteilen, so Long De.

Mittlerweile wird das Mittagessen serviert. Jeder von uns bekommt sein Essen auf einem Teller serviert, was für Asiaten eher ungewöhnlich ist. Eigentlich stehen verschiedene Gerichte auf dem gläsernen Drehteller, damit jeder Gast sich an dem Wunschessen bedienen kann. Cherry berichtet kichernd, dass Europäer dies manchmal nicht verstehen würden und sich dann ein Gericht zu sich hinziehen würden. Das finden die Mönche sehr befremdlich. Aber das Phänomen haben wir auch schon andersherum bei chinesischen Gästen in Europa beobachtet, dass Geschäftsfreunde in einem deutschen Restaurant sich von Markus' Teller bedient haben. Vielleicht hat Cherry denen auch den Tipp gegeben, damit es keine Missverständnisse gibt, wer weiß...

Besonders rührend finde ich es, dass sich vorher schon in der Küche informiert wurde, was denn so „ein Ausländer" isst. Anscheinend hält sich auch in kirchlichen Kreisen das Gerücht, dass KFC bei uns Langnasen sehr angesagt ist. Da die Mönche sich ausschließlich vegetarisch ernähren, gibt es Pommes mit einer Chicken-Nuggets-Variante aus Tofu. Ich bin sehr, sehr überrascht. Zudem wie lecker doch alles schmeckt. Wir bekommen eine Suppe mit Morcheln und Honig, die unglaublich intensiv schmeckt. Jeder Gang ist außergewöhnlich und liebevoll auf dem klostereigenen Porzellan angerichtet. Wir essen selbstverständlich alle mit Stäbchen, aber eigens für uns liegen auch Gabeln und Löffel bereit. Nach den ersten Gängen bin ich schon ziemlich satt und werde von Cherry informiert, dass man im Kloster kein Essen zurück in die Küche geben könne, da dieses sehr unhöflich sei. Den Kindern würde man es aber nachsehen. Nun gut. Wir möchten natürlich den Gastgeber nicht enttäuschen und essen 16(!) Gänge. Es schmeckt alles köstlich, aber wir sind wirklich mehr als satt.

Nach dem Essen geht es zurück an den „Schreibtisch" zu einer weiteren Teezeremonie. Als weiteres Highlight bekommen wir alle Geschenke. Jeder erhält ein hübsches Armband, welches eigens im Kloster angefertigt wurde, zur Erinnerung an den gemeinsamen Tag. Ich habe einen Kloß im Hals, da mich dies wirklich sehr rührt. Als Long De uns auch noch ein Paket mit dem klostereigenen Geschirr in die Hand drückt, verdrücke ich angestrengt meine Tränen.

Der Mönch rettet gekonnt die Situation und zeigt uns nun den Tempel, der seit den letzten 20 Jahren unter seiner Leitung liebevoll restauriert wurde. Wir erblicken zunächst drei Gottheiten, die golden nebeneinander einen Altar ausfüllen. Der Gott der Vergangenheit, der Gegenwart und der Zukunft. Hübsch sehen sie aus. In einem weiteren Altarraum gibt es hingegen Figuren, die sehr unfreundlich dreinschauen und knallrote oder -blaue Gesichter haben. Unter deren riesigen Füßen sind kleine Menschen dargestellt. Der Gott tritt auf schlechte Menschen, werde ich aufgeklärt. Aha! Also nicht immer Barmherzigkeit, wie es scheint. Wobei unser gekreuzigter Jesus ja auch nicht gerade vertrauensweckend wirkt. Wir werden aber schnell zu den nächsten Figuren weitergeführt. Diesmal wieder zu einer goldenen Figur. Die wäre wie unsere Maria. Sofort bekommen wir nacheinander ein Räucherstäbchen in die Hand gedrückt und wird uns gezeigt, wie man sich verbeugt und was man sagen muss. Sprachlich gibt das verständlicherweise Schwierigkeiten und ich frage vorsichtig, ob das denn in Buddhas Augen so eine gute Idee sei, da wir ja nicht gläubig wären. Long De sieht es aber sehr entspannt und meint, der Buddhismus sei sehr offen und wir würden seine Religion und Kirche ja respektieren... Nun gut. Ich versuche mich in chinesischen Gebetsformeln, was grinsend zur Kenntnis genommen wird. Im großen Hauptgebetsraum sind die Wände bestimmt mit über 1000 gelb beleuchteten Buddhafiguren ausgestattet. Der Tempel vereint Tradition und Moderne, wie sich herausstellen wird. Jedes Tempelmitglied habe hier seinen eigenen Buddha, werden wir aufgeklärt. Und tatsächlich. Cherry zückt eine Art Kreditkarte an einem Scanner und nun leuchtet nur noch ihr persönlicher Buddha auf. Sie freut sich über unsere überraschten Gesichter.

Im nächsten Raum steht ein großer Tisch mit Windlichtern mit brennenden roten Kerzen. Neben jedem Windlicht liegt ein roter Zettel mit chinesischen Schriftzeichen. Dies sei der Tisch von Schülern, die dafür beten, dass sie von der richtigen Universität aufgenommen werden. Dieses sei in China der schwierigste Schritt. Wer es erst einmal auf eine gute Universität geschafft habe, der würde auch das Studium schaffen. Interessante These.

Paula möchte auch gerne so eine rote Kerze anzünden und bekommt Hilfe von einem netten Mönch, der ihre Wünsche in Chinesisch aufschreibt.

Nach der Tempelbesichtigung wird uns der Klostergarten gezeigt, der viele hübsche Penjing-Bäume beherbergt. Der Mönch stellt uns den Gärtner vor, der uns ermutigt alles anzuschauen. Wir gehen weiter in ein Nebengebäude und wir haben die Möglichkeit, uns einmal unter Anleitung in Kalligrafie auszuprobieren. Die Kinder sind begeistert und sind gar nicht so schlecht dabei.

Viel zu schnell vergeht die Zeit und wir müssen uns schon wieder voneinander verabschieden. Natürlich gibt es von uns eine großzügige Spende an den Tempel. (Selbst an der Spendenurne gibt es einen QR-Code) und wir fragen nach, wie wir den netten Mönchen eine Freude bereiten können. Es gibt auch eine schnelle Antwort:

Man wäre sehr gespannt auf europäischen Kuchen oder Kekse. Seit ein paar Tagen sind die Temperaturen auf über 30 Grad gestiegen. Ich befürchte, da fällt eine Donauwelle oder Buttercremetorte flach. Aber der gute alte deutsche Apfelkuchen schmeckt doch auch immer. Selbstverständlich werden wir diesem Wunsch nachkommen und wir freuen uns schon auf ein Wiedersehen.

Wir fragen, ob wir ein paar Fotos machen dürfen; auch diese Bitte wird uns gewährt. Plötzlich zücken die Mönche auch ihre Mobil-Phone. Es gibt also doch ein wenig eigenen Besitz, was mich ein bisschen beruhigt. Gemeinsam machen wir Fotos und die Mönche tuscheln über weltliche Dinge, wie ich feststelle. Durch Gestik (die ich mittlerweile gut verstehe) wird überlegt, wie groß Paula denn sein könne und ihre blonden Haare werden bestaunt. Cherry stimmt meiner Vermutung zu. Sie seien sehr von Paula angetan, da sie „Beine habe, die bis zum Himmel reichen". So, so...

Sophia hat inzwischen eine tempeleigene Hundedame nebst Welpen entdeckt und möchte diesen schönen Ort gar nicht mehr verlassen, was ich gut nachvollziehen kann. Aber wir kommen bestimmt einmal wieder, um Long De und seine Freunde zu besuchen. Da bin ich mir sehr sicher.

Ein paar Tage später besuchen wir eine kleine Altstadt, wo bronzefarbene Buddhafiguren verkauft werden. Ich finde, dass das kein Zufall sein kann und kaufe mir eine solche Figur, in der Hoffnung nicht die Figur für weiteren Kindersegen erwischt zu haben.

Zur Aufklärung dieser Frage schicke ich Cherry ein Foto. Glück gehabt! Es handelt sich um „The ONE WHO", frei übersetzt: „Gott der Gnade". Dieser soll mir die Gnade eines vielleicht stabilen Internets für die nächste Klausur bescheren. So zumindest mein Plan. Oder dass hier nicht so viele Mücken herumfliegen. Aber dafür sorgt schon das compoundeigene Management, was fleißig Gift sprüht. Nun ja.

Gerade habe ich erfahren, dass in Deutschland nun für alle Schüler die Schulen wieder geöffnet haben. Das sind doch einmal gute Nachrichten. Hoffentlich geht es weiter gut vorwärts. Wir sind immer noch am Recherchieren, ob wir uns in China impfen lassen sollten oder nicht. China ist fast coronafrei. Leider wird der Wirkstoff aus China in Europa noch nicht anerkannt. Wir müssen also weitersuchen, nach seriösen Quellen. Im Moment habe ich nur ungenaue Angaben, aber schon Ideen, wo ich suchen kann. (STIKO usw.) Gerade prasseln nur so viele andere Dinge auf mich ein, um die ich mich dringend kümmern soll. Aber da the ONE WHO jetzt im Hause ist, werden wir die nächsten Monate hier auch noch gut überstehen, alles gut planen und uns auf ein Wiedersehen in Deutschland im September freuen können.

Habt eine gute Woche, bis bald. Eure Shanghainesen

Da wir in Nanjing beim letzten Mal nicht viel gesehen haben, sind wir kurzentschlossen am Wochenende wieder hingefahren, was Mister Zhan sehr verwundert hat. Wir wären doch schon einmal da gewesen, warum also noch einmal hinfahren?! Chinesisch funktioniert das ganz anders: hinfahren, Foto machen, Foto teilen, fertig und nach Hause fahren. Ich kläre Zanni auf, dass die Stadt einfach sehr groß ist und wir wenig Zeit bisher dafür hatten. Schulterzucken seinerseits. Immerhin hat er somit drei Tage frei, da wir ja nicht in Shanghai sind. Auch gut für ihn.

Da wir erst sehr kurzfristig die Zugfahrt gebucht haben, können wir leider nicht zusammen im Zug sitzen. Da die Stimmung gerade zwischen unseren Grazien ein wenig angespannt ist, (sie sind am Morgen beide um 5 Uhr aufgestanden, um die Erste im Bad zu sein...), beschließen wir, dass Markus sich der Damen annimmt und ich im nächsten Waggon allein unter Chinesen bin. Natürlich ist auch für mich der Sitz zwischen meinem Nachbar und mir wieder viel zu eng. Ein älterer Herr verlässt augenblicklich den Sitz neben mir; schickt aber sofort seine Ehefrau als Ersatz. Diese dreht während der Fahrt stetig den Rücken zu mir.

Vielleicht sollte ich sie fragen: „Sind Sie teamfähig"? Ihre Antwort könnte sein: „Alleine, ja!" Aber das sind ja nur Vermutungen meinerseits. Manchmal kann man mit seinen Einschätzungen komplett daneben liegen. Markus hat eine neue Mitarbeiterin in Ninghai, die auch schon Auslandserfahrung hat. Da die englische Kommunikation teilweise noch unter den Kollegen trainiert werden soll, hat die neue Mitarbeiterin zu einem „English-talk" eingeladen, denn Übung macht bekanntlich ja den Meister!

Es geht um „Benimmregeln". Z.B. sollte man in einem Gespräch mit Europäern nicht sagen, dass es einem noch viiiiiel schlechter ginge, falls der Gesprächspartner sich öffnen würde und seine schlechte Befindlichkeit preisgebe. Das verstehen Chinesen so gar nicht. „Ist es denn keine Anteilnahme, wenn es einem noch viel schlechter ginge?" Äh... nein! Wobei in chinesischen Geschäftskreisen generell nicht über Unwohlsein gesprochen würde, da man ja keine Schwächen zeigen solle. So viel zu diesem Thema.

Aber ich schweife ab: Endlich kommen wir in Nanjing an, kommen aber kaum aus dem Zug, da gefühlt 1000 neue Fahrgäste einsteigen wollen. Da ist es schon ein Vorteil, wenn man als Ausländer groß ist und sich mit dem Koffer durch die Massen schieben kann. Nervig ist es schon. Wo ist denn die altvertraute chinesische Ordnung? Am Taxistand bekommen wir sofort ein Auto zugewiesen. Hier sind alle Taxen gelb, die in der Innenstadt fahren dürfen. Für größere Touren gibt es grüne Autos. Wir sind aber ganz zufrieden mit unserem gelben Auto inkl. gelben Gardinen und 500.000 Kilometern auf dem Tacho. Es scheint ein Qualitätsauto zu sein. Auch das Hotel hat seine beste Zeit schon hinter sich, aber wir wollen uns nicht beklagen, da wir nun mitten in der Altstadt sind, die von vielen älteren Menschen besucht wird. Als Vorbild des demografischen Wandels bekommt so auch die Altstadt eine ganz andere Bedeutung. Wobei der demographische Wandel China wohl ausgelassen hat: Hier sind WIR eigentlich die Alten, nur heute mal nicht.

Im Hotel gibt es den nächsten Störfaktor bei den „Damen". Haben wir doch fälschlicherweise ein King-size Bett für die Kinder gebucht und keine Einzelbetten. Solche Feinheiten sind, wenn man die Sprache nicht kann, immer schwierig. Wir Erwachsenen freuen uns über unser Bett. Was des einen Leid, ist des anderen Freud...

Aber wir sind ja auch nicht zum Spaß hier: Konfuzius wartet samt Tempel auf uns. Er präsentiert sich als hübsche Steinfigur im tempeleigenen Garten. Sehr weise sieht er aus und wir überlegen uns kichernd, was er denn alles gesagt haben könnte, der Arme.

Überhaupt scheint es der richtige Zeitpunkt für Wortspiele zu sein. Unsere U-Bahnstation am Hotel heißt:" Fuzimiao" Wer soll sich das merken können?! Oder doch „Fuzi ciao"? Zumindest ist die Miao Futschi-

Kato, wie es aussieht und Paula findet unsere Überlegungen etwas peinlich. Wenn das Konfuzius wüsste...

Das Abendessen versöhnt Paula wieder etwas: wir besuchen ein Restaurant, wo Jeder von uns seinen eigenen Hot-Pot vor sich stehen hat. Somit gibt es heute von vegetarischer Brühe bis Extrem-scharf einfach alles. Als wir am Abend noch einen irischen Pub finden, ist zumindest der Abend für uns Eltern schon perfekt. Die Kinder wollen lieber ins Hotel: Paula hat einen Fitnessraum erspäht und Sophia will in Ruhe mit ihrem Telefon Freunde zutexten. Auch gut. Die Frage ist, wer hier eigentlich auf wen aufpasst?! Es scheint, als habe ich Erinnerungslücken an diesen Abend. Der Cider war aber auch lecker... und irgendwie haben wir uns Fahrräder ausgeliehen und die Klingel entdeckt. Vielleicht stehen wir als rüpelhafte, schwierige Ausländer am nächsten Tag in der Zeitung. Da ich diese aber ja nicht lesen kann, interessiert es mich wenig... Vielleicht kommen wir sogar schneller nach Hause deswegen. Gehört habe ich nichts... schade! In Stellenausschreibungen stehen „schwierige" Personen neuerdings als „erlebnisorientiert" drin. Ist ja mal eine Aussage oder ein verspäteter Aprilscherz? Erlebnisorientierte Jugendliche der JVA suchen verständnisvolle Pflegeeltern mit Sinn für Humor! Denn eigentlich tun sie ja nichts, sie wollen nur spielen...

Den nächsten Tag verbringen wir mit den Kindern zusammen, denn sicher ist sicher. Sophia freut sich, mit mir eine Shopping Tour zu machen, denn das machen wir viel zu selten mit ihr. Stolz trägt sie ihre Tüte zum Restaurant, aber nicht ohne auch eine Kleinigkeit für Paula mitzubringen. Sophia ist in der Beziehung wirklich sehr sozial.

Der Hunger treibt uns in einen muslimischen Imbiss, der uns eine chinesische Speisekarte beschert. Dank der Übersetzungs-App bestelle ich mir: „Staatlich gebratene

Nudeln mit Gemüse", denn das hatte ich bisher noch nie. Kann ich sehr empfehlen und hausgemacht waren diese bestimmt auch.

Die drei Tage vergehen wie im Flug und wir müssen schon wieder zurück nach Shanghai fahren, da die Kinder am Dienstag, beziehungsweise Paula am Mittwoch wieder Schule haben. Ich checke inzwischen meine E-Mails und stelle fest, dass es keine Sanktionen wegen der technischen Probleme in der letzten Klausur geben wird. Eine Sorge weniger... geduldig warten wir am Bahnhof auf unseren Zug. Ein Mann kommt uns entgegen mit einem T-Shirt Aufdruck: „I love Poo"! Geschmäcker sind einfach verschieden, scheint mir. Paula hat Mitleid mit dem scheinbar ahnungslosen Mann.

Ich habe gerade kein Mitleid, da ich mit mir selbst beschäftigt bin. Im Zug will mein neuer chinesischer Nachbar natürlich wieder nicht neben mir sitzen. So langsam nehme ich es persönlich. Nun setzt sich wieder seine Ehefrau neben mich, mit Enkelkind auf dem Schoß. Das Enkelkind ist ca. drei Jahre alt und mag die Bonbons nicht, die Oma ihm in den Mund schiebt. Fast genervt spuckt es die Süßigkeiten in Omis flache Hand. Verschwenden will sie aber nichts und schiebt sich nun die angelutschten Drops in den Mund. Da soll mal einer sagen, dass Zugfahren nicht interessant ist. Die Oma ist lieb, denn sie sagt dem kleinen „Engel" dass er mich nicht treten soll. Gerade freue ich mich, dass unsere Kinder aus diesem wuseligen Alter raus sind. Aber wer weiß, was da noch kommen mag... Der Junge isst nun Kaugummi, es scheint zu schmecken, denn er schluckt alle herunter. Meine Sprach-App sagt nur: „Keine Netzverbindung, bitte versuchen sie es später..." und so hoffe ich, dass jemand anderes dem Kleinen noch mitteilen wird, dass man Kaugummi nicht unbedingt herunterschlucken soll.

Westliche Süßigkeiten sind der Landbevölkerung nur selten bekannt. Auch andere für uns selbstverständliche

Dinge sind hier noch völlig neu oder müssen einfach noch gelernt werden. So kann es vorkommen, dass studierte Ingenieure die einfachsten Kurvenberechnungen nicht kennen und betreten schweigen. (Sie haben es jetzt aber drauf und sind hochmotiviert!) In der Vergangenheit hatte ich immer Befürchtungen, dass China uns längst überholt. Inzwischen denke ich das nicht mehr. China ist in vielerlei Hinsicht sehr modern und auch schnell, aber sie können bisher Ursache und Wirkung nur schwer nachvollziehen, da einfach jahrzehntelange Erfahrung fehlt. Es bleibt spannend zu beobachten, wie sich alles entwickelt. Gefährlich für Europa wird es nur, wenn China anfängt europäische Unternehmen aufzukaufen. Das Know-how wird auch weiter in Europa und den USA liegen, da bin ich mir sicher. Ein privates Beispiel:

Allein letzte Woche hatte ich vier Mal Besuch wegen eines Wasserboilers, da der „Fachmann" so gar keine Ahnung hatte, was er tat. Zunächst hatten wir kompletten Stromausfall, weil er uns den Strom einfach abgestellt hatte, ohne Bescheid zu geben, da das Gerät im Gartenhaus steht und frei zugänglich ist. Schön für Markus, der gerade in einem internationalen Telefonmeeting war. Heute dann für mich das gleiche Phänomen, da ich ja nicht ahnen konnte, dass er nochmals zurückkommen wird, ohne wieder Bescheid zu sagen. So viel zum Verständnis von Ursache und Wirkung.

Vermutlich hat er seiner Arbeit wohl selbst nicht getraut. Zwei Stunden Internetrecherche für das Studium leider nicht zwischengespeichert, dafür bekommen meine Nerven hier schon Hornhaut.

Hornhaut bekommt auch gleich mein Magen, wenn er nichts zu tun bekommt. Daher muss ich zum Ende kommen.

Gerade haben wir wieder Regenzeit: Daher verregnete Grüße aus Shanghai!

Neue Woche, neues Glück! Oder auf Chinesisch: Neue Woche, neue Probleme! Mittlerweile haben wir bereits Juni und die Litchi-Bäume tragen stolz ihre ersten Früchte. Dies seien Seifenbaumgewächse, werde ich aufgeklärt! Die Kinder maulen wegen anderen Dingen: „Verfluchte Spargelzeit!" Irgendwas ist halt immer.

Ich persönlich freue mich über die saisonbedingten Abwechslungen und kaufe nun nur noch Maulbeeren, Passionsfrucht und Litchis. Überhaupt versuche ich, uns nur noch Obst und Gemüse aufzutischen. Insgeheim muss ich mir eigentlich keine Sorgen um meine Bikinifigur machen, da hier keine Bikinis getragen werden, sondern Kleidchen zum Schwimmen angesagt sind. Aber so ein bisschen Ehrgeiz ist schon hilfreich beim Abnehmen.

Schade ist nur, wenn man im Badeanzug kopfkratzend vor dem wasserleeren Pool steht und vorher nicht informiert wurde. Da hilft auch der schönste Badeanzug nichts... Ratlosigkeit beim Personal. Ich frage mit Hilfe der Sprach App, ob es nicht eine WeChat Gruppe für solche Angelegenheiten gäbe. Die Mitarbeiter finden, dass das nichts für uns sei wegen der Sprachbarrieren. Da ich aber Kummer gewohnt und hartnäckig bin, fügen sie mich dann doch noch zähneknirschend hinzu.

Nun präsentiert mir die Übersetzungs-App die neusten Mitteilungen des Schwimmbades: „Heute ist der

Teich erst ab 8 Uhr geöffnet! Es erwartet Sie Wasser!" Das klingt vielversprechend.

Weniger vielversprechend ist der Pool in unserem Compound. Trotz der Temperaturen von 30 Grad bleibt das kühle Nass wegen Reparaturarbeiten geschlossen. Die Anwohner sind sehr enttäuscht und fragen sich zu Recht, was das Management denn den ganzen Winter so gemacht habe. Hätte der Pool nicht schon im Frühling gewartet werden können?! Aber auch vorausschauendes Planen will gelernt sein und ich passe mich so langsam an: Der Hunger treibt mich zum Kühlschrank und ich werde mit einem Stück Käse in der Hand von meiner Familie erwischt. Prompt folgt meine chinesische Erklärung: „Der Kühlschrank sei doch in der Küche und die Waage im Schlafzimmer könne doch gar nicht sehen, wenn ich hier nun Käse in mich hineinstopfe..."

Vermutlich ist der Kühlschrank aber ein Spitzel und petzt der Waage alles über WeChat, man muss nur fest dran glauben. Ich bin genervt und hungrig! Die Kinder erzählen sich gegenseitig blöde Witze: „Wie war Deine Frisörprüfung?!" „Ich habe gut abgeschnitten!" Das ist doch nur mit Prosecco zu ertragen!

Es gibt aber auch gute Nachrichten: Ab dem 1. Juni erlaubt die chinesische Regierung ihren Bürgern nun drei Kinder. Das erzählt mir zumindest meine Lieblingsverkäuferin in „My Market". Sie selbst ist gerade schwanger mit ihrem ersten Kind, versucht dieses aber zu kaschieren. Ob ich wohl fragen darf, wann das Baby kommt? Ich bin mir sehr unsicher... Aber letztlich bin ich Ausländer und kann solche Regeln nicht wissen. Also frage ich und sie verrät mir, dass das Baby etwa in acht Wochen geboren würde. Ich mache ihr Komplimente, weil ich sie wirklich sehr, sehr gerne mag. Aus meiner Sicht ist sie die hübscheste Schwangere, die ich kenne. Nun öffnet sie sich ein wenig und erzählt mir, dass das Arbeiten nun auch langsam beschwerlich würde, mit ihrer über 60-Stunden-Woche. Krass, wieviel sie arbeiten muss. Weiter erzählt sie, dass sie sich eigentlich mit ihren 23 Jahren zu jung für ihre Mutterrolle fühle. Ich versuche sie zu beruhigen, indem ich ihr erzähle, dass es nie den perfekten Zeitpunkt für die Familiengründung gibt. Natürlich wird es erst einmal eine große Umstellung sein, aber das Leben ist nicht vorbei, nur weil man ein Kind hat. Nun muss auch sie lachen. In vier Wochen darf sie in den verdienten Schwangerschaftsurlaub gehen und ich werde sie sehr vermissen. Da man ja nie 100%ig weiß, wann so ein neuer Erdenbürger kommt, kaufe ich eine hübsche Babyerstausstattung und überrasche sie damit, was gut ankommt. (Vorsorglich habe ich bei unseren chinesischen Freunden nachgefragt, ob es Unglück bringe, schon vor der Geburt Geschenke zu machen).

Da ich Babykleidungsgeschäfte so liebe, darf ich für Markus` Mitarbeiter auch ein Geschenk kaufen, da dieser vor wenigen Tagen sein zweites Kind bekommen hat. Vielmehr natürlich seine Frau... Damit das Erstgeborene nicht eifersüchtig ist, erwerbe ich einen kleinen Bauernhof von Lego. Ob das wohl gut ankommt? Chinesen sind eher zukunftsorientiert und Landwirtschaft ist eher altmodisch. Soll ich aber einen Dreijährigen nun mit einem Spaceshuttle überfordern? Zumindest freut sich der Mitarbeiter, als Markus die Päckchen bei ihm abgibt und die Männer sich noch ein bisschen austauschen. Natürlich müssen sich nun alle erst einmal an die neue Situation mit dem Baby gewöhnen. Der erstgeborene Sohn müsse nun sein Zimmer mit dem Baby teilen und sei wenig erfreut darüber. Zudem wohne noch die Oma im Haushalt und bestünde auf traditionellen Ritualen, wie z.B., dass die frisch gebackene Mutter weder duschen noch mit dem Handy spielen dürfe. Um es zusammenzufassen: Es fließen täglich Tränen und Markus` Kollege macht nun viele Überstunden.

Unsere Chinesischlehrerin Sonja erzählte uns letztes Jahr auch von diversen Ritualen. Ihre Mutter sei in Tränen ausgebrochen, als Sonja ihrem Baby KALTES Wasser zu trinken geben wollte; denn von kaltem Wasser wird man krank! Erstaunlich, wie sehr sich Mythen halten und wieviel Macht die Großmütter haben.

Mein Handy pingt, ich bekomme Nachricht, dass das Geschenk, was Sophia ihrer Freundin zu WEIHNACHTEN geschickt hat, nicht zugestellt werden konnte und zur Abholung bereit läge. Nun gut, bald ist ja schließlich wieder Weihnachten.

Es wäre eigentlich auch an der Zeit, das Versprechen einzulösen, den netten Mönchen Kuchen vorbeizubringen. Selbst die Kinder sind hochmotiviert, da sie sich erhoffen, auch ein Stück Kuchen zu bekommen. Natürlich kommt es, wie es kommen muss: Die Lampe im Backofen ist kaputt und ich telefoniere mit Cherry, damit sie uns eine neue Lampe bestellen kann. Da ich immer noch etwas angefressen wegen der Therme bin, verspricht sie mir einen kompetenten Handwerker zu schicken und erfragt gleich noch die Typennummer des Backofens, damit der Techniker die passende Birne gleich dabeihaben kann.

Natürlich kommt der Monteur ohne Lampe, murmelt etwas von „Order" und verschwindet wieder. Somit kann ich erst ein paar Tage später backen. Wir haben Glück, dass das warme Wetter eine kleine Pause einlegt und ich tatsächlich „Donauwelle" backen kann. Die Kinder sind entzückt, ich opfere das letzte Päckchen Vanillepudding aus Deutschland. (Für diejenige die nicht wissen, was eine Donauwelle ist: Es handelt sich hierbei um einen Marmorkuchen auf dem Blech mit Sauerkirschen eingebacken. Damit das Ganze nicht zu trocken wird, gibt es eine weitere Schicht mit einer Butter-Pudding-Creme und Schokoladenglasur. Ein Traum mit vielen

Kalorien!) Kirschen habe ich im Internet gefunden, ebenso Kakao und Kuvertüre. Die Kuvertüre ist toll, aber das Kakaopulver entpuppt sich als Nesquik und auch die Kirschen sind nur Cocktailkirschen. Ich fühle mich schlecht, aber insgeheim hoffe ich, dass die Mönche ja nicht wissen, wie eine Originaldonauwelle aussehen müsste. Nun Ja. Die anderen Kuchen gelingen dank der neuen Beleuchtung im Herd sehr gut und wir fahren frohen Mutes zum Tempel, wo Cherry uns schon angemeldet hat.

Da Cherry uns diesmal nicht beim Übersetzen helfen kann, fragen wir unseren Fahrer, ob er nicht mitkommen mag. Eigentlich aus der Sicht von Chinesen ein „No-Go". Es gehört sich nicht, mit seinen Mitarbeitern den Tag zu verbringen. Da Zanni aber nun zum Helfen eingeteilt ist, ist es natürlich in Ordnung und er stimmt zu.

Es wundert ihn, dass wir so viele Kuchen dabeihaben; aber er fragt nochmals, ob denn wirklich alles vegetarisch sei, was ich ihm hoch und heilig verspreche. Konnte er doch nicht wissen, dass wir die Mönche schon einmal besucht hatten und uns nun bedanken wollen.

Im Tempel scheint niemand auf uns zu warten. Plötzlich kommt ein uns bekannter Mönch aus dem Verwaltungsgebäude und freut sich sichtlich, als er uns und die Kuchen sieht. Zusammen tragen wir unsere Torten in die Klosterküche und ich bin sehr beeindruckt von der Einfachheit der Küche. Es ist eigentlich nur ein gefliester Raum, mit drei Kochflammen an der Wand entlang, Abzugshaube und zwei Metalltischen in der Mitte des Raumes. In der Ecke steht ein kleiner Kühlschrank. Eine Geschirrspülmaschine suche ich hier vergebens; dafür gibt es mehrere Metallbecken außerhalb der Küche im Freien. Auf dem Boden steht ein roter Plastikkorb mit bestimmt 150 Eiern, daneben stehen Säcke mit Reis und Gemüsebündel. Ich habe großen Respekt, dass die Küchenmannschaft unter diesen einfachen Bedingungen uns vor Wochen so ein zauberhaftes Mittagessen kreiert hat. Im gleichen Moment fühle ich mich auch sehr schlecht, denn ich hätte vorher schon in die Küche gehen können, um mich beim Personal auch zu bedanken. Das war mit Sicherheit eine anstrengende Arbeit. Aber das werde ich heute noch nachholen.

Nun versuchen wir erst einmal gemeinsam, den Kuchen auf andere Teller und Tabletts zu bekommen, was gar nicht so einfach ist. Wir versuchen vergeblich, die Donauwelle in den Kühlschrank zu quetschen. Sophia wittert ihre Chance, gleich etwas Kuchen zu bekommen. Aber mitgebrachte Geschenke sind nicht zum Selberessen da, stellt sie enttäuscht fest.

Immerhin dürfen wir nochmal zusammen den Tempel betreten und Mister Zhan betet und verbeugt sich sehr inbrünstig. „Do every day". gesteht er uns.

Nach dem Tempelrundgang dürfen wir erneut gegenüber von dem „Tee-Schreibtisch" Platz nehmen. Die Unterhaltung gestaltet sich diesmal schwieriger, da Mister Zhan wenig Englisch reden kann. Eine gute Chance für Paula, ihre chinesischen Sprachkenntnisse unter Beweis zu stellen. Die Mönche sind hocherfreut und sagen, dass Paula sogar einen shanghainesischen Akzent spricht. Ansonsten behelfen wir uns mit der Sprach App, was natürlich immer auch für Missverständnisse sorgt. Den Mönch, der neben mir sitzt, kannte ich bisher noch nicht. Er fordert uns auf, uns an den Süßigkeiten auf dem Schreibtisch zu bedienen. „Je mehr wir essen, umso glücklicher sei er", motiviert er uns. Natürlich kommt auch er schnell auf deutsche Tugenden: Das deutsche Handwerk, was er sehr bewundere. Mir hingegen sitzt der Ärger mit der Therme und den sieben Handwerkerbesuchen noch schwer im Nacken. Aber ich bin höflich und sage nichts.

Auf dem Tempelgelände sind die Hunde unterwegs und ein Welpe hat eine Socke im Maul. Wir fangen an zu lachen und übersetzen, was wir gesehen haben. Der Mönch freut sich und berichtet uns, dass Buddhisten immer im Einklang mit der Natur und Tieren leben wollen. Daher akzeptieren sie die Hunde hier auf dem Areal auch. Ich frage nach, ob die Hunde überall hindürfen. In den Tempel dürfen sie nicht, auf der anderen Seite hätte eigentlich niemand Kontrolle über die Hunde. Aha! Ich frage mich, was die Hunde zu essen bekommen, da die Mönche ja Vegetarier sind. Das sollte ich unbedingt noch herausfinden. Da es mir ein wenig unangenehm ist, dass die eigentlichen „Herren" des Tempels die Hunde sind, erzähle ich von unseren wilden Katzen, die bei uns im Garten leben. Mit Katzen kann „mein" Mönch so gar nichts anfangen und bezeichnet sie sogar als Ehebrecher. Nun ja, treu sind Katzen ja wirklich nicht. Kaum schmeckt das Futter nicht, gehen sie beim Nachbarn essen. Auf jeden Fall sind Katzen sehr clever, wie ich finde. Und will ich mit einem Geistlichen über Ehebruch diskutieren?!

Auch heute vergeht die Zeit mit den Mönchen wieder viel zu schnell und wir werden aufgefordert, doch recht bald wieder zu Besuch zu kommen. Wir seien „nette Giganten".

Ich werde nach meinem WeChat Kontakt gefragt, damit wir auch weiter Kontakt halten können, falls ich Fragen hätte. Bisher halte ich mich sehr zurück, da ich weder aufdringlich sein noch stören möchte. Der Mönch stellt sich mit dem Namen Wang bin vor.

Am nächsten Tag ist Tscha sehr aufgeregt und fotografiert mein deutsches Kochbuch ab. Was hat sie nur?! Wenig später erfahre ich auch den Grund für die Aufregung: Im Ausländer-Chat sucht eine Familie ab August eine neue Ayi, die auch kochen sollte und Tscha hat sich beworben. Nun hat sie Sorge, dass die Familie vielleicht kein chinesisches Essen mag. Tscha ist sichtlich zerknirscht: „When is no lecker, bye bye Tscha!" Wie sehr sie sich sorgt und Gedanken macht. Ich schlage ihr vor, dass wir zunächst mal herausfinden sollten, woher die Familie denn käme. Indern sollte man nicht unbedingt Rindfleisch vorsetzen und ein Moslem freut sich auch nicht unbedingt über einen Schweinebraten. Tscha ist ratlos und kann das Foto ihrer neuen Chefin nicht einordnen. Vielleicht eine Engländerin? Ich persönlich tippe eher auf eine Amerikanerin, als ich das Foto ansehe, und schlage Tscha zunächst Wraps mit Hühnerfleisch vor. Sorgfältig fotografiere ich an diesem Abend die Zutaten für Wrap-Taschen, damit Tscha sieht, was sie einkaufen kann. Jeder kann sich somit sein Essen selbst zusammenstellen. Für fünf Minuten ist unsere Ayi glücklich. Dann schreibt sie mir: „What I cooking tomorrow"? So hat Jeder sein Päckchen zu tragen und ich überlege ernsthaft, ob ich ihr nicht noch ein paar Gerichte beibringen könnte. Auf der anderen Seite soll sie mich ja im Haushalt entlasten und nicht umgekehrt. Vielleicht sollten wir mal über mein Gehalt reden, wenn ich sie coache. Aber ich sehe es schon kommen: ich werde ihr ein paar einfache Gerichte per Sprach-App ins Chinesische übersetzen. Markus ist schon am Lästern: „Dein drei-seitiges Kochbuch erobert die Welt! Hoch leben Senf Eier, Kürbissuppe und Königsberger Klopse!"

Ich selbst hingegen kämpfe gerade mit der Technik der Fernuni. Zu gerne würde ich in Teams Kontakt zu Mitstudenten haben, um die nächste Aufgabenstellung besser zu verstehen. Zunächst denke ich, dass es ja an mir liegen könnte... Aber laut dem Sekretariat kommen diese Probleme häufig vor und ich solle doch eine Mail schreiben. Um es zusammenzufassen: Nach zehn weiteren Tagen, drei Telefonaten und vier Mails habe ich immer noch keine Antwort auf meine fachliche Frage und die Dozentin schreibt mir, dass sie Fachfragen per Mail nicht beantwortet. Gerade habe ich es so satt und beschließe, einen anderen Kurs zu belegen. Eigentlich mag ich aufschieben nicht. Eigentlich!

Die Kinder sind auch „durch". Zum Glück stehen die Zeugniskonferenzen unmittelbar bevor und Paulas Gehirn hat sowieso gerade wegen Umbau geschlossen. Die bekommt gerade nichts mit, scheint mir. Zum Glück haben dies ihre Lehrer noch nicht gecheckt, da sie immer gute Noten nach Hause bringt. Die ganze Klasse lernt wie verrückt, behauptet Paula. Früher dachte ich tatsächlich, dass diese vielen Ferien doch ein wenig übertrieben sind. Seit dem Abendgymnasium weiß ich es besser: Ich hätte keinen Tag länger auf die Ferien warten können und vermutlich geht es den Lehrern ganz ähnlich. Also in diesem Sinne: Freut Euch, wenn Ihr weder Schüler noch Lehrer seid!

Herzliche Grüße von Euren vier Shanghainesen!

Die Kinder haben Ferien und ich lerne für die nächste Klausur: Soziologie. Das heißt, ich sollte eigentlich lernen, sehe mir aber Videos bei YouTube an, wie man erfolgreich durch das Studium kommt. Der Influencer hat sein Studium natürlich mit 1.0 abgeschlossen. Irgendetwas scheine ich falsch zu machen... Oder lügt der nette junge Mann im Internet gar?!

Letztendlich ist es egal, die Zeit bis zu unserer Rundreise rennt und ich möchte unbedingt noch ein weiteres Modul abschließen. Markus nimmt die Kinder mit nach Ninghai, damit ich ungestörter lernen kann. Ich fühle mich ein wenig verlassen und bestelle mir wenigstens Pizza; so gehört sich das für einen Studenten. Immerhin kenne ich nun Begrifflichkeiten, wie „X"-, „Y"- und „Z"- Generation. Ob einen diese Informationen im Leben weiterbringen? Zumindest weiß ich nun, welche Eigenschaften welche Generation mit sich bringt und schreibe sofort Paula eine Nachricht auf WeChat: „Handschriftliche Briefe und Siegelwachs passen nicht zu deiner Generation!" Aber das ist Paula völlig schnuppe und das ist auch gut so. Fast bin ich ein bisschen neidisch auf ihren Schuhkarton voller Briefe unter ihrem Bett, die sie in den letzten drei Jahren in Shanghai bekommen hat. Aber ich bin auch ein wenig beruhigt, dass sich manche Dinge eben nicht ändern und handschriftliche Briefe tatsächlich noch „in" sind.

Das Internet ist gnädig und ich kann nach den üblichen Schwierigkeiten das Modul „Soziologie" tatsächlich abschließen. Natürlich nicht mit 1.0, aber das wusste ich schon vorher. Schließlich bin ich Urda 2.0, die beste Version meines Ichs und wohl doch eher durchschnittlich. Aber alles ein bisschen zu können hat sich bisher auch nicht als zu schlecht erwiesen.

Endlich dürfen wir alle in den Urlaub! Da unsere Zeit im Reich der Mitte nur noch von begrenzter Dauer ist, hat Markus eine 8500 Kilometer lange Rundreise ausgearbeitet. Unser Fahrer ist sichtlich erleichtert, dass er uns nur zum Bahnhof fahren und nicht die ganze Strecke selbst abfahren muss.

Als erstes Ziel haben wir das 2000 Kilometer entfernte Chengdu ausgewählt, um die Panda-Aufzuchtstation zu besuchen. Der Zug in „Emerald Green" sieht ein wenig nach 80er Jahre aus und vermutlich liege ich mit meiner Vermutung gar nicht so falsch. Wir haben uns aber bewusst für einen „Bummelzug" mit Schlafwagen entschieden, da wir schon immer einmal wie im Orient Express reisen wollten, wenn auch hier in der einfacheren Variation.

Zunächst ist die Schwierigkeit, den Zug überhaupt betreten zu dürfen. Anscheinend reisen Langnasen so nicht, sondern wählen das Flugzeug. Die Zugbegleiterin ist aber freundlich und unaufgeregt, als sie unseren Pass, Einreisestempel und Green Code kontrolliert.

Deutlich mehr irritiert sind unsere Mitreisenden, die in Eimern Lebensmittel und Gepäck in den Zug tragen. Sofort halten diese sich mit der freien Hand Mund und Nase zu, als sie uns erblicken. „Ausländer bringen Krankheiten ins Land! Halten sie unbedingt Abstand!" so meint zumindest ein chinesischer Nachrichtensender.

Wir werden zu unserem Abteil geführt und ich stolpere zunächst über einen beige-braunen Teppich, der im Flur liegt. Zumindest passt dieser gut zu den Gardinen, die sämtliche Fenster zieren. Im Abteil angekommen, müssen wir zunächst unsere vier Koffer verstauen, was eine kleine Herausforderung ist. Das Abteil ist mit vier Schlafplätzen ausgestattet, mit sogenannten „Soft-Sleepern". Was daran aber „soft" sein soll, erschließt sich mir nicht, da die Matratze in den Stockbetten steinhart ist. Wenig später mutmaßen wir, dass dies der Schlafplatz für „Weicheier" ist, denn wir erblicken im Nachbarwaggon die „Hard-Sleeper"-Variante. Hier nun keine Abteile mehr, sondern Großraumschlafwagen mit dreistöckigen Betten, was der Stimmung keinen Abbruch tut: Es wird gegessen, geschlafen, geredet und Karten gespielt. Unter Chinesen wird diese Reiseform scherzhaft „Flüchtlingszüge" genannt. Daher bin ich mit unserem Abteil deutlich glücklicher. Erinnert mich an Bundeswehr, auch wenn ich selbst damit keine Erfahrung habe. Die Kinder sind aber selig und kichern so laut, dass die Zugbegleiterin in Uniform ein Machtwort spricht. Schließlich ist das hier ein anständiger Zug und kein Spielplatz! Zornig geht sie zurück in ihr abschließbares Dienstzimmer und trinkt grantig Tee mit ihrem Hut auf dem Kopf. Bundeswehrmäßig finde ich auch die Sanitärräume: Drei metallene Waschbecken in einer Reihe für die Damen und Herren gleichermaßen. Zumindest kann man/frau die Tür abschließen.

Die Toilette erinnert mich an Zugtoiletten meiner Kindheit. Nach „getaner Arbeit" kann man an dem Klo einen Knopf drücken. Mit einem Zisch öffnet sich dann unten im Lokus eine Klappe und der Inhalt der Metallschale fliegt auf die Schienen. Dies ist dann auch der Grund, weswegen die Toiletten während des Bahnhofsaufenthaltes geschlossen bleiben und Passagiere sich tänzelnd im Zug auf und ab bewegen.

Aber noch weitere Anekdoten erinnern mich stark an meine Kindheit: Da unser Waggon direkt neben dem Speisewagen liegt, riecht es nach Essen. Dieses Aroma mischt sich mit dem Rauch der Fahrgäste, die emsig auf dem Flur Zigaretten rauchen. Ich bekomme Sehnsucht nach meinen verstorbenen Großeltern, deren Küche ähnlich roch: Nach dem Pfeifentabak meines Großvaters und dem guten Essen meiner Großmutter. Erstaunlich, wie Gerüche doch das Leben prägen.

Im Speisewagen werden wir freundlich empfangen und gleich vom Personal fotografiert. Paula glänzt mit ihren Sprachkenntnissen und wir bekommen Unmengen von Reis und ein bisschen Gemüse. Am nächsten Tag schaffe ich es sogar, uns Porzellanlöffel aus dem Speisewagen auszuleihen. Wir wollen es ganz chinesisch angehen, mit Instantnudelsuppen. Die freundliche Ayi, die mit einem Verkaufswagen durch den Zug tingelt, hat uns die nicht-scharfen Varianten herausgesucht, die wir nun an den Heißwasserzapfstellen auffüllen. Eine Gabel liegt jedem Fertiggericht bei und mit den geliehenen Löffeln essen wir nun ganz standesbewusst. Ob es in der transsibirischen Eisenbahn auch Instantnudeln gibt? Als

Dankeschön für die geliehenen Löffel und dass der Koch Paula die Äpfel zahnspangenfreundlich aufschneidet, bringe ich ein Glas mit Drops in den Speisewagen, was das Küchenpersonal sehr freut.

Nach zwei Tagen in unserem Abteil mit Gardine, Aschenbecher, Tischdecke und Blumenvase müssen wir unser Quartier mit zeitlicher Verspätung wieder verlassen. Gerade war ich wieder eingeschlafen und schrecke hoch. „Sind wir schon im Westen"? Den kennen wir nämlich noch nicht. Eigentlich sind die chinesischen Züge immer sehr pünktlich, aber in diesem Fall hatten wir bereits nach 18 Minuten Fahrzeit schon sieben Minuten Verspätung. Scherzhaft pfeife ich das Lied:" Es fährt ein Zug nach Nirgendwo..."

Nachdem wir zwei Tage ohne Dusche auskommen mussten, checken wir in einem „Smart Hotel" ein. Der Name ist Programm: Die Empfangshalle ist mit kaltem Marmor und einem quatschenden Roboter ausgestattet. Ich möchte nur eins: Duschen! Im Hotelzimmer angekommen, lasse ich meinen Koffer stehen und entledige mich gleich meiner Kleidung, um endlich Wasser auf meinem Kopf zu spüren. Natürlich ist auch dieser Wunsch mit Schwierigkeiten verbunden, da ich mich zu Tode über den sich spontan öffnenden Toilettendeckel erschrecke! Ich sage nur: Technik, die begeistert.

Am nächsten Tag besuchen wir am frühen Morgen die Pandabären und deren Aufzuchtstation. Erstaunlich, wie viele Menschen morgens um acht Uhr schon im Panda Park sind. Wir quetschen uns durch die Massen und müssen uns anstrengen, überhaupt einen Pandabären zu Gesicht zu bekommen. Wobei wir durch unsere Körpergröße definitiv im Vorteil sind. Souvenirshops stehen auch dicht gedrängt und bieten Pandas in jeglichen Formen an.

Plötzlich höre ich eine Stimme hinter mir: „Hello! My name is Rachel! What is your name?" Ich drehe mich um und schaue in die mandelförmigen Augen eines chinesischen Mädchens, was mich freudig anlächelt. „And my name is Urda!" antworte ich geduldig. „So a good name!" findet Rachel. Ich grinse in mich hinein über dieses ungewöhnliche Kompliment. Neben mir steht die Mutter des Mädchens und platzt offensichtlich vor Stolz, dass ihre Tochter mit einem Ausländer auf Englisch kommuniziert. Nachdem wir Höflichkeiten ausgetauscht haben, woher wir kommen, wie niedlich die Pandabären doch sind und wie gut Rachel englisch redet, (tut sie aber wirklich!) trennen sich unsere Wege auch schon wieder. Die Mutter verrät mir, dass ich die erste Ausländerin bin, die sie überhaupt getroffen haben. Ja, Ausländer sind selten geworden in China. Aber es ist schön, wenn sich Jemand über uns freut.

Nach den Menschenmassen im Panda-Refugium brauchen wir ein wenig Ruhe und flüchten in den Stadtpark namens „People`s Park". Hier kann man mitten in der Stadt mit Biergartenflair Tee trinken, flanieren, spielen oder sich die Ohren putzen lassen! Für umgerechnet 3,75 EUR kann man auf einem Stuhl Platz nehmen und bekommt mit kleinen „Flaschenbürsten" die Ohren gereinigt. Für 7,5 EUR gibt es sogar neben der Reinigung noch eine sechs-minütige Massage. Dieser Service wird sogar in Englisch annonciert. So mutig bin ich dann aber doch nicht.

Apropos Annoncen... In China sind sogenannte „Heiratsmärkte" durchaus üblich. Nur haben wir bisher noch keinen gesehen, bis genau jetzt. In jenem Park gibt es Bereiche, wo an Wäscheleinen DIN-A-4-große, weiße Papiere hängen, wo Eltern einen Ehepartner für ihren Sprössling suchen. Meistens suchen Männer nach einer Ehefrau, da es durch die Ein-Kind-Politik in der Vergangenheit (noch) einen Männerüberschuss gibt. Es ist schon interessant, worauf chinesische Eltern denn Wert legen für eine gute Ehe. Durch unsere Sprach-App konnten wir so einen Aushang übersetzen lassen. Diese übersetzt teilweise sehr eigenwillig, was ich Euch nicht vorenthalten möchte:

EHE

Unverheirateter Rüde, 79 Jahre alt, einen Meter groß Sechs zwei, dieser Abschnitt, altes Haus Yunnan, Zimmer im Sande, China Public Division, Central Enterprise, Sammlung ausgezeichnet, Eltern haben doppelte Versicherung, guter Sex, Gu home, ingeneurwissenschaftlicherVorberechnungsist, vom Lehrer! SCHÖNE YANG, LEICHT, STETIG UND SOLIDE, Gu.
Hoch nicht begrenzt, Studienkalender College zu, Personen Gut, drei Aussichten, Pflegeheim, Ruhe über den Tag,
Sohn es gibt eine Rechnung, dieses Jahr in einer Familie.
Startseite: 136...

Hm. Ob mich das als Frau ansprechen würde? 79 jähriger, kleiner Mann, dessen Eltern guten Sex prophezeien? Woher wollen sie das denn wissen? Sind sie etwa dabei? „Sammlung ausgezeichnet!" Briefmarken? Welche Frau fällt denn bitte noch auf so etwas rein?! Die doppelte Versicherung der Schwiegereltern würde mich nicht die Bohne interessieren... Nun ja. Ich würde den Ansprüchen auch nicht genügen: leicht, stetig und solide. Ich bin eben schwer, spontan und ausgeflippt. Wer will schon so eine Schwiegertochter haben?! Und wer oder was ist GU?

Es stellt sich natürlich auch die Frage, was es mit dem „Pflegeheim" auf sich hat. Eine Frage, die ich mit meinem Ehemann dann auch noch sofort klären wollte! „Schatz, wie sieht es mit Deinem Pflegeheim aus?" Wie konnte ich ihn überhaupt heiraten, ohne dies vorher zu klären?! Aber anscheinend habe ich meinem Gatten Leichtigkeit, Stetigkeit und sonst etwas vorgegaukelt und somit waren wir uns nach zwei billigen Sekt auf einer Studentenparty schnell einig. Oder nicht? Zumindest will ich „Ruhe über den Tag", wenn der Mann arbeiten geht und die Kinder in der Schule sind. So mein Plan! Klappt fast nie!

Wobei die 79 Jahre sich bestimmt auf den Jahrgang beziehen und wer weiß, was die APP sich noch für Fehler ausgedacht hat. Wir zumindest hatten am Abend in einer Bierlaune unseren Spaß mit dieser Annonce.

Ob die ganze Aktion so spaßig für den Sohn der Familie ist, bleibt zu bezweifeln. Jahrgang 1979 ist auch in China verdammt alt für eine Eheschließung. Eigentlich sind die meisten Chinesen mit Mitte 20 schon längst verheiratet. Eigentlich...

Ich komme vom Thema ab: Am nächsten Tag nehmen wir diesmal das Flugzeug, um in die Berge zu kommen. Wir wollen den Jiuzhai Valley National Park in Sichuan besuchen. Am Flughafen angekommen, müssen wir zunächst mit dem Taxi über eine Stunde zu unserem Hotel fahren. Irgendwie erinnert mich die Landschaft an Südtirol oder Canada; viele Berge und Bäume, aber auch Wildpferde, Ziegen und Yaks sehen wir. Der Yak ist in Hochasien eine verbreitete Rinderart mit langen Haaren, in unterschiedlichen Farben und bis zu einer Tonne Körpergewicht. Da freue ich mich über jeden Zaun, den ich sehe. Trotzdem fühle ich mich sofort heimisch.

Die Kinder wünschen sich, dass der Fahrer das Radio einschaltet, und prompt ertönt aus den Lautsprechern die Nationalhymne der ehemaligen DDR in einer Schlagervariante. Wir sind etwas verblüfft.

Im Hotel angekommen, werden wir vom Personal freudig begrüßt, was uns Jedem einen weißen Seidenschal zur Begrüßung umhängt. Das Personal ist mit tradioneller Kleidung der Qiang Minderheit gekleidet. Auch sind die Gesichtszüge unserer Gastgeber eher etwas rauer und die Hautfarbe etwas dunkler. Fast ein wenig indianisch.

Die Minderheit der Qiang wird hier sehr touristisch ausgeschlachtet. Im Hotel kann man sich tradionelle Kleidung ausleihen, um Fotos zu machen. In Vitrinen in der Hotellobby sind Puppen mit jener Kleidung ausgestellt und die Kleidung wird sogar auf Englisch detailliert beschrieben. Aber leider nicht sehr wohlwollend, wie sich herausstellt. Die Kleidung sei „primitiv" und „einfach", zudem unpraktisch usw. Es scheint, als ob man diese Minderheit nur für den Tourismus nutzen möchte, aber ansonsten ausschließt. Niedrige Arbeiten, wie Straßenreinigung oder Zimmermädchen werden von den Qiang erledigt. Ob das Zufall ist? Ich habe meine Zweifel. Ich versuche, dem Zimmermädchen über die Sprach-App klarzumachen, dass ich gerne eine zweite Bettdecke haben möchte. Leider kann sie keine chinesische Schrift lesen. Zufall? Wir lassen ihr ein Trinkgeld da, was in Chins eigentlich unüblich ist. Aber schließlich müssen wir Minderheiten in China doch zusammenhalten.

Das Thema beschäftigt mich in den nächsten Tagen ständig. Wir besuchen den schönen Nationalpark Jiuzhaigou, wo sich türkisfarbene Seen zwischen Bergen und Flüssen darbieten. Durch eine Bakterienart färbt das Wasser sich in den schönsten Farbverläufen in Grün- und Blautönen. Man kann hier Tage verbringen und in einigen Dörfern sogar übernachten. Wir Tages-Touristen fahren mit dem Bus mit dem hopp on/off Prinzip. Wenn man sich aber von der Bushaltestelle etwas entfernt, ist man mutterseelenallein mit sich in dieser farbenprächtigen Natur. An Flüssen stehen Gebetsmühlen, die sich drehen und es herrscht eine fantastische Ruhe. Ab und an treffen wir in der Einsamkeit, fern der Massen wieder einheimische Qiang, die den Müll der Touristen einsammeln, obwohl es alle 10 Meter einen Mülleimer gibt. Wir grüßen freundlich und beobachten gemeinsam eine einheimische Spinne, die vor uns flüchtet.

Im Tal gibt es auch Dörfer, die den Touristen nicht zugänglich sind. Aber natürlich gibt es auch diverse Shops mit Souvenirs und Reisebedarf. Auf der Straße des Tales wird uns aus den Autos zugerufen: „Hello! Welcome in China!" Ungewohnt irgendwie. In Shanghai passiert uns dies fast nie.

Wir sind die einzigen Ausländer im Hotel, was uns nicht weiter stört. Wir essen auch Kuchen mit Stäbchen zum Frühstück oder versuchen uns in Gemüsegerichten. Eine junge Chinesin unterhält sich mit Markus auf Englisch. Oder besser gesagt: Sie muss das fragen, was ihr Großvater ihr vorsagt. Vermutlich hat sie sich das etwas anders vorgestellt. Immerhin verrät sie, dass sie einmal nach Italien und England reisen will, denn sie ist Fan von Ronaldo und Fußball. Und in England spiele man immer Fußball. Hoffentlich wird ihr Traum wahr werden. Den Kindern wird es vermehrt bewusst, dass nicht Jeder dorthin reisen kann, wohin er will. Um das Thema zu wechseln, frage ich nach einer Apotheke, was sie mir auf der Karte sofort zeigt. Ich bin erkältet und hätte gerne etwas gegen Halsschmerzen.

Natürlich handelt es sich nicht um eine übliche Apotheke, sondern eher um ein Teegeschäft. In vielen Gläsern und Dosen befinden sich Kräuter und Pulver. Ich bin skeptisch, aber die Neugier siegt. Anscheinend macht die Sprach-App diesmal keine großen Fehler, da ich sofort einen Pappbecher mit einem Kräutersud aufgegossen bekomme. Es riecht seltsam und schmeckt auch so. ich bedanke mich höflich für die Hilfe, kämpfe innerlich aber mit dem Brechreiz und verlasse die Apotheke zügig. Der nächste Mülleimer ist meiner, ich habe ein schlechtes Gewissen und weiter Halsschmerzen.

Die Tage in den Bergen vergehen wieder viel zu schnell und wir machen uns auf den Weg, um in die Oasenstadt Dunhuang zu reisen. Wir fahren zunächst wieder mit dem Auto durch die schöne Landschaft, um den Flughafen zu erreichen und stoppen diesmal aber an einem tibetischen Tempel, der sich prachtvoll in bunten Farben in die Landschaft einfügt. Ein Mönch zeigt uns seinen Tempel und wir dürfen gegen eine Spende eine Kerze anzünden. Es ist so friedlich hier und von Touristen keine Spur.

Später am Flughafen angekommen, sind wir viel zu früh hier und essen wieder mal eine Instant Nudelsuppe, die wir an einem Trinkwasserhahn mit heißem Wasser aufgießen. Derweilen fährt eine Kehrmaschine über den noch menschenleeren Flughafen und dreht ihre Runden. Als der Fahrer nach einer gefühlten Ewigkeit fertig ist, fährt er schnell Richtung Garage. Leider kommt er wohl aus Versehen an den Knopf für das Schmutzwasser und zieht nun eine stinkende Pfütze hinter sich nach. Die Kinder blicken ihm staunend hinterher und seine Chefin rennt ihm schimpfend nach. So vergeht Wartezeit schnell.

In der Wüstenstadt Dunhuang angekommen, machen wir uns natürlich auch gleich auf, um mit den einheimischen Kamelen auf Tuchfühlung zu gehen. Irgendwie schaffen wir es, ohne Sprachkenntnisse vier Tickets zum Kamelreiten zu ergattern. Paula und ich sind in einer Gruppe, Markus und Sophia in der anderen. Der Kamelführer ist ganz entzückt von Paula und verrät ihr, dass „ihr" Kamel „Großzeh" heißt, weil die eine Zehe am

Fuß des Tieres so ungewöhnlich lang ist. Und Paula freut sich, dass sie diese kleine Unterhaltung verstanden hat.

Ich versuche inzwischen, das Gleichgewicht auf meinem Wüstenschiff zu finden, als sich meine Fitnessuhr zu Wort meldet: „Trainierst du gerade auf dem Crosstrainer? Möchtest du dein Training aufzeichnen?" Äh... nein.

Es macht großen Spaß, auf einem Kamel zu reiten, auch wenn sich Reiten auf einem Pferd komplett anders anfühlt. Wir machen noch zusammen Fotos auf unseren Kamelen, bis sie stehen bleiben und schaukelnd sich auf den Sandboden hocken. Wir müssen wieder absteigen und Großzeh zieht mit seinen Kollegen zurück zum Startpunkt, nicht ohne die Kamelampel zu benutzen. Die wurde extra in der Wüste aufgestellt, damit sich Autos und Kamele nicht ins Gehege kommen. Die Kinder rodeln noch mit einem Brett eine Düne herunter und schon ist es wieder Zeit, den Heimweg ins Hotel anzutreten.

Mittlerweile habe ich sämtliche Bücher, die ich in China habe, ausgelesen und bekanntlich ist die Bibliothek der deutschen Schule in den Sommerferien geschlossen. Was also tun? Ich beschließe Paula zu fragen, ob ich mir ein Buch von ihr ausleihen darf. Paula interessiert sich für durchaus lesenswerte Themen. Gerade ist „Sich verlieben" ihr Hauptthema und alle sind Vegetarier oder zumindest schwul. Das eine Buch, wo sich zwei Mädchen ineinander verlieben, klingt vielversprechend. Paula zögert und erklärt mir, dass wohl auch eine erotische Szene im Buch auftauchen würde. Daraufhin meine ich nur, dass ich in meinem Alter Sexszenen durchaus verkraften könne. Wir fangen beide an zu lachen und ich bekomme das Buch. Nun liest Paula gerade eines meiner Lieblingsbücher. Schön, wenn Tochter und Mutter nun Bücher tauschen können.

Auch die saubere Wäsche im Koffer wird langsam knapp. Durch die Wärme und die Sporteinheiten haben wir uns mit unserer Wechselkleidung ein wenig verschätzt. Ich hätte gerne saubere Unterwäsche und wir gehen in eine Shoppingmall. Die Läden haben gewöhnungsbedürftige Namen. Möchte ich wirklich Schlüppies bei „Aimer" kaufen, für 62 Euro pro Stück? Nein, da müssen wir weitersuchen. Zunächst gibt es Mittagessen. Heute Marokkanisch. Was es hier alles gibt...

Als letzte Station reisen wir nach Xian, wo kurz vor der Stadt die bekannte Terrakottaarmee zu bewundern ist. Diese Grabanlage war einst dem chinesischen Kaiser Qin Shihuangdi angedacht und gehört weltweit zu den größten Grabbauten. Gigantisch!

Ebenso gigantisch sind die Menschenmengen, die mit uns auch die Krieger bewundern wollen. Am Vorabend haben wir uns mit Hilfe der Rezeption im Hotel online Eintrittskarten gekauft. „Die Kinder haben freien Eintritt," werden wir aufgeklärt. Auch gut.

Nur leider findet dies die elektronische Schranke am Eingang der Grabstätte völlig anders, als wir unsere Pässe einscannen wollen. Es regnet in Strömen und hinter uns stehen gefühlt 500 nasse Menschen in der Schlange. Das Personal spricht ausschließlich chinesisch, mir wird warm. Ein wartender Leidensgenosse hilft, trotzdem dauert es noch einige Minuten, die Tickets nachzulösen. Ich erwarte eigentlich mindestens Murren hinter uns, aber nichts passiert. Die Menschenschlange hat sich an den anderen Schranken eingereiht und das, ohne zu meckern. Auch das ist China.

Als weiteres Highlight besuchen wir später die Stadtmauer, die liebevoll restauriert wurde, so dass man die ca. 13 Kilometer lange Strecke sogar mit dem Fahrrad abfahren kann. Uns ist es aber heute definitiv zu warm, so dass wir nur ein kurzes Stück der Mauer ablaufen.

Wir müssen uns von den Reisestrapazen ein bisschen erholen und genießen unser Hotel, wo sich sogar ein Starbucks und ein kleiner Supermarkt in der Lobby befindet. Abends haben wir die Möglichkeit, im Restaurant „westliches" Buffet zu genießen. Es gibt sogar Leberkäs, Bratwurst und Brezeln. Aber nanu?! Anscheinend vertrage ich das europäische Essen nicht mehr. Ich habe Magenkrämpfe und Durchfall vom Feinsten. Die Reiseapotheke hat zum Glück Kohletabletten parat und für mich gibt es ab sofort nur noch Tee und Reis. Schließlich wollen wir am nächsten Tag zurück nach Shanghai fahren...

Reisen ist schwierig, wenn man akuten Durchfall hat. Besonders, wenn man sieben Stunden mit dem Zug fahren muss. Ich esse und trinke nun gar nichts mehr, denn sicher ist sicher. Die Wärme gibt mir den Rest und ich versuche im klimatisierten Zug endlich zu schlafen.

Eine Mutter trägt ihr Kleinkind durch das Abteil. Wie Kleinkinder manchmal so sind: Ohne Grund verpasst das Gör seiner Mutter eine schallende Ohrfeige. Eigentlich rechne ich als Reaktion seitens der Mutter mit dem Schlimmsten. Aber die Mutter bleibt völlig ruhig und setzt den Schläger einfach auf den Boden. Wer haut, muss auch nicht auf Mamas Arm getragen werden. Das Kind schreit empört und läuft jammernd durch den Waggon. Ich lächle die Mutter freundlich an und sie lächelt dankbar zurück. Solidarität unter Müttern

Endlich kommen wir in Shanghai an. Dies ist nicht selbstverständlich, da zwischen Ningbo und Shanghai ein Riesen-Taifun wütet. Schon seit Tagen wird im Chat gewarnt. Pflanzen sollen vom Balkon genommen und Autos umgeparkt werden. In der Innenstadt herrscht Weltuntergangsstimmung. Im Wohngebiet liegen abgebrochene Äste herum und es regnet Katzen und Hunde. Unsere chinesischen Freunde fragen sofort, ob wir wohlbehalten angekommen sind. In den nächsten drei Tagen bleibt das Wetter heftig. Es ist windig und wir haben Starkregen. Die Nachrichten aus Deutschland mit der Flutkatastrophe geben mir den Rest. Zeit, um sich Gedanken zu machen, wie wir als Familie unseren Teil zum Klimaschutz beitragen können. Ich fühle mich schlecht, da wir nicht ausschließlich mit dem Zug gefahren sind... Aber das wird sich ändern und auch andere Pläne stehen schon lange! Und damit meine ich nicht, dass unser Wohnhaus deutlich höher steht und wir ein Energiesparhaus haben. Da werden wir noch einiges mehr ändern müssen.

Wir und die Kinder sind zumindest schon hochmotiviert.

In diesem Sinne: Passt auf Euch auf und bleibt gesund! Liebe Grüße, Eure vier Shanghainesen!

Nach sieben Wochen Sommerferien müssen die Kinder wieder zur Schule. Ich freue mich, da ich auch gerne mal allein im Haus bin, zudem wären die Kids so langsam am Sofa bzw. Bett festgewachsen. Also bringen Markus und ich sie am ersten Schultag nach den Ferien um kurz nach sieben Uhr zum Bus, um anschließend zusammen mit dem Fahrrad ein paar Runden um das nahe Messegelände zu drehen.

Das Schöne ist, dass die Strecke um das Kleeblattförmige Gelände keine Ampeln aufweist. Die Wachposten, die an den vielen Eingängen herumstehen, sind zwar etwas verwundert über uns, tolerieren unsere

Fahrten aber. Allerdings sollte man nicht zu nah an deren „Sonnenschirmchen" heranfahren, da sie sonst sofort ein Baustellenhütchen aufstellen. Corona ist zurück in China, und das merkt man auch an den Reaktionen der Menschen:

Zu Ausländern lieber keinen so engen Kontakt, besser ist besser. Die Kontrollen an den Supermärkten sind wieder verschärft worden, mit Fiebermessungen usw., und ohne Mundschutz kommt Niemand in öffentliche Gebäude hinein. Auch die Medien tragen zu weiterer Skepsis bei: Auf großen Videoleinwänden werden Zeichentrick-Clips gezeigt über das Fehlverhalten von Ausländern. Rücksichtslose große Blondschöpfe werden rauchend in Aufzügen dargestellt, wo kleine schwarzhaarige Kinder einen Hustenanfall bekommen. Neuerdings möchte auch Niemand in Markus` Hochhaus mit ihm zusammen Aufzug fahren. Auch gut. Womöglich könnte er ja rauchen oder das Virus haben.

Er kann von Glück reden, dass er überhaupt nach Ninghai fahren kann. Auf unserer Chinarundreise vor einigen Wochen war ein Mitreisender an Corona erkrankt. Da wir davon nichts weiter geahnt haben, sind Sophia und Markus zusammen nach Ninghai gefahren. Sophia liebt es, mit ins Büro gehen zu dürfen (durchaus üblich in China zu Ferienzeiten, den Nachwuchs mitzubringen) und über das Firmengelände zu laufen. Überdies hat Sophias` Besuch einen wirtschaftlichen Aspekt: Sie stört die Arbeiter in der Werkstatt beim Mittagsschlaf während der Arbeitszeit, was den Arbeitern und Sophia gleichermaßen unangenehm war.

Wieder Zuhause in Shanghai waren die Kollegen von Markus ziemlich aufgeregt: Die Nachbarschaftskommission und Partei würden Markus suchen, da er ja eventuell Kontakt zu einem kranken Mitreisenden gehabt haben könnte, und verhängten nun Hausarrest. Da wir von dem allem ja nichts wissen und die Rundreise schon ewig her ist, sind wir (noch) entspannt. Wir fragen, was nun zu tun sei und müssen mit gefühlt 500 weiteren Mitbürgern zu einem Schnelltest im Krankenhaus antreten. Die Testung findet vor dem Hauptgebäude in einem kleinen Container statt, wo man zunächst an dem ersten geöffneten Fenster für die Testung bezahlen muss und am zweiten Fenster dann professionell den Rachen-Nasenabstrich bekommt. Die Mitarbeiter des Krankenhauses sind sehr routiniert und schnell. Trotzdem warten wir über eine Stunde in der prallen Sonne.

Schon am nächsten Tag erhalten wir das negative Testergebnis und wir sind natürlich alle sehr erleichtert. Trotzdem darf keiner von uns Shanghai demnächst verlassen. Die Kinder sowieso nicht, da die Schule wieder härtere Auflagen von den Behörden erhalten hat. Somit ist für Markus wieder Homeoffice angesagt. Er trägt es mit Fassung, warum auch aufregen?! Zudem ist es schön in Shanghai und wir können noch ein paar Tage zusammen verbringen.

Allerdings gibt es schon die nächsten Schwierigkeiten: Unser Festnetzanschluss funktioniert nicht mehr. Ebenso bekommen wir keine privaten E-Mails rein oder raus. Zufall? Wir wissen es nicht. Ärgerlich trotzdem, wenn man einen Umzug organisiert und Termine planen muss. Hinter der vorgehaltenen Hand bekommen wir die Information, dass man bei „Fehlverhalten" mit Sanktionen rechnen muss. Vermutlich hätte Markus den Hausarrest in Ninghai absitzen sollen. Aber uns geht es ja noch gut. Es gäbe auch noch weitere „Nettigkeiten", wo man kein Zugticket mehr buchen könne usw. Ich frage mich aber auch ernsthaft, warum ich nun täglich meinen Pass abfotografieren soll, nur weil ich etwas online bezahlen möchte. Das allein reicht natürlich nicht aus: Ich muss auch jedes Mal das Ausstellungs- bzw. Gültigkeitsdatum angeben. Es nervt! Markus` Kollegen kennen das alles und geben sich relaxt.

Ein weiterer Patzer passierte uns, als wir in einem Club unsere Getränkerechnung nicht bezahlen konnten, was nicht an einem leeren Konto lag. Auch sämtliche Karten des heimischen Geldinstitutes „klemmten". Kein schönes Gefühl.

Die Besitzerin des Clubs war aber äußerst tiefenentspannt, trotz fehlender immerhin 200 Euro. Fast beiläufig erzählte sie uns von ihrer Tochter, die in Berlin lebe und von Anekdoten des Udo Lindenberg, der jenen Club immer gerne besuche, wenn er in Shanghai ist. Zum Beweis zeigte sie uns noch ein von ihm selbstgemaltes Bild.

Am nächsten Tag versuchen wir fieberhaft die Zeche zu begleichen, leider erfolglos. Der Bankautomat bestätigt genügend Guthaben auf dem Konto und der Mitarbeiter der Bank bestätigt, dass alles in Ordnung sei. Na, schön: Also dann am nächsten Wochenende ein erneuter Besuch der Lokalität, mit Bargeld. Die Besitzerin will uns einen schönen Tisch reservieren. Ob wir in Deutschland auch so glimpflich davongekommen wären? Ich habe meine Zweifel! Aber auch das ist China! Und ich freue mich schon auf die nette Besitzerin und die Band im Club, die erneut auftreten wird. Wann kann man schon einmal nach dem Auftritt mit den Künstlern ein Schwätzchen halten?

Trotzdem kommt mir so langsam alles ein wenig „chinesisch" vor. Das Wachpersonal im Compound an der Schranke empfand ich bisher immer als beschützend. Mittlerweile empfinde ich es eher als kontrollierend, wenn ich das Wohngebiet betrete und man mir fröhlich meine Hausnummer entgegenruft, bevor ich das Face-Scan durchlaufe. Ich möchte aber nicht unfair sein. Die Männer machen auch nur ihren Job und anscheinend sind wir sehr einprägsam. Einkäufe, wie Gemüse oder

Blumen, werden wohlwollend grummelnd toleriert, wenn ich mit Diesen das Tor passiere.

Mir fehlt meine Schreibtischarbeit, da ich seit Tagen nur Dinge sortiere oder wegschmeiße. Tscha wittert ihre Chance, mich zu unterhalten. Ich flüchte mit einem Glas Apfelsaft zum Schreibpult. Aber auch das nützt nichts, sie redet weiter auf mich ein. Fast liegt es mir auf der Zunge zu sagen: „Sprich meinen Apfelsaft nur leise an! Er ist konzentriert..."

Aber da sie mich sprachlich leider nicht immer versteht, lasse ich es. Sie hat auch so verstanden, dass ich arbeiten möchte und verkündet: „I do hot!" Aha, sie möchte also bügeln. Auf jeden Fall besser als „wuuuuuuuuuu"; das bedeutet nämlich Staubsaugen. Die gute Seele ist wirklich sehr fleißig und lieb.

Als Tscha aber doch mit dem Staubsauger ins Arbeitszimmer spaziert kommt, gebe ich auf! Zeit für Sport und sich abzulenken! Eine kleine Laufeinheit durch das Wohngebiet ist angesagt, aber nicht ohne Trinkwasser bei über 30 Grad. Gesagt, getan. Ich finde mich nicht sehr sportlich, als ich schwitzend am Kreisel stehe und eine Trinkpause einlegen muss. Ein chinesischer Opa joggt langsam und grinsend an mir vorbei; er hat sich ein Radio um den Bauch gebunden. Wer möchte von so einer Witzfigur abgehängt werden?! Eben! Sofort beende ich meine Wasseraufnahme und hänge mich an Opas Fersen. Dieser legt nach einem Schnaufer nun den Turbo ein. Gar nicht schlecht für sein Alter! Natürlich schaut er an jeder Ecke, wo ich bin, und freut sich. Das Radio hat er nun abgeschaltet, da ich ja nun seine Unterhaltung bin. Nach ca. drei Kilometern komme ich nun an unserem Zuhause an, ohne den schnellen Flitzer überholt zu haben. Es sei ihm gegönnt.

Tscha hat anscheinend Feierabend gemacht und ich freue mich, allein zu sein. Dachte zu mindestens, dass ich alleine bin. Als ich die Sportwäsche in die

Waschmaschine stopfe, läuft „Etwas" weg. Was war das nur? Ich versuche, das Tier mit Küchenrolle einzufangen. Es ist ein Prachtstück einer Kakerlake! Es bleibt mir aber auch nichts erspart, denn im Bad sitzt schon das nächste Exemplar. Ich finde es ekelig! Bisher habe ich immer nur im Chat mit den Nachbarn gelesen, die sich über solche Untermieter beschwert haben. Nun haben sie also auch unser Haus gefunden. Nun liegen keine Lebensmittel mehr frei herum und ich putze noch häufiger. Wie kommen die nur ins Haus? Auf der Terrasse trifft mich der Schlag: Der Fressnapf der Katzen ist schwarz vor Käfern! Im Chat wurde die Haltung von Katzen gegen Kakerlaken dringend empfohlen. Nur leider hat Katze „Marmorkuchen" kein Interesse, mit Kakerlaken zu spielen. Müde schaut mich die Katze mit ihrer kastenförmigen Kuchenfigur an, als ich sie direkt vor dem Fressnapf absetze. Faulheit hat einen Namen: „Marmorkuchen"! Blödes Vieh!

Da wir gegen Chemiekeulen sind, legt mein Gatte doppelseitiges Klebeband aus, um die ungebetenen Gäste festzusetzen. Auch keine schöne Methode, aber nötig, da Kakerlaken Krankheiten übertragen können. Tja, anscheinend haben wir noch andere Mitbewohner, da am nächsten Morgen uns ein kleiner Gecko mit schwarzen Knopfaugen ängstlich entgegenschaut. Die Klebefallen verschwinden wieder und der Gecko wird vorsichtig abgezogen.

Bleibt nur zu hoffen, dass wir keine weiteren Gäste bekommen. In diesem Sinne: Freut Euch, wenn ihr keine ungeladenen Gäste habt.

So plötzlich, wie die Kakerlaken unser Haus gefunden haben, sind sie auch wieder verschwunden; mir soll`s recht sein, eine Sorge weniger.

Da ich mein schokoladenbraunes Fahrrad an die Besitzerin des Supermarktes verkauft habe, bin ich nun ohne Sportgerät. Für mich eigentlich kein Drama, da ich bisher nicht wirklich gerne Rad gefahren bin, sondern mich eher von A nach B bewegen wollte. Schade ist es natürlich schon, dass nun gemeinsame Sporteinheiten mit Markus per Drahtesel ausfallen. Oder etwa doch nicht? Markus hat kurzerhand seinen Hausstand aus Ninghai mitgebracht, unter anderem auch ein hübsches rotes Mountainbike. So ein edles Gefährt bin ich vorher noch nie gefahren. Allein die Gangschaltung als solche zu erkennen, ist lehrreich. Immerhin habe ich lange Beine, sodass ich problemlos über die Stange steigen kann, ohne mir wehzutun. Ein verdammt kleiner und harter Sattel, ebenso die Sitzposition sorgen für Verwunderung bei mir. Die Bremsen bieten wenig „Spiel" und ich fliege fast über den feder-begabelten Lenker, als ich sie testen will. Immerhin bin ich nun aber deutlich schneller unterwegs um das kleeblattförmige Messegelände und sorge für staunende Mitbürger. Jaaa, dicke Menschen treiben tatsächlich Sport! Aber vielleicht galten die Blicke auch nur meinem Hintern, der nun durch die ungewohnte Sitzposition aus der Sporthose quillt?!

Ungewohnt ist es auch weiterhin, dass wir ohne Coronatest Shanghai nicht verlassen dürfen. Markus' Firma möchte ein Abschiedsessen veranstalten und wir sind als Familie eingeladen. Leider erlauben die Behörden den Kindern nicht, Shanghai zu verlassen ohne Konsequenzen. Gerade auf schulpflichtige Kinder wird sehr geachtet, da sie meist nicht geimpft werden können. Die Kinder sind enttäuscht, nicht nach Ninghai reisen zu können, tragen es aber mit Fassung. Für zwei Tage dürfen sie bei unseren Freunden wohnen, die sie sehr verwöhnen.

Markus hatte mich schon darauf vorbereitet, dass die Menschen nun Ausländern gegenüber nicht mehr so offen sein würden. Keine Ahnung, was das chinesische Fernsehen den Leuten über Ausländer erzählt. Aber ich freue mich auf Ninghai und auch auf Eduard, den Albaner, den ich seit einem halben Jahr nicht mehr gesehen habe. Freudig schreibe ich ihm gleich auf WeChat und werde jäh enttäuscht: Eduard muss in zwei Tagen China verlassen. Was ist nur passiert? Ich frage direkt, aber mein Freund gibt sich wortkarg: „Sein Arbeitsvisum sei abgelaufen!" Auf meine Nachfrage, warum er dieses nicht einfach verlängern würde, geht er nicht ein. Seltsam.

Mein Mann zeigt mir einen Zeitungsartikel der hannoverschen Tagespresse, welche uns Aufschluss geben soll: „Computerspiele seien Opium für den Geist!" Ich schaue zunächst ungläubig. Was hat dieser Artikel denn nun mit unserem Englischlehrer-Freund zu tun? Um es kurz zu machen: Die Regierung erlaube nur noch Computerspiele für Jugendliche am Wochenende, zudem nur zu bestimmten Uhrzeiten. Überdies hinaus wäre privater Nachhilfeunterricht ab sofort verboten; dafür gäbe es aber auch gleichzeitig verpflichtenden Unterricht zur „Gedankenlehre Xi Jinpings". Ausländische Bücher haben zudem nichts mehr in chinesischen

Klassenzimmern zu suchen. Ausländische Idole stiften die Heranwachsenden zu „schlechtem Verhalten" an. Also dann kein privater Englischunterricht für Ninghainesen mehr. Ich bin entsetzt und auch traurig, nicht nur darüber, dass ich Eduard nicht mehr treffen kann. Hinterfragen sollte man solche Themen nicht, da man mit Sicherheit nur ein betretenes Schweigen erntet.

Betretenes Schweigen gibt es auch, wenn Markus einige Ingenieure um eine Berechnung von Haltbar- und Belastbarkeit des Materials bittet. Als Mitarbeiter in der Forschungs- und Entwicklungsabteilung nicht ungewöhnlich, wie ich finde. Es scheint, als gäbe es doch massive Ausbildungsunterschiede zwischen den Ländern. Die Gründe dafür sind sehr unterschiedlich, wie ich feststellen konnte. Vor 20 Jahren haben Markus und ich in Rumänien gearbeitet. Er als Werksleiter und ich in einer Zahnarztpraxis mit einem deutschsprechenden, sehr interessierten Chef. Den konnte ich immer alles fragen und bekam auch Antworten. In Rumänien habe der lehrende Professor neben seiner Tätigkeit mit den Studenten auch selbst noch eine Zahnarztpraxis, um leben zu können. Warum sollte er sich also zukünftige Konkurrenz heranziehen, indem er seinen Studenten eine gute Ausbildung ermögliche?! Es gäbe aber die gängige Methode, den Professor „privat" mit dem nötigen Kleingeld aufzusuchen, dann könne man auch Wissen erlangen. So zumindest war es vor 20 Jahren in Rumänien. Mein damaliger Chef selbst hat sich sein Fachwissen durch diverse Fortbildungen im Ausland angeeignet.

Markus und ich geben unser Wissen aber gerne weiter und so erklärt mein Mann seinen Mitarbeitern geduldig die Erstellung der nötigen Formeln zur Berechnung und ich derzeit das richtige Schleifen von zahnärztlichen Instrumenten für rumänische Studenten.

Es ist schön, wieder einmal in Ninghai zu sein. Am frühen Morgen mieten wir uns zu kleine Fahrräder und fahren „aufs Land". Bevor wir China wieder verlassen, möchte ich unbedingt ein Reisfeld aus der Nähe sehen und Fotos machen. Innerhalb von einer Viertelstunde sind wir inmitten von Bergen, Feldern und Dorfidylle. Die Leute bewässern fleißig ihre Gärten, eine Familie frühstückt im Freien und ein Mann bastelt an seinem Mofa; es ist der perfekte Morgen! Ein Reisfeld ist auch schnell gefunden und ich fotografiere nun auch noch ein altes Haus, wo Jemand seine Wäsche zum Trocknen aufgehängt hat. Ich finde das alles hier wirklich sehr romantisch und ursprünglich. Die Leute hingegen, die auf dem Land leben, wohl eher nicht. Im Reis, der um diese Jahreszeit noch im Wasser steht, leben mit Sicherheit Schlangen und andere Tiere. Das nächste alte Haus hat einen Spülstein vor der Haustür, quasi eine Freilichtküche. Im Sommer ist es hier brüllend heiß und im Winter verregnet. Von Klimaanlage und Heizung keine Spur. Trotzdem kann ich mich kaum sattsehen. An einem anderen Gebäude kann ich durch die geöffnete Tür in eine Fabrikhalle schauen, wo zwei Frauen eifrig Bezüge für Autokopfstützen nähen- und das morgens um sieben! Aber für sie werden in ein paar Stunden die Temperaturen in der Halle auch unerträglich sein, daher also nachvollziehbar. Die Frauen schauen uns erstaunt an, sind aber offen und freundlich.

Wir müssen so langsam zurückfahren, da Markus ja zur Arbeit muss und wir noch duschen wollen. Auf dem Rückweg fahren wir durch einen Tunnel und werden zum Verkehrshindernis für sämtliche Rollerfahrer, die zur Arbeit in die Stadt fahren müssen. Es wird sich gewundert, über uns langnasige Radfahrer, mehr aber nicht. Wir kaufen uns auf dem Weg an der Straßenecke noch leckere Dumplings, bevor wir wieder im Xizi sind.

Die Reaktionen der Menschen auf uns sind nicht mehr so freundlich. Überwiegend schaue ich in ernste Gesichter; eine Ausnahme gibt es aber: Eine neue Wachbeamtin für Markus' Wohnkomplex. Die strahlt förmlich mit der Sonne um die Wette. Am Abend sind wir in ein Restaurant mit sogar einigen Kollegen aus Shanghai eingeladen. Da ich eigentlich fest davon ausgehe, dass wir chinesisch essen werden, habe ich ein traditionelles Kleid eingepackt. Nun fehlt mir natürlich noch eine klassische Frisur, die mir ein trendiger Hairshop verschaffen soll. So zumindest der Plan. Nachdem ich den Laden betreten habe, verstummen die Gespräche augenblicklich und alle Gesichter sind auf mich gerichtet. Mit meiner Sprach-App und einem Foto versuche ich mein Glück. Ich bin mit Abstand die älteste Person im Geschäft, nur eine Ay-i ist noch älter. Man gibt sich interessiert an meinem Wunsch, doch zunächst werde ich zum Haarewaschen geschickt, was alleine schon 20 Minuten Zeit kostet. Aber okay, wer will schon verschwitzte Haare frisieren?! Nachdem meine Mähne geföhnt worden ist, stellt sich Ratlosigkeit ein. Traditionelle Frisuren beherrsche hier niemand. Aber man könne meine Haare „blau" färben, das sei wenigstens modern. Ich gebe mich stur und bleibe bei meinem Vorhaben. Nun schaut der „Meister" Videos, wo solche Frisuren erklärt werden, und mir läuft die Zeit davon. Nach gefühlt ewigen Minuten und internen Beratungen wird die Frisur fertiggestellt: Ich sehe aus wie ein Königspudel! Die Ay-i schaut mich mitleidig an. Immerhin gibt es gleich gutes chinesisches Essen! Zudem werde ich nun wieder freundlich von meinen Mitmenschen betrachtet. Traditionen werden gerade von älteren Menschen wohlwollend beäugt.

Kurze Zeit später holt ein Kollege uns mit dem Auto ab, was ich sehr nett finde. Wir fahren zu dem Restaurant am Ende der Stadt. Wir sind positiv überrascht, als wir auf eine Dachterrasse mit Wintergarten geführt werden. Zu unserem großen Erstaunen handelt es sich um ein Restaurant mit „westlichen" Speisen. Das hätte ich in Ninghai nicht erwartet. Der Tisch ist liebevoll gedeckt und an jedem Stuhl ist ein pastellfarbener Luftballon befestigt. Die Tischdecke in einem klassischen Weißton und alles sehr schlicht und mondän. Über dem Tisch hängt ein riesiger Kronleuchter. Zunächst warten wir aber noch auf weitere Gäste und genießen die Aussicht über die nächtliche Stadt. Wenig später nehmen wir Platz, und das Essen wird serviert. Es präsentiert sich eine bunte Auswahl von Suppen, einem Teller Spagetti, Pizza, ein Obstsalat mit Mayonnaise, ein Chicorée mit Buttersoße und Shrimps sowie Steaks mit diversen Soßen. Der Clou ist natürlich, dass das Steak mit Messer und Gabel bezwungen werden muss, ebenso der Chicorée. Aber das Team weiß sich zu helfen: Zunächst wird das Fleisch auf dem eigenen Teller in Stücke gegessen und dann mit der Gabel gegessen. Dass ich die Spaghetti mit Löffel und Gabel aufdrehen kann, löst Verwunderung aus.

Insgesamt finden wir wohl alle das Essen eher mittelmäßig, sind aber alle tapfer. Das chinesische Bier schmeckt, ich bekomme Komplimente für mein Kleid und Markus' Chef hält eine rührende Rede, wo er auch mir Respekt zollt, dass ich mich auf das Abenteuer China überhaupt eingelassen habe. Wie es sich gehört, posen wir alle noch für Fotos und wir bekommen ein Abschiedsgeschenk. Es ist schon schade, dass ich die Kollegen nun nicht mehr sehen kann. Aber mit etwas Glück stehen demnächst Geschäftsreisen für manche Mitarbeiter an, und dann gibt es hoffentlich ein Wiedersehen. Die Stimmung am Tisch ist ausgelassen, ich werde nach meinen persönlichen Plänen gefragt. Dass die Ehefrau nicht arbeitet, ist für chinesische Verhältnisse ungewöhnlich und es nervt mich mittlerweile auch ungemein. Auch in anderen Belangen werde ich mit Fragen überhäuft, was ich aber nicht schlimm finde. Es ist doch schön, dass gegenseitiges Interesse besteht.

Ich soll ein Fazit ziehen, was ich ziemlich schwierig finde. Alles in allem habe ich viele liebe Menschen kennengelernt, liebe Ninghai mit seinen Bergen, mag ältere Omas mit ihren Enkeln, kann eine chinesische Toilette benutzen, ohne mir auf die Füße zu pieseln, spreche wenig Chinesisch, werde Tscha unendlich vermissen, freue mich aufs Autofahren und Lakritze in Hannover, verstehe nicht, dass in China Rücksicht als Schwäche und Vorsicht als Feigheit ausgelegt wird... Was soll ich nur sagen?! Ich beschließe, dass die Wahrheit immer gut ist und sage, dass mir die richtigen Worte einfach fehlen, und bedanke mich für diese Chance und dass wir China nie in unserem Leben vergessen werden.

Paula plant derweilen schon den nächsten Auslandsaufenthalt in Kanada für sechs Monate im nächsten Schuljahr. Nun sucht sie noch einen Sponsor. Markus' Internistin, der er Paulas Pläne erzählt, nickt wissend. Ihre drei Kinder verplanen auch mit Vorliebe ihr Gehalt. Dabei leben sie schon in den USA. Vielleicht müssen wir uns auch so langsam an den Gedanken gewöhnen, dass Paula immer mehr ihre eigenen Ziele hat. Heute im Physikunterricht hat sie eine Handtasche gehäkelt, wie sie mir nebenbei mitteilt. „Und was sagt der Lehrer denn dazu?" frage ich ungläubig. Nun die einen lesen, die anderen häkeln, werde ich aufgeklärt. Zudem sei Physik ein langweiliges Fach. Dem ist nichts hinzuzufügen.

Die letzten Wochen bis zu unserer Rückkehr von Shanghai nach Deutschland sind angebrochen und ich sitze im Starbucks und möchte meine Gedanken sortieren, was mir irgendwie nicht gelingen will. Am Montag kommt der Spediteur, um abzuschätzen, welche Containergröße wir denn brauchen werden. An der Pinnwand hängt ein Ablaufzettel, damit wir wissen, wann Paula z.B. ihren Leih-Laptop an die Schule wieder zurückgeben muss. Auch stelle ich mir beim Einkaufen nun immer die Frage, ob wir das Wunschprodukt denn wirklich noch brauchen; noch nie war unser Vorratsschrank so leer wie jetzt.

Natürlich freue ich mich auf unser Zuhause in Deutschland, Freunde und Familie. Das Leben wird in Deutschland wieder ein wenig beschaulicher werden, wovor ich eigentlich keine Angst habe. Aber von Shanghai nach Hannover? Wird mir die Stadt nicht zu klein vorkommen? Die Kinder haben schon konkrete Pläne, was sie als erstes im Heimatstädtchen anstellen werden: Als erstes wird die Süßigkeiten Abteilung des heimischen Supermarkts leergekauft. Lakritze wird es nach unserem Besuch dann wohl bei „Penny" nicht mehr geben. Auch würden wir alle für Salmiakkugeln mittlerweile töten.

Auch freue ich mich über die Tatsache, wieder Straßenschilder und Hinweise lesen zu können und mit meinen Mitmenschen zu kommunizieren.

Shanghai war eine Herausforderung, die wir gerne angenommen und, wie ich finde, auch gut gemeistert haben. Nur mit 12 Koffern am Flughafen in China anzukommen, ohne Sprachkenntnisse und eher mäßiger Vorbereitung, was denn auf uns zukommen würde, ist schon strange. Die ersten Monate haben wir sehr spartanisch gewohnt und, da wir ja alles neu kaufen mussten, in einem komplett anderen Stil, was mir aber auch gut gefallen hat.

Auch die Tatsache, dass Markus von Dienstag bis einschließlich Freitag nicht bei uns in Shanghai lebt, war für uns zunächst ungewohnt. Quasi Teilzeit alleinerziehend. Zudem dachte ich bisher, dass ich meinen Mann schon ziemlich gut kenne. Selten lag ich so falsch. Der hat so viele Facetten und Talente, die hier so nach und nach zum Vorschein kommen. Not macht eben erfinderisch und wir staunen selbst am meisten darüber, wie sich unser Leben in kürzester Zeit verändert hat. Durch das Studium kenne ich mich nun auch in Themen aus, wo ich teilweise vorher nicht einmal von deren Existenz wusste. Das gibt uns allen neue Impulse und wir sind alle gespannt, was wir als nächstes für Projekte haben werden.

Neue Projekte zu starten ist in China deutlich einfacher als in Deutschland. Chinesen sind eigentlich immer an Neuerungen interessiert. Deutsche sind da ein wenig engstirniger. Frei nach dem Motto: Warum denn etwas ändern, was doch schon so lange gut funktioniert hat? So hat jeder seine Fasson und dies hat Vor- und Nachteile. Fakt ist, dass jeder von uns viel in China gelernt hat. Besonders auch über sich selbst. Die Tatsache, plötzlich ohne Netzwerke in einem fremden Land zu wohnen, ist natürlich eine Herausforderung. Aber wer hat noch nicht von einem Neuanfang geträumt, an einem Ort, wo einen Niemand kennt. Selten war ich so ich selbst und habe so viele Dinge einfach mal ausprobiert oder neu gelernt.

Es stellt sich zwangsläufig die Frage, welches Fazit ich aus dieser Erfahrung ziehe und wie mir Land und Leute denn gefallen haben. Nun, das ist nicht so einfach zu beantworten, da ich mir nicht anmaßen möchte zu behaupten, dass ich Land und Leute kenne. China ist riesig und hat unendlich viele Gesichter und Kulturen. Aber einen kleinen Teil durften wir kennenlernen und dafür bin ich sehr dankbar! Zu Hause werden wir uns wieder an die Regeln des Straßenverkehrs anpassen müssen, sonst wird unser noch nicht gekauftes Auto maximal zwei Wochen überleben. Mittlerweile empfinde ich eine rote Ampel nur noch als freundliche Empfehlung und halte mich an die anderen Verkehrsteilnehmer. Wenn 100 Rollerfahrer zusammen eine rote Ampel ignorieren, herrscht geordnetes Chaos und die Ampel könnte sich blinkend auf den Kopf stellen; wir fahren! Jede Lücke muss man nutzen, sonst kommt man nie an sein Ziel. Tschakka!

Die Nachrichten oder Reportagen stellen China natürlich gerne negativ dar, was mich mittlerweile ein wenig kränkt. Schlechte Luft in den Städten, verseuchte Böden und Lebensmittel. Natürlich gibt es auch in China noch Potenzial Dinge zu verbessern, aber wer hat denn bitte kein Verbesserungspotenzial? Natürlich gibt es nun auch in China Bioprodukte und viele Fabriken wurden aus den Städten entfernt, darüber schreibt aber Niemand! Klar, negative Presse verkauft sich einfach besser!

Besonders ärgerlich, wenn sich Leute zu Wort melden, die bisher noch nie in China waren. Meine 97-jährige Großmutter zum Beispiel: „Chinesen sind frech und drängeln sich vor!" Ach, Oma! Es kommt natürlich immer auf die Sichtweise an. Aus meinem Soziologieskript weiß ich nun, dass in modernen Staaten Regeln herrschen, an die sich Jeder halten muss. Man erhält quasi „Vorschussvertrauen" und wer sich nicht an die Spielregeln hält, muss mit Sanktionen rechnen. In Omas Beispiel: Personen drängeln und werden von Mitbürgern zurechtgewiesen, sich gefälligst hinten anzustellen. So wäre es in Deutschland.

In China wird schon vorgedrängelt, aber es ist legitim, dies geschickt zu verhindern. Der Profi stellt sich breitbeinig vor dem Fahrstuhl hin und stützt die Arme in die Hüften; da kommt niemand ohne Körperkontakt dran vorbei und Körperkontakt zu fremden Personen mögen Chinesen ja so gar nicht. Es regt sich niemand über diese Regeln auf. Warum auch? Jeder kennt sie. Und wir sind die Gäste und müssen uns auch an Regeln halten. Klappt gut!

Wenn man sich näher kennt, gibt es natürlich andere Regeln. Durch die Sprach-APP kann ich mit meiner Gemüsefrau schon ein Schwätzchen halten, das gehört sich so. Da wird sich gegenseitig geholfen oder der Vortritt gelassen.

Es hat sehr lange gedauert, Regeln zu verstehen und manchmal hat es mich in den Wahnsinn getrieben, wenn ich nichts kapiert habe. Es steht mir aber nicht zu, zu urteilen nur weil ich etwas nicht nachvollziehen kann. Die Menschen hier machen auf mich einen zufriedenen Eindruck, vielleicht sind sie auch glücklicher, weil sie einfach gar nicht so viel selbst entscheiden müssen. Wer selbst viele Entscheidungen trifft, muss auch mit der Tatsache leben, falls er sich falsch entschieden hat... Daher fand ich es mal angenehm, über manche Dinge mir keine Gedanken machen zu müssen.

Gerade in der Pandemiehochzeit war es klar, dass alle daheimbleiben müssen, und es hat mich einfach in dem Moment sehr beruhigt, dass die Entscheidung nicht in meiner Hand lag. Zudem war diese Methode sehr erfolgreich.

Sicherlich könnte ich noch unendlich weiter über Unterschiede berichten, aber dies war eigentlich ja auch der Grund ins Ausland zu gehen: Andere Kulturen kennenzulernen. Besonders beeindruckend ist die Hilfsbereitschaft der Chinesen, welche mir wieder vor zwei Tagen deutlich bewusst wurde: Ich kam vom Einkaufen, als plötzlich ein Wolkenbruch sich über dem Stadtteil ergoss. Zufällig kam ein Arbeiter auf einem Fahrrad mir entgegengeradelt, mit aufgespanntem Schirm in der Hand. Sofort lud er mich ein, unter seinen Schirm Unterschlupf zu finden und brachte mich heim. Großartig!

Fakt ist: Ich mag China sehr und die Bevölkerung ist liebenswert und freundlich. Die Küche sehr vielfältig und manchmal auch scharf. Leider werde ich in Deutschland wohl kein chinesisches Essen mehr essen können, denn das ist alles- außer chinesisch. Eine weitere Tatsache wird sein, dass wir bald Heimweh haben werden. Diesmal aber nicht nach Deutschland, sondern nach China mit seinen vielen interessanten Menschen und Orten. Danke China, dass wir dich ein wenig kennenlernen durften!

Schon wieder sitze ich im Starbucks. Diesmal aber nicht in dem Bürogebäude von Markus' Firma, sondern direkt neben unserem Hotel. Denn mittlerweile sind wir hier wohnungslos. Die Möbelspedition hat mit acht Möbelpackern alles verpackt, selbst geöffnete Seifenflaschen wurden eingepackt. Ich bin gespannt, in welchem Zustand diese in Deutschland ankommen werden. Ja, chinesische Möbelpacker sind gründlich: Selbst der an der Badezimmerschranktür verschraubte Korb wurde losgemacht und verpackt. Zum Glück hängen aber noch die Klimaanlagen an der Wand! Wie hätten wir dies der Vermieterin sonst erklären sollen?

Da unsere Vermieterin demnächst in „unserem" Haus wohnt, wollte sie unsere Ayi „Tscha" eigentlich übernehmen. Und eigentlich wollte Tscha nicht mehr für ihre Landsleute arbeiten, da diese gerne vergaßen zu zahlen und auch sonst sich unfreundlich gäben. Eigentlich... Da ich unsere Vermieterin bisher immer freundlich fand, habe ich den Kontakt zwischen beiden Frauen vermittelt. Nun feilscht die Hausherrin schon vorher um jeden Quai und ich kann Tscha bestens verstehen. Wenn das so schon anfängt...

Ich verstehe diese Denkweise so gar nicht. Eine „Hausperle", die so treu und fleißig ist wie unsere Tscha, sollte man nicht verärgern. Wie soll Jemand denn gute Arbeit leisten können, wenn er sich die ganze Zeit über seine Vorgesetzte ärgern muss?! Zumindest ich möchte das so nicht haben wollen und Tscha anscheinend auch nicht, da sie mich heute nach weiteren Kontakten von potenziellen ausländischen Kunden gefragt hat. In zwei Tagen ist die Schlüsselübergabe und Tscha wird auch dabei sein. Da werden wir ihr als Dank noch einen roten Geldumschlag überreichen, so ist es in China üblich. Zudem können wir gegenüber der Vermieterin noch klarstellen, dass ich Tscha das Bügeleisen und den Wäscheständer geschenkt habe. Auch alle chinesischen Vorräte hat sie mitbekommen, wobei ich erst das Management des Compounds um Erlaubnis der Ausfuhr fragen musste.

Eine Ayi sollte nicht mit einem leeren Roller in das Wohngebiet hineinfahren und voll beladen wieder herausfahren. Nicht ohne den Wachposten einen Anteil von der „Beute" abtreten zu müssen. Das konnte ich aber abwenden, ohne dass gemurrt wurde.

Seit Tagen nehmen wir schon Abschied von liebgewonnenen Menschen, was doch so ziemlich an die Substanz geht. Ich mag einfach keine Abschiede, weil es teilweise wirklich sehr rührselig ist. Meine Obstfrau schenkt mir Mandarinen, die Blumenfrau Rosen und meine Gemüseoma bindet sich extra ihre Schürze für ein gemeinsames Foto ab. So lieb sind die alle. Dank der Sprach-App gibt es noch gute Wünsche und Fragen, ob ich nun zurückkehren würde zu meinen Kindern. Dieses Erziehungsmodell ist in Asien durchaus üblich, dass die Großeltern sich komplett um die Kindererziehung kümmern, damit die Elterngeneration sich ausschließlich um die Karriere kümmern kann. Daher ernte ich auch Verwunderung, dass unsere Kinder bei uns leben.

Verwunderung würde es aber auch geben, wenn ich den Großeltern unsere Kinder zur Erziehung überlassen würde, ebenso wären die Kinder auch nicht langfristig einverstanden, denke ich.

Auch von Freunden und Bekannten heißt es nun Abschied nehmen. Es ist lieb, dass sich alle Zeit nehmen für ein letztes Treffen. Es ist schön, nochmals zusammen spazieren zu gehen oder Tee zu trinken. Das Compound-Leben kann sehr eng sein, wenn man es möchte. Es ist aber auch okay, wenn man lieber für sich sein möchte. Ich für meinen Teil hatte nur eine Hand voll Freunde im Compound, was aber völlig in Ordnung ist. Gegenseitig haben wir uns immer mit Medikamenten ausgeholfen oder bei Sorgen uns gegenseitig getröstet. Besonders dankbar bin ich auch für die kostenlose Physiotherapie, als ich dachte, dass mein Rücken nie wieder gut werden würde. Welch ein Glück, die richtigen Menschen getroffen zu haben.

Rücken ist ein gutes Stichwort: Markus hat immer noch lästige Rückenverspannungen, was sicherlich dem ganzen Umzugsstress geschuldet ist. Pflichtbewusst fährt er ins Büro in Shanghai, um sich auch dort zu verabschieden und letzte Dinge zu regeln. Als er noch eben eine letzte E-Mail an die IT-Abteilung schicken will, wird sein Bildschirm schwarz. Kabelbruch? Zumindest ein Zeichen, vielleicht mal kürzer zu treten. Ein externer Monitor wird angeschlossen und mein Mann schreibt eben noch in den Verteiler, dass er nun nur noch per Telefon erreichbar ist, da der externe Bildschirm in China bleiben muss.

Zeit für eine Rückenmassage! Mittlerweile ist Wochenende und somit gibt es wirklich keine Ausrede mehr, NICHT zur Massage zu fahren. Sophia übernachtet bei einer Freundin und so gehen wir das „Massage-Projekt" zusammen mit Paula an. Am Zielort angekommen, müssen wir uns nur noch entscheiden, wer uns denn nun massieren soll. Zur Auswahl stehen: Junior, Senior und Supersenior. Ah, es geht also nach Berufserfahrung. Hoffentlich... Nicht dass die denken, dass wir den Supersenior massieren müssen, weil er es mit seinem Gehwagen nicht mehr zum Massageraum schafft. Wir warten geduldig auf einem Sofa im Eingangsbereich und schauen auf große Vasen aus Granit, aus denen Wasser plätschert. Mal schauen, wie lange meine Blase diese Geräuschkulisse aushält. Die Empfangsdame trägt ein beiges, traditionelles Kleid und passt somit hervorragend in die klassische, chinesische Einrichtung. Das Licht ist ein wenig gedämpft und das Ambiente beruhigt mit vielen Holzornamenten. Endlich werden wir aufgerufen!

Personell bekommen wir das ganze Programm: Von Junior bis Supersenior ist alles dabei und somit sind auch die Preise für die Massagen gänzlich unterschiedlich. Räumlich werden wir getrennt. Paula verschwindet mit

Frau Junior in einen Extraraum und somit erwartet uns das Seniorenprogramm. Es wird freundlich auf uns eingeredet, was wir natürlich nicht verstehen. Fröhlich plappert die Chinesin mittleren Alters auf uns ein, während sie und ihr männlicher Kollege Handtücher auf zwei Liegen ausbreiten. Unter weiteren chinesischen Erklärungen hält sie uns jeweils eine blaue Papierunterhose entgegen. Waaaaas?! Die sollen wir anziehen?! Die Massagedame findet die Hosen nun auch unpassend oder zumindest viel zu klein und reißt das knappe Beinkleid an der Seite auf, damit auch mein Hinterteil Platz findet.

Damit wir uns nicht zu sehr beobachtet fühlen, verschwinden unsere Masseure lautlos und wir sollen uns aus-, beziehungsweise die komischen Schlüppies anziehen. Ob man/frau da wohl die eigene U-Hose drunter lässt? Ich denke nein, da es sich um eine Ölmassage handelt. Zügig ziehen wir uns um und legen uns auf den Bauch, damit die wohltuende Massage beginnen kann. Die Dame massiert mich, Markus wird von einem Herrn im mittleren Alter massiert. Zunächst ist mein Gatte noch sehr skeptisch und findet es eher befremdlich, dass „fremde Kerle" an ihm herumkneten sollen. Aber der Masseur ist Meister seines Fachs und findet jede Verspannung sowie einen ehemaligen Muskelfaserriss in der Wade. Ich hingegen bin schon länger Massagen gewöhnt und daher etwas schneller entspannt. Weniger entspannend finde ich es, als meine „Meisterin" mir plötzlich und gänzlich unerwartet die U-Hose weiter aufreißt, um meinen Hintern zu massieren. Das wird mir langsam zu privat hier und ich linse zu Markus hinüber. Prompt ratscht auch dort die blaue Böcks... scheint zum Programm zu gehören. Nach dieser Massage sind wir alle ziemlich müde und fahren zurück zum Hotel.

Wir fühlen uns wohl im Hotel, wobei sich das Gefühl einer gewissen Wurzellosigkeit aufzwängt. Das Frühstücksbuffet ist sehr reichhaltig, es gibt chinesische und westliche Speisen. Wobei das Baguette gefühlte zwei Wochen alt ist und ich auch gezuckertem Joghurt nichts mehr abgewinnen kann. Ich halte mich an die Salat- und Obstbar und bin ganz zufrieden damit. Zum Frühstück mag ich einfach kein chinesisches Essen, was eigentlich warm sein soll, hier aber abgekühlt ist. Auch kann ich an baked beans so gar nichts lecker finden. Aber das ist Geschmackssache.

Täglich gehen wir in den Fitnessbereich und ich freue mich, dass ich in den klimatisierten Räumen eine Stunde auf dem Crosstrainer schaffe und im Anschluss weitere fünf Kilometer auf dem Laufband rennen kann. Hatte ich doch starke Zweifel an meiner Kondition. Aber bei über 30 Grad Ende September ist es für sportliche Aktivitäten immer noch reichlich warm. Der Wetterbericht zeigt mir in Hannover am Morgen gerade zehn Grad an und es friert mich irgendwie. Ich befürchte, dass wir das warme Wetter sehr vermissen werden.

Das Hotel hingegen vermisst die zweite Rate für unsere Hotelzimmer. Als Ausländer darf man in Vorkasse treten und da am Ende des Geldes gerade so viel Monat übrig ist, haben wir gelinde gesagt, im Moment ein wenig Schwierigkeiten. Die Chefin der Hotelrezeption gibt sich reichlich unflexibel: Wer nicht zahlt, muss das Hotel verlassen. Ärgerlich auch, dass deren Maschinerie zum Einlesen von Kreditkarten nicht funktioniert. Markus ist angefressen und ich mache mir so langsam Sorgen. Am nächsten Tag ist das versprochene Geld auf dem Konto und wir sind wieder flüssig.

Flüssigkeitszufuhr bei über dreißig Grad ist wichtig, wenn, dann aber nicht in alkoholischer Form. Seit Tagen feiern wir Abschied mit Freunden oder auch nur unter uns. Ich fühle mich gerade sehr unsolide und da hilft auch der Sport wenig für ein besseres Gewissen. Wir laufen Lieblingsmenschen und -orte ab, was eigentlich ganz wunderbar ist, aber nicht für Jemanden, der nah am Wasser gebaut ist. Unsere chinesischen Freunde sind etwas überfordert, als ich mit den Tränen kämpfe, aber auch sehr gerührt über ein Fotoalbum mit gemeinsamen Erlebnissen. Klar, dass wir auch weiterhin in Kontakt bleiben werden. Es wird mit Sicherheit noch viele Themen geben, die wir diskutieren können, und natürlich wollen wir wissen, wie es der jeweiligen anderen Familie ergeht und welche Pläne sie haben. Mein Plan wird sein, das Studium nach drei Monaten Pause wieder zügig aufzunehmen. Zudem plane ich mein nächstes Praktikum. Die einjährige Ausbildung zur Telefonseelsorge klingt vielversprechend. Leider hat der aktuelle Kurs vor vier Wochen begonnen und ich müsste nun elf Monate auf einen neuen Kurs warten. Aber vielleicht soll das so sein. Bei der Nachfrage bei unseren chinesischen Freunden erfahre ich, dass es so etwas in China so rein gar nicht gäbe. Und ich frage mich auch, wie das auch funktionieren würde, wenn es kaum Datenschutz gibt. Solche Telefonberatungen haben schließlich als Grundlage die Verschwiegenheit.

Generell werden Kontaktdaten in China gerne geteilt und anscheinend hat Niemand Bedenken diesbezüglich. Als ich meine „Lieblingsgemüsefrau" nach einem gemeinsamen Foto frage, ist mir klar, dass sie nun auch meine Kontaktdaten haben möchte. Schließlich soll ich das gemeinsame Foto mit ihr doch bitte auch teilen. Gesagt, getan. Bestimmt über eine Stunde lang beantworte ich am gleichen Tag Fragen über Fragen. Als Dankeschön schickt sie mir ein Video mit unserem Gemeinschaftsfoto, unterlegt mit chinesischer Musik. Sehr lieb!

Die Kinder sind nun auch ziemlich durch und quälen sich noch durch die letzten Klassenarbeiten. Die Schule ist nicht wirklich erfreut, dass ich für die letzten beiden Tage Urlaub erbete. Schließlich muss nun sehr kurzfristig ein Zeugnis erstellt werden, was einige Vorbereitungen mit sich bringt. Wir bereiten nun unsere Ausreise vor mit Coronatest, Konto leerräumen und Schlüsselübergabe. Letztlich schaffen wir alles mit einer Punktlandung. Völlig erschöpft verschlafe ich den elfstündigen Flug nach Frankfurt. Durch die Zeitverschiebung ist es hier nun früh am Morgen, ich bin hellwach, trinke einen Kräutertee und esse eine Laugenbrezel. Deutsches Essen schmeckt irgendwie fremd. Aber auch das ist Teil des Spiels; wir werden einen Kulturschock bekommen! Der Abschied war, zumindest was mich anbelangt, tränenreich. Wie heißt es so schön?! Man winselt immer zwei Mal: Wenn man an einen fremden Ort kommt und wenn man wieder gehen muss.